四川外国语大学 2019 年外国语言文学市级一流学科重点科研项目
“阿拉伯古代历史研究”（项目编号：SISUWYJY201906）成果

简明阿拉伯古代史

潘雷 著

人民东方出版传媒
People's Oriental Publishing & Media
東方出版社
The Oriental Press

图书在版编目（CIP）数据

简明阿拉伯古代史 / 潘雷著. —北京：东方出版社，2023.4
ISBN 978-7-5207-2059-5

Ⅰ. ①简… Ⅱ. ①潘… Ⅲ. ①阿拉伯国家—古代史 Ⅳ. ① K370.2

中国版本图书馆 CIP 数据核字（2022）第 223642 号

简明阿拉伯古代史
（JIANMING ALABO GUDAISHI）

作　　者：潘　雷
策划编辑：鲁艳芳
责任编辑：张洪雪
出　　版：東方出版社
发　　行：人民东方出版传媒有限公司
地　　址：北京市东城区朝阳门内大街 166 号
邮政编码：100010
印　　刷：北京明恒达印务有限公司
版　　次：2023 年 4 月第 1 版
印　　次：2023 年 4 月北京第 1 次印刷
开　　本：710 毫米 ×1000 毫米　1/16
印　　张：17
字　　数：210 千字
书　　号：ISBN 978-7-5207-2059-5
定　　价：69.80 元
发行电话：（010）85924663　85924644　85924641

继承与创新：简评《简明阿拉伯古代史》

《简明阿拉伯古代史》是一部学术品味上乘和文笔优美的阿拉伯古代史著作。作者以新苏伊士运河和阿斯旺大坝为切入点，点明本书所依据的创新模式，即“从一到二，将前人已有的经验加以革新和发展”。此外，作者以阿拉伯古代历史发展为线索，立足于“贾希利亚时代”“先知时代”“伍麦叶时代”“阿巴斯时代”“马穆鲁克王朝”等历史时期，对阿拉伯古代历史中的重要人物、重要事件进行了历史叙事，并对重要历史现象进行了深刻解释。

总体来说，《简明阿拉伯古代史》所涵盖的内容非常丰富，语言简洁干练，逻辑条理清楚，涵盖军事史、政治史、社会史、文化史等多方面的内容；作者依据阿拉伯语文献等一手资料自圆其说，有很强的专业性；将阿拉伯文学著作纳入阿拉伯古代历史研究的范畴，增强了说服力和趣味性；与中国历史相类比，有助于读者形成清晰明了的时空观念；对重要历史现象进行总结、论述，提升了本书的学术品味。具体来说，本书特点如下：

其一，精确的词汇转译和扎实的语言功底。作者对阿拉伯语进行精确的转译是本书的一大特色。具体来说，作者精通阿拉伯语，故而在陈述阿拉伯历史的过程中，作者从阿拉伯语的词源词汇出发，进行追本溯源地分析，例如阿拉伯半岛的涵义解读、古代阿拉伯社会的历史现象以及人名、地名的来源。追本溯源是历史学的特征，本书不仅有精确的词汇转译，也有扎实的语言功底，完全符合历史学的学科框架。

在《诗歌，阿拉伯人的史料库》一节中，作者谈到的“对于‘穆阿莱高特’（悬诗）这个阿拉伯语单词的不同解释”便是上述观点最好的证明。作者谈到，“穆阿莱高特”是“悬诗”一词的阿拉伯语音译，最先采用“穆阿莱高特”这一称呼的是公元8世纪倭马亚时代的一位传诗人哈马德；而“穆阿莱高特”首次出现，是在大约伊历3世纪中叶即公元9世纪后半叶，出现在艾布·载德·古尔西所著的《阿拉伯人诗歌搜集》当中。随后，作者从“悬挂说”“记录说”“珍贵说”“项链奖章说”等方面对“悬诗”进行了全面的学术辨析。

其二，阿拉伯文学的佐证与补充。阿拉伯文学的加入是本书的另一大特色。作者不仅精通阿拉伯语，更是熟知阿拉伯文学。立足于神话传说、诗歌故事，作者从阿拉伯文学中挖掘一手资料，弥补了阿拉伯早期历史研究史料的不足。此外，从文学作品中寻找历史资料，也实现了历史与文学的学科交叉。而这不仅使得本书更加具有权威性，也增强了本书的趣味性和可读性。

就神话传说而言，作者在《神话传说》一节中体现的最为明显。作者提到，阿拉伯神话中的主要人物也出现在犹太文化和欧美西方文化的神话故事中；犹太文化和西方文化中关于这些人的故事，叙述得较为详细；阿拉伯文化中关于这些人的故事，叙述得较为简单，有些故事只是只言片语。阿拉伯人要想了解故事的全貌，便要去求助犹太文化和西方文化的资料；因而，后人便用犹太文化、西方文化中的故事来丰富阿拉伯文化中的故事，这在一定程度上造成了犹太文化、西方文化对于阿拉伯文化的影响。此书中，最为典型的神话传说是“伊布拉欣家族的故事”，作者对伊布拉欣家族的来源进行了详细的说明介绍，并由此得出重要的结论，如作者所说，“伊布拉欣在面对三件事情时的态度是这个故事的重中之重；三次全部顺从了，这就是这个故事所要向听者传达的内核——顺从，‘顺从’思想在阿拉伯文化中占有非常重要的位置”。

就诗歌故事来说，最为典型的便是本书《诗歌，阿拉伯人的史料库》一节。作者在此节中提到，阿拉伯的诗歌文学史上有两座高峰，一个是阿巴斯时代，一个是贾希利亚时代。如果将二者做一个比较，很多学者认为就贾希利亚时代的诗歌成就还要更高些。例如，作者在介绍阿拉伯半岛的自然环境时，通过大量的诗歌对其作具体的介绍说明，拉比尔的诗文“穆那地方的住宅已然荒芜；奥鲁、里贾姆山旁空余遗屋”对阿拉伯半岛的地名进行了介绍；诗文“仿佛又回到了她们临行前的那一天，胶树下，我像啃苦瓜，苦不堪言”对阿拉伯半岛的植物进行了介绍；拉比尔诗文“纵然是爱如烟云散去，你仍可骑上骆驼超前飞赶”对阿拉伯半岛的动物进行了介绍。除此之外，在阿拉伯半岛的社会情况等方面也有大量的介绍诗文。

其三，生动的人物刻画和形象的人物传记。从阿拉伯史学学术史角度来看，作者的写作特点在于其史学著作的强烈的文学性，表现为叙述的形象生动、流畅清晰、娓娓道来，具有极大的可读性，而这种文学性又集中表现为这部史学著作鲜明的人物传记的特点。书中对阿拉伯古代早期历史的许多人物进行了详细的、形象的介绍，并把一些人物，特别是阿拉伯历史上两位杰出史学家与中国历史上的司马迁、司马光两位史学家进行比较。史学著作具有文学传记的特点，增加了史学著作的可读性和形象性，读来亲切感人。

在《欧麦尔二世》一节中，作者对欧麦尔二世的定义是“虔诚的欧麦尔二世”，并这样论证道，“他的虔诚是举世公认的，是被阿拉伯历史学家们津津乐道的。阿拉伯的史学家们把伍麦叶王朝的哈里发称为国王，只称呼欧麦尔二世为哈里发”。作者在记述欧麦尔二世时，通过论述“马瓦里”阶层在欧麦尔二世上台前后的不同社会状况展示了欧麦尔二世的“虔诚”。

其四，融会贯通，自得之见的写作风格。作者本身对国内外的阿拉伯历史研究（如阿拉伯帝国研究、阿拉伯民族研究）尤为熟悉，故而本书也引用来自国内外研究阿拉伯历史、文学的相关著作，这便与作者在前沿中提到的创新模式相契合，即在继承前人成果的基础上，提出自己独特的见解，而这种见解又必须要经得住史料和逻辑的考验，同时也要有新意。作者在本书中所体现的推陈出新是完全符合历史学界的规范。

在《成功的军事领袖——阿里·本·艾布·塔里布》一节中，就穆阿维叶所派出的谈判代表阿穆尔·本·阿绥在与阿里方面所派出的代表艾布·穆萨·艾诗尔里谈判过程中是否“耍诈”这一情况，分别介绍了西方学者与阿拉伯学者的观点。作者提到，“按照西方学者的观点，在如此重要而正式的场合上耍诈，这种可能性是很小的。而阿拉伯人则更相信阿穆尔确实没有按照常理出牌。在重要的场合中使用计谋，阿拉伯人有这种传统，贾希利亚时代的达西斯战争就是一个有力的证明”。但作者认为，“不管是上述哪一种情况，最终阿里都变得被动了，吃亏的都是阿里。在穆阿维叶集团提出谈判的时候，阿里集团内部有两种意见，一种是主战，一种是主和。在这个不利于阿里的谈判结果出来后，主战派中出现了一些出走的人。这些人被称为哈瓦利吉派”。

其五，推陈出新，旁征博引的写作手法。作者在对历史事件进行陈述、论述时，列举了学术界的众多学术观点。通过对这些学术观点的梳理、对相关资料的整理，作者通过自己的独立思考得出了较为全面的结论。这体现出作者是一个严谨认真的人，是一个深思熟虑的青年学者，也是一个有独立思考精神的历史研究者。作者既不人云亦云，也不妄自尊大。前人成果的归纳是作者对先贤的尊重，创新成果的提出，是作者身为一名历史学者应尽的责任。

在《导致伍麦叶王朝灭亡的原因》一节中，作者从“派系斗争”“接班人制度混乱”“阿里派的反对”“阿巴斯家族的反对”“波斯马瓦里的反对”等方面论述了伍麦叶王朝灭亡的原因。具体来说，在派系斗争中，“南北阿拉伯人的矛盾和斗争导致伍麦叶王朝的崩溃”“私人的恩怨冲突演变为部族间的战争”；在接班人制度混乱中，“没有明确的接班人制度、统治阶级内部持续的政治斗争这些因素都无法保证伍麦叶政权的持续和稳定”；在“阿里派的反对”中，“阿里派从来没有承认过伍麦叶人的合法性，一直在进行着各种反对运动”；在“阿巴斯家族的反对”中，“阿巴斯家族也是哈希姆家族的后裔，他们也要求哈里发的位子归他们所有”；在“波斯马瓦里”的反对中，具有纯正阿拉伯血统的伍麦叶王朝统治者对波斯人的压迫和排挤，使得波斯人有着很强的报复性和反叛性心理。

其六，准确清晰的词汇对照表。在本书的附录中，作者罗列了众多阿拉伯语词汇。作者将阿拉伯语转译为英语、汉语，这一方面可以进一步促进懂阿拉伯语的读者们的学习体验，另一方面也可以为众多普通的读者带来英汉方面的简单感受，从而更加准确地体验阿拉伯文化，这便增强了本书的学术性与严肃性。

除此之外，作者在参考书目中，对阿拉伯文著作、阿拉伯文期刊、英文著作、英文期刊、中文著作、中文期刊、网络等内容的整理，有利于研究型读者进一步追踪研究。

其七，与中国历史的进行类比并比较分析。作者在论述古代阿拉伯历史人物、历史事件时，引用了大量的古代中国的历史事件、历史人物与之相对应。类比的方法不仅有助于读者理解本书的内容，也有助于读者形成较为清晰明了的时空观念，提升历史理解能力，提高历史素养。这也体现了作者对古今中外历史知识的把握，体现了作者很高的历史素养和中国视角下的话语体系。

在《先知时期》这一节中，在论述阿比西尼亚人出征时所感染的“天花”时，作者便引用并对比研究了中国天花的资料。作者提到，“说起天花这种疾病，据中国古代医书记载，早在10世纪，北宋真宗时期，中国就有了对付它的办法……后来到了明代，……对天花这种传染病的预防、治疗越来越具体了。明朝种痘的方法是用天花轻症患者的脓痂粉末，稀释后中到健康人身上。后来，这一技术传到奥斯曼帝国，使得奥斯曼帝国在接种天花疫苗这件事上领先欧洲”。

在《艾敏与马蒙的兄弟之争》一节中，哈伦·拉希德等父辈们认为其安排可使继任者高枕无忧，但是继任者们可不这么认为，他们每天还是担惊受怕，想要确保自己的绝对安全。作者借用中国明朝叔夺侄位的历史事件类比了艾敏与马蒙之间对于王位的争夺。作者指出，“建文帝登基后，这个皇帝做得也不安稳，整天担心他的那些皇叔，于是便有了‘削藩’行动，他的那些皇叔们一个接一个地相继被贬为庶人。朱棣在这个过程中看到了自己的下场，也在这个过程中为未来的军事行动下定了决心”。

其八，全书体现了阿拉伯文明与其他文明间的交往与互鉴精神。作者将中国与阿拉伯的历史进行比较分析、类比分析，进而上升到文明交往的高度。彭树智教授在《文明交往论》中提到，“文明交往论所研究的基本课题，是对人类文明交往及其规律的认识。例如文明交往中出现的不平衡问题，其中包括在静态上表现为现实文明的差距，在动态上表现为发展速度的变动性与暂时性，在进程中表现为文明的交替超越性、先进与落后的互变性”。而本书用通俗易懂的语言生动形象地描绘了阿拉伯文明与其他文明间的交往与互鉴。

就文明互鉴来看，最为典型的是怛罗斯之战。此战使中国的造纸术西传到中亚、西亚。而中国的大唐王朝虽在怛罗斯之战中失败，但这却也是阿拉伯帝国与大唐帝国的彼此接触和交往。站在两大文明交往的角度来看，阿拉伯帝国与大唐帝国之间的文明互鉴，可以说是本书写作过程中的理论高度和理论视野，而且本书中的文明互鉴和文明交流还涉及阿拉伯文明对希腊、罗马、印度文明的继承与发展，特别是论述了阿拉伯帝国历史上的百年翻译运动和智慧宫制度下的文明交往。

综上所述，本书依据创新思想在内容方面有独特的见解，在写作手法上也有所创新。作者深厚的阿拉伯历史文化研究功底和扎实的阿拉伯语功底是写作此书的最大底气，作者对古代阿拉伯文学的灵活运用使得本书更具生动性与可读性。本书中，作者对重要历史人物、历史时期、历史事件的解读使得本书具有很高的学术价值和人文情怀。

阿拉伯伊斯兰文明对人类作出了伟大的贡献，影响遍及全世界。今天，全世界有十多亿穆斯林，这都是伊斯兰文明的承载者和传播者，而这一切都来源于阿拉伯帝国时期阿拉伯伊斯兰文明的成长、壮大和成型。另外，中国与阿拉伯世界长期友好合作、文明交往、文明互鉴，是世界上文明互鉴的代表和典范。中国与阿拉伯国家在历史上有相同的处境，在历史上两大文明互相理解、互相尊重、互相借鉴，在现实中又是相互依存、合作共赢的伙伴关系。因此，研究阿拉伯国家、阿拉伯世界的历史不仅具有重大的学术意义，也有重大的现实意义。中国学者应该写出丰富多彩、独具风格的阿拉伯各国历史和阿拉伯通史，这当然包括阿拉伯古代史。作者能够在中国阿拉伯史书的撰写中，编撰出一部独特的叙事风格、叙事线索的阿拉伯史学著作，这是青年学者进行学术创新的可贵勇气，值得欣赏，值得鼓励，也值得赞扬。希望作者继续努力，将来再版时，将此著作扩大成更具有学术品味、更具有学术涵养、资料更广泛、见解更深刻、内容更丰富、更具权威性的中国阿拉伯史学著作。

冀开运
西南大学历史文化学院教授、伊朗研究中心主任
2023 年 3 月 8 日

前 言

阿拉伯的历史可以为我们提供创新的启发与途径。

在埃及有一条运河——苏伊士运河（Suez Canal），它是世界海上贸易运输的命脉要道。它沟通了地中海和印度洋，货轮不必再绕道非洲的好望角，节省了时间成本和经济成本。当初提出兴建苏伊士运河的是英国和法国，实际修建运河的是埃及。英、法、埃三方对运河的开通都出了力，但是运河通行费的分成并不能使三方中的每一方都满意。后来就运河的归属权还发生了第二次中东战争（The Second Arab-Israel War），即苏伊士运河战争（Suez Crisis）①，埃及虽然在战争中处于下风，但结果对埃及是有利的，埃及将运河收归了国有，现在运河的通行费用是埃及的经济支柱之一。

挖掘一条水道来沟通地中海和红海，在历史上，这一想法是英法第一个提出来的吗？不是的，这一想法自古有之，第一个提出这一想法并将其变为现实的应该是古埃及人。“在埃及第十二王朝时代（约公元前 2000—公元前 1788 年），有一条运河，在比勒贝斯

① 也被称为“苏伊士运河危机”“西奈战役”“卡代什行动”“百时战争”，于 1956 年发生在埃及的战争，交战一方为埃及，另一方为英国、法国、以色列，争夺苏伊士运河的控制权。

背面，把尼罗河与红海上端联系起来。”[①]我们权且把它称为“老苏伊士运河”，老运河的位置不在今天新运河的位置，而是位于尼罗河的一条支流上。埃及底比斯（Thebes，Egypt）附近有尼罗河的支流，老苏伊士运河就是将尼罗河东部的支流和红海连接起来。“托勒密人曾修复这条运河，历代哈里发也重新开过这条运河而加以利用。直到公元1498年发现绕好望角而至印度的海道以后才被废置。”[②]新老运河位置不同，修建人也不同，但其本质是一样的，那就是让地中海和红海联系起来，构筑一条便捷的贸易通道。

还是在埃及，阿斯旺大坝（Aswan Dam）矗立在尼罗河的上游。在尼罗河上修建水利工程的想法是近代以来的创新吗？其实古代人就有这种想法。公元965年生于伊拉克巴士拉的伊本·海塞姆[③]（Ibn al-Haytham）就在一篇文章中提出过要在尼罗河上游修筑一座水坝，用来解决干旱和洪水问题。当时埃及正处在法蒂玛王朝统治时期，哈里发哈基姆[④]（Al-Ḥākim bi-Amr Allāh）很欣赏伊本·海塞姆的想法，同意让他领导大坝的建设。伊本·海塞姆

① ［美］菲利普·希提:《阿拉伯通史》，马坚译，新世界出版社2008年版，第29页。

② ［美］菲利普·希提:《阿拉伯简史》，马坚译，商务印书馆2016年版，第17页。

③ 伊本·海塞姆（965—1040），又被译为“海桑”“海什木”，西方人称他为“阿尔·哈金”，全名为艾布·阿里·穆罕默德·本·哈桑·本·海塞姆，生于伊拉克的巴士拉，阿拉伯博物学家、数学家、天文学家、医学家、物理学家，特别是在光学研究方面有突出贡献。

④ 哈基姆（985—1021），996—1021年在位，全名曼苏尔·艾布·阿里·哈基姆·比阿木尔拉，埃及法蒂玛王朝第六代哈里发，父亲是阿齐兹，母亲是俄罗斯人。他于1005年在开罗创立了“智慧殿堂”（Dar al-Hikmah）——一个研究机构和图书馆。1021年2月13日夜晚，哈基姆在开罗附近失踪。

将大坝的选址也定在阿斯旺地区，但后来由于当时科学技术水平的限制，修建大坝的计划流产。[1] 阿拉伯地区在河流上建筑大坝的想法和实践如果再往前追溯，还可以追溯到也门萨巴王国（Sheba Kingdom）的马里卜大坝（Marib Dam）……

创新至少有两种途径：一种是从零到一，从无到有，这种创新模式难度较高；另一种是从一到二，将前人已有的经验加以革新和发展，这种模式相对容易。新苏伊士运河和阿斯旺大坝的创新显然是第二种模式。如果想要创新，不妨从第二种模式开始尝试，这种模式要求我们了解前人的经验，需要我们了解历史。

---

① ［英］吉姆·哈利利：《寻路者：阿拉伯科学的黄金时代》，李果译，中国画报出版社 2020 年版，第 191—193 页。

目录 Contents

阿巴斯时期 132

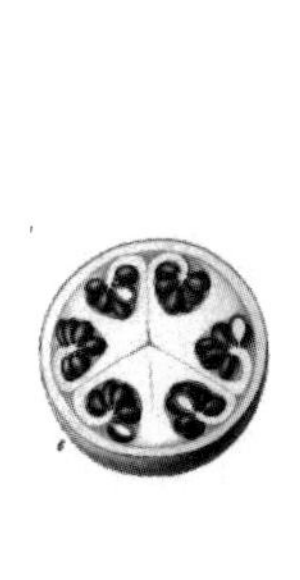

贾希利亚时代

“贾希利亚”（Al-Jāhilīyah）是阿拉伯语的音译，以前这个时代被意译为“蒙昧时代”。蒙昧时代的阿拉伯人确实有很多蒙昧的习俗、做法和举动，如活埋女婴，把樟脑当食用盐，把蝎子、蜣螂、黄鼠狼当作美食，却认为米饭有毒，还把大饼当成写字的纸，数数只能数到一千，不知道还有比一千更大的数字，只认识白银而不识黄金，故用等重的黄金去换白银……所以，将那个年代命名为蒙昧时代似乎有着充分的理由。但这些理由却并不是阿拉伯人称呼那个年代为蒙昧时代的最为核心的理由。“贾希利亚”在阿拉伯语中是一个派生词，派生自“贾希勒”（Jahil）一词，“贾希勒”意为“无知的”。蒙昧时期的阿拉伯人对于什么最无知呢？阿拉伯人应该相信什么，他们对于这个是最无知的。他们没有找到真正的信仰，这才是那个年代被称为蒙昧时代最为核心的原因。

后来人们觉得翻译成“蒙昧时代”不妥，因为那样的一个时代不是蒙昧的，那并不是一个茹毛饮血的时代，是有文明的，而且是有伟大的文学作品问世的。黎巴嫩裔美国历史学家菲利普·希提（Philip K. Hitti）[①]是这样解释“蒙昧时代”这一概念的：“这个

① 菲利普·希提（1886—1978），黎巴嫩裔美国学者，曾任美国普林斯顿大学闪族语文学教授，东方语言文学系主任。

名词的含义是指阿拉比亚没有天命（dispensation）、没有获得灵感的先知、没有天启的经典的那个时代而言的；因为像南部阿拉比亚人所发展的那种具有学术文化的社会，要称为蒙昧的社会、野蛮的社会，是有点困难的”。[①]诚如其所言，将这样的一个时代称为“蒙昧”实在太过牵强，故现在我们都将其音译为“贾希利亚时代”。这里还有一点需要指出，“阿拉比亚”这个名词在后文中还会多次出现，它和“阿拉伯半岛”“阿拉伯”大致是同义词。

贾希利亚时代又可分为狭义和广义两种概念。所谓狭义的贾希利亚时代，其时间跨度大概为一百年；广义的贾希利亚时代包括狭义的贾希利亚时代。在狭义的贾希利亚时代以前，还有一个神话时代。

---

① ［美］菲利普·希提:《阿拉伯通史》，马坚译，新世界出版社 2008 年版，第 77 页。

神话时代

阿拉伯神话中的主要人物也出现在犹太文化和欧美西方文化的神话故事当中。犹太文化和西方文化中关于这些人的故事，叙述得较为详细；阿拉伯文化中关于这些人的故事，叙述得较为简略，有些故事只是只言片语。阿拉伯人想要了解故事的全貌，便去求助犹太文化和西方文化的资料。因此，后人便用犹太文化、西方文化中的故事来丰富阿拉伯文化中的故事，这在一定程度上造成了犹太文化、西方文化对于阿拉伯文化的影响。一般认为，这些故事的主人公在犹太文化、西方文化和阿拉伯文化中的名字有所不同，但所指的是同一个人。比如，犹太文化、西方文化中的亚伯拉罕（Abraham）就是阿拉伯文化中的伊布拉欣（Ibrāhīm），所罗门（Solomon）就是苏莱曼（Sulaymān），大卫（David）就是达伍德（Dāwud），约瑟夫（Joseph）就是优素福（Yūsūf），以实玛利（Ishmael）就是伊斯梅尔（Ismā‘īl）……这些人的中文名字之所以呈现出不同，是因为名字是根据不同语言翻译的，亚伯拉罕、所罗门、大卫、约瑟夫、以实玛利等都是从非阿拉伯语翻译而来的，伊布拉欣、苏莱曼、达伍德、优素福、伊斯梅尔则是从阿拉伯语翻译而来的。非阿拉伯语和阿拉伯语的语音语调不同，译出的中文自然有了区别。不明所以的人还以为亚伯拉罕和伊布拉欣是两个人，实则为同一个人。本书所采用的人名译文多是根据阿拉伯语翻译过来的。

下面简要介绍几个阿拉伯神话中重要人物的故事，因为这些故事和阿拉伯人的历史有着密切的关系，故事中的部分情节深刻地影响着阿拉伯人的历史和现实。

伊布拉欣家族的故事

据说伊布拉欣是巴比伦人（Babylonians），他和妻子萨拉（Sarah）同房多年却不见妻子怀孕，于是伊布拉欣娶了第二个妻子哈吉尔（Hagar），娶哈吉尔后不久，哈吉尔便有了身孕，生下一子，名为伊斯梅尔。不久，萨拉也有了身孕，生下一子，名为伊斯哈格（Isaac）。伊斯梅尔被认为是阿拉伯人的祖先，即“阿拉伯人之父”；伊斯哈格被认为是犹太人的祖先，即“犹太人之父”。阿拉伯人和犹太人，他们的祖先是兄弟，是同父异母的手足。

哈吉尔生下伊斯梅尔后不久，萨拉便开始嫉妒哈吉尔，讨厌伊斯梅尔，要求伊布拉欣将哈吉尔母子二人赶出家门，伊布拉欣照做了。伊布拉欣陪着哈吉尔母子，从巴勒斯坦地区来到了麦加地区，伊布拉欣便独自返回了巴勒斯坦地区。哈吉尔母子留在了麦加地区，干粮吃完了，水喝完了。为了寻找食物和水，哈吉尔在麦加地区的萨法山（Safa）和麦尔沃山（Marwa）之间往返了七趟。今天的朝觐仪式中有一项就是在萨法和麦尔沃两山间奔走往返七次，其根源便是这个神话故事，所以说这一神话故事深深地影响着今天阿拉伯人乃至更广大群体的行为。今天的萨法山、麦尔沃山都已经不是露天的了，它们被盖在了建筑物里面，像文物一样被保护了起来，往返两座山的道路也在建筑里面。如果有人将这两座山形容为两块巨大的石头，笔者也不会表示反对，这也说明了为什么山会在建筑物中。今天来完成往返两山之间的仪式是舒适的，不用忍受大自然恶劣的条件。哈吉尔在两山间奔走往返七次后，终于找到了水源，渗渗泉（Zamzam Well）出现了。这眼被神话了的泉水直到今天依然存在。有了水源，哈吉尔和伊斯梅尔就在麦加地区活了下来。

伊布拉欣时常来麦加看哈吉尔和伊斯梅尔，后来又发生了伊布拉欣要杀伊斯梅尔献祭事件。伊斯梅尔不死，一头羊替代了伊斯梅尔成为被杀献祭的对象。今天的宰牲节（Eid al-Adha）[①]便与这一故事有关。在今天的阿拉伯国家，如遇宰牲节，有经济条件的家庭会买一只羊，由家中男主人亲手宰杀之，一只羊的肉太多，全家也吃不完，便会邀亲友一同品尝，抑或施舍给穷人。宰牲节临近的那段时间，有些阿拉伯国家城市中会出现饲养者赶着羊群卖给城中居民，那段时间整羊的价格也比平时高出不少。

后来，有一个叫作竹尔胡目（Jurhum）的部落在麦加定居下来。伊斯梅尔娶该部落一女子为妻，二人便是阿拉伯人的祖先，伊斯梅尔为“阿拉伯人之父”，女子为“阿拉伯人之母”。

哈吉尔本是埃及国王赐予萨拉的侍女。据神话记载，伊布拉欣和萨拉来到埃及生活。其二人来埃及目的不详，神话故事中并未记载。埃及国王听信谗言，垂涎萨拉的美貌，在不知萨拉已许配他人的情况下要将她收入后宫。伊布拉欣则佯称自己是萨拉的哥哥，同意了这桩婚事。萨拉入宫后，按照神话记载：“她每天以泪洗面，国王送来的珍玩她不屑一顾，优伶们的演唱也不能使她一展愁眉。渐渐地，她变得憔悴了，失去了往日的风姿，几乎变成了另外一个

① 又称“古尔邦节”“哈芝节”“大节”。

人。”[①]当国王看到失去姿色的萨拉后，马上对她失去了兴趣，将其放回了伊布拉欣身边，同时还送了一个侍女给她，这个侍女就是哈吉尔。

在上述伊布拉欣的神话传说中，伊布拉欣在面对三件事情时的态度是这个故事的重中之重。第一件事情：萨拉要求伊布拉欣将哈吉尔和伊斯梅尔母子赶出家门，伊布拉欣顺从了。第二件事情：伊布拉欣被要求将其子伊斯梅尔宰杀献祭，伊布拉欣顺从了。第三件事情：埃及国王欲将伊布拉欣之妻萨拉收入后宫，伊布拉欣顺从了。三次全部顺从了，这就是这个故事要向听者传达的内核——顺从，“顺从”的思想在阿拉伯文化中占有非常重要的位置。

---

① 杨连恺、林松、李佩伦等编:《古兰经故事》，外国文学出版社 1997 年版，第 56 页。

诗歌，阿拉伯人的史料库

阿拉伯的诗歌文学史上有两座高峰，一个是阿巴斯时代（Abbasid Caliphate），另一个是贾希利亚时代。如果将二者作一个比较，很多学者认为贾希利亚时代的诗歌成就更高些。这是一本讨论阿拉伯古代历史的书，为什么要讨论文学呢？因为在贾希利亚时代鲜有历史文献，文学作品便充当了历史文献，贾希利亚时代的文学作品既是文学作品也是历史文献。很多历史学家研究贾希利亚时代的历史，都要到当时的文学作品中去寻找资料。

贾希利亚时代的文学作品基本上都是诗歌，这些诗歌被认为是阿拉伯人的史料库，里边记录了很多阿拉伯人的历史事件。贾希利亚时期的诗歌绝大多数也不是在诗歌创作后马上就记录、流传下来的，而是在诗歌创作后的两百年到四百年后才被用文字记录下来，定型之后才流传下来的。而在诗歌创作后一直到被用文字记载下来的这段时间里，全都是口耳相传，这一过程都是通过传诗人（Rāwiya）来完成的。传诗人会不会记错，会不会篡改，有些学者是持怀疑态度的。埃及的文学家塔哈·侯赛因（Taha Hussein）曾经的研究表明，这些古代诗歌都经过后人的校订和修改。进入新时代后，诗歌经历了短暂的低潮期，原因之一是一本经典，这本经典是有韵律的散文而非诗歌。人们尤其是诗人在拥有新的信仰后纷纷投入对新经典的学习，“已经不再有进行长诗创作的时间与热情”。[①] 但是这种低潮是暂时的，伍麦叶时期（Umayyad Caliphate）[②] 诗歌开始回升，阿巴斯时期又进入一个高峰。

站在贾希利亚这座山巅上的作品是悬诗（Mu'allaqat）。悬诗一开始就是以一种非常成熟的姿态出现的，是以一个成年人的形象出现的，至于它的婴儿、幼儿、少年时期是什么样的，也就是悬诗是如何发展起来的，历史完全没有记载。就像英国学者汉密尔顿·亚历山大·罗斯金·基布（Hamilton Alexander Rosskeen Gibb）[③] 所言："和其他大多数文学一样，阿拉伯文学也是以诗歌的突起开始的。所不同的是，阿拉伯诗歌一出现就表现了高度的成熟性。"[④] 所谓"高度的成熟性"，指的是韵律的标准化已经完成。例如：每句诗结尾的字母都相同，押同一个字母的韵；每句诗中动符和静符的排列也是有讲究的。而且一种阿拉伯语叫作"格西特"（Qaṣīda）的标准化、程式化长诗出现了，并成为后世诗歌创作的标杆和典范。悬诗就是"格西特"这种诗歌体裁当中的佼佼者。总之，悬诗一出现就是一座顶峰，阿拉伯后世的诗歌难以望其项背。

关于悬诗，有些问题是要搞清楚的。

---

① 杨军、张士东：《阿拉伯人》，东方出版社 2008 年版，第 114 页。

② 或称倭马亚时期。

③ 汉密尔顿·亚历山大·罗斯金·基布（1895—1971），通常称为 H. A. R. 基布，苏格兰历史学家、东方学家。生于埃及亚历山大，父母皆为苏格兰人。曾在伦敦大学亚非学院学习阿拉伯语，后在该学院的东方研究学院教授阿拉伯语言文学。先后在牛津大学圣约翰学院和哈佛大学担任阿拉伯语教授。

④ [英] H. A. R. 基布：《阿拉伯文学简史》，陆孝修、姚俊德译，人民文学出版社 1980 年版，第 12 页。

1. 众学者对于悬诗的数目有争论

悬诗包括公认的七首贾希利亚时期的诗歌作品，作者分别是：乌姆鲁勒·盖斯（Imru' al-Qais），塔拉法·本·阿布德（Tarafah ibn Al-'Abd），祖海尔·本·艾比·苏勒玛（Zuhayr bin Abī Sulmā），赖比德·本·拉比尔（Labīd ibn Rabī'ah），阿穆尔·本·库勒苏姆（'Amr ibn Kulthūm），安塔拉·本·舍达德（'Antarah ibn Shaddad al-Absi），哈里斯·本·希利宰（Al-Ḥārith ibn Ḥilliza al-Yashkurī）。

除此之外，有的学者认为还应该加上纳比埃·朱布亚尼（Al-Nābighah al-Dhubiyānī），即悬诗共有八首。

另外，还有一些学者认为悬诗共有十首，除了上述八首外，还应加上埃尔萨（Al-A'shā）和阿比德·本·艾布拉斯（'Abīd ibn al-Abraṣ）的作品。

2. 对于“穆阿莱高特”（悬诗）这个阿拉伯语单词的不同解释

“穆阿莱高特”是“悬诗”一词的阿拉伯语音译。据说最先采用“穆阿莱高特”这一称呼的是公元8世纪倭马亚时代的一位传诗人哈马德（Ḥammād al-Rāwiya）。[①]而“穆阿莱高特”这个词首先出现，是在大约伊历3世纪中叶，即公元9世纪后半叶，出现在艾布·载德·古尔西（Abū Zayd al-Qurashī）所著的《阿拉伯人诗歌搜集》（*Jamharat Ash'ār al-Arab*）当中。古尔西将他收集到的这些诗歌分成七个部分，每一部分由七首诗歌组成。分组是根据诗人的不

---

① ［阿拉伯］乌姆鲁勒·盖斯：《悬诗》，王复、陆孝修译，五洲传播出版社 2015 年版，第5页。

同年代，从贾希利亚时代到倭马亚时代。第一部分中的诗歌就是悬诗。①

（1）悬挂说

贾希利亚时代的阿拉伯半岛，每年在欧卡兹集市（Sūq ʿUkāẓ）举行赛诗大会，欧卡兹在麦加东边大约 100 千米的地方，公元 556—748 年，每年 10 月举行集市 20 天。在大会中获胜的诗歌被用金水写在埃及细麻布上，悬挂在麦加克尔白天房内（Al-Kaʿbah），因为是“悬挂着的诗作”，所以叫作悬诗。

这一说法来自 10 世纪安达卢斯②（Al-Andalus）诗人伊本·阿卜杜·拉比（Ibn ʿAbd Rabbih）在他的著作《罕世璎珞》（*Al-ʿIqd al-Farīd*）当中的记载，这本书被认为是阿拉伯文学的启蒙作品之一。③生活在公元 11 世纪阿巴斯时代杰出的修辞学家伊本·拉希格·凯鲁万尼（Ibn Rašīq al-Qairwānī）在他的著作《优秀诗歌之要素》（*Al-ʿUmdah fī Maḥāsin al-shiʿr wa-Ādābih*）中支持伊本·阿卜杜·拉比的说法。奥斯曼帝国（Ottoman Empire）时代的文学家、语言学家兼语法学家阿卜杜·高迪·本·欧麦尔·巴格达迪（‘Abd al-Qadir ibn ‘Umar al-Baghdadi）在他的《文学宝库》一书中也提到：贾希利亚时代的阿拉伯人中如果有人在一般的地方吟诗，没人会理睬他，别人也不会传诵他的诗，除非他在朝觐期间来到麦加，在麦

---

① د.عز الدين إسماعيل، << المصادر الأدبية واللغوية >>، ص 66، 82، دار النهضة العربية ببيروت.

② “安达卢斯”这个称呼用来区分今天西班牙 17 个自治区之一的“安达卢西亚”。“安达卢斯”在历史上一般指的是伊比利亚半岛或其除北部沿海的大部分地区，是阿拉伯人对该地区的称呼。

③ د. ناصر الدين الأسد، << مصادر الشعر الجاهلي وقيمتها التاريخية >>، دار الجيل ببيروت، سنة 1988م، ص 169.

加贵族和统治者古莱氏家族（Quraysh）面前吟诵自己的作品，并得到他们的认可，他的诗才会被传诵。这对于诗人来讲是莫大的荣耀，他的诗将被悬挂在天房的一角，供大家欣赏。① 著名学者《历史绪论》（*Muqaddimah*）的作者伊本·赫勒敦（Ibn Khaldūn）等也都采用这种解释。②

当然，对于这一说法有学者也表示质疑，主要针对两个方面：第一方面质疑贾希利亚时期的阿拉伯人是否有书写的能力，是否能记录诗歌；第二方面质疑尊贵、神圣的克尔白是否会允许文字的东西悬挂在它里面。③ 约旦文学家纳赛尔·丁·阿萨德（Nāṣir al-Dīn al-Asad）是这样回应这两个质疑的：贾希利亚时代的阿拉伯人非常了解古代文字的书写，他们运用书写处理自己的事务，他们书写一些诗歌、信息和族谱，将这些记录在纸张、书籍当中。所以，说贾希利亚时期的阿拉伯人是文盲，这完全是错误的假设，而在这种假设的基础上得出的结论更是荒谬的。至于第二种质疑，纳赛尔·丁·阿萨德认为那也是无法成立的。贾希利亚时期的阿拉伯人会将他们有价值的记录和文字悬挂在克尔白内，这是为了彰显这些记录和文字的崇高地位。阿巴斯时代的诗人和语言学家穆罕默德·本·哈比比（Muḥammad ibn Ḥabīb al-Baghdādī）曾提到：他们中有人写了一本书，为他们写这本书的人叫作艾布·盖斯·本·阿卜杜·穆纳夫·本·扎赫拉（Abū Qays ibn ʻAbd Manāf

---

① د. ناصر الدين الأسد، << مصادر الشعر الجاهلي وقيمتها التاريخية >>، دار الجيل ببيروت، سنة 1988م، ص 169.

② ［阿拉伯］乌姆鲁勒·盖斯：《悬诗》，王复、陆孝修译，五洲传播出版社 2015 年版，第 5 页。

③ <<مصادر الشعر الجاهلي وقيمتها التاريخية >>، ص 170.

ibn Zahrah）……然后他们将这本书悬挂在克尔白里面。① 第二个有力的证据是伊本・希沙姆（Ibn Hishām）写的《先知传》（*Al-Sīrah al-Nabawiyyah*）里面的记载：当两个部族的族人聚集在一起的时候，他们立约结盟，盟约是古莱氏人写的，两族人将盟约悬挂在天房之上，强调他们已结为一体。②

诗歌被悬挂在克尔白天房里这件事，究竟是确有其事，还是子虚乌有？纳赛尔・丁・阿萨德如是说："到现在为止，我们还没有掌握决定性的证据去证明或是否定这件事，我们不应该轻率、冒失地下结论。我们只能说，前人对这件事的质疑，是无法对其进行调查和验证的。我更倾向于等待新的证据来证明或否定这件事的真实性。" ③

（2）记录说

阿卜杜・高迪・本・欧麦尔・巴格达迪在他的书中写过："不止一位学者提到过，据说当贾希利亚时代的国王听到一首他很满意的诗歌的时候，他便对手下人说'阿立个'（'Alliq'将这首诗记录、保存下来）。""阿立个"是动词的命令式，意为记录下来，"穆阿莱高特"（悬诗）是这个动词的被动名词，意为被记录下来的东西。④

（3）珍贵说

德国杰出的东方学家西尤多尔・努尔迪克（Theodor Nöldeke）

---

① << مصادر الشعر الجاهلي وقيمتها التاريخية >>، ص 171، نقلا عن ديوان حسان بن ثابت، مخطوط بمكتبة أحمد الثالث، ورقة 15، 16.

② تحقيق مصطفي السقا وآخرين، ط. مصطفي البابي الحلبي، << سيرة ابن هشام >>، سنة 1936م، ص 375، 367.

③ <<مصادر الشعر الجاهلي وقيمتها التاريخية >>، ص 170.

④ البغدادي، << خزانة الأدب >>، المطبعة السلفية، سنة 1929م، ص123، 124.

在大英百科全书里面说：这几首诗歌被命名为“金诗”，并不是因为这几首诗是用金水书写的，而是先有的名字，后人按照字面意思杜撰的故事。同样，“穆阿莱高特”（悬诗）这个词的字面意思是“被悬挂的”，于是人们就按照字面意思去理解，但实际上这个词的真正含义并不是其字面意思，而是其隐喻含义：“穆阿莱高特”（悬诗）这个词是从“尔李戈”（‘Ilq，最珍贵的东西）这个词派生来的，所以“穆阿莱高特”（悬诗）这个词的意思是说这些诗歌极其宝贵。努尔迪克认为这种说法的可能性非常大。①

（4）项链奖章说

法国东方学家凯尔曼·西瓦（Clément Huart）是这样看的：“穆阿莱高特”这个词的意思是“项链、奖章”，证据是人们也将这几首诗称为“苏木特”（Al-Sumūṭ）。“苏木特”这个词既有项链的意思，也有奖章的意思。② 埃及文学家兼语言学家沙齐·朵夫（Shawqī Daif）认为：“所谓的诗歌被悬挂在克尔白天房上的说法完全属于神话传说。如果那些学者能够理解‘穆阿莱高特’这个词的真实含义的话，那他们就不会脱离实际地去幻想了。这个词的真正含义是奖章和项链，贾希利亚时代的阿拉伯人确实是用这两个名字和类似的名称称呼他们认为优秀的长诗的。”③

3. 悬诗的别名

悬诗除了被称作“悬诗”外，在阿拉伯语中还有其他的名称，这些名字是那些传诗人和学者起的。

---

① الزوزني، << شرح المعلقات العشر >>، ط. دار مكتبة الحياة ببيروت، ص 18.

② الزوزني، << شرح المعلقات العشر >>، ط. دار مكتبة الحياة ببيروت، ص 18.

③ د. شوقي ضيف، << العصر الجاهلي >>، الطبعة الثامنة، دار المعارف، ص 140.

（1）长七（Al-sabʿ al-Ṭawāl）。这个名字凸显了悬诗的特点——长。埃及语法学家艾布·贾法尔·本·努哈斯（Abū Jaʿfar bin al-Nuḥās）不认为这七首诗歌被命名为“悬诗”是因为它们被悬挂在天房上。他称这七首诗歌为“长七”，他也提到是传诗人哈马德收集了这七首诗歌。[①]

（2）珠链（Al-Sumūṭ）。这个名字将悬诗比喻成戴在妇女脖子上的项链。

（3）金字（Al-Mudhahhabāt）。因为据说悬诗是诗人用金水写在埃及细麻布上的，故有此称谓。

（4）著名七长诗（Al-Qaṣāid al-sabʿ al-Aashhūrāt）。艾布·贾法尔·本·努哈斯是这样解释这一称呼的：“当传诗人哈马德看到人们不喜欢背诵诗歌时，他就收集了这七首诗歌，敦促大家去把这些诗歌背下来，他对大家说：‘这些诗歌可是非常著名的。’”于是便有了“著名七长诗”这一名称。

（5）贾希利亚七长诗（Al-Sabʿ al-Ṭawāl al-Jāhiliyyāt）。伊玛目兼语言学家伊本·安巴里在他对这些诗的注释中使用了这个名字。

（6）十长诗（Al-qaṣāid al-ʿAshr）或七长诗（Al-qaṣāid al-Sabʿ）。第一个名称是语言学家、文学家兼法官祖兹尼对悬诗的称呼；至于第二个名称，是波斯诗人泰伯里兹对悬诗的称呼。[②]

---

① د. عز الدين إسماعيل، << المصادر الأدبية واللغوية >>، ط. دار النهضة العربية ببيروت، ص 66.

② <<الموسوعة العربية العالمية >>، مؤسسة أعمال الموسوعة للنشر والتوزيع بالرياض، سنة 1999م، 14\140 .

阿拉伯半岛和阿拉伯世界的自然状况

阿拉伯人习惯称呼阿拉伯半岛为“阿拉伯岛”。半岛是三面临海、一面连接大陆的地理构造。阿拉伯半岛西面是红海（Red Sea），南面是阿拉伯海（Arabian Sea），东面是波斯湾（Persian Gulf）或称阿拉伯湾（Arabian Gulf）[①]，北面连接大陆，是一个典型的半岛构造。为什么阿拉伯人会称之为“岛”呢？阿拉伯半岛三面环海，北面则是大沙漠，阿拉伯半岛的沙漠有北部的内夫得沙漠（Al-Nefud）、南部的鲁卜哈利沙漠（Rub' al-Khali）。在内夫得沙漠以北，即沙特北部、伊拉克西部、叙利亚南部和约旦东部还有叙利亚大沙漠（Syrian Desert）。在古代，沙漠和大海对人类来说都是难以逾越的。阿拉伯半岛就是为海洋和沙漠所包围的“岛”。而“阿拉伯”一词本身就是“沙漠”的意思。正如赖比德·本·拉比尔的诗句所说：

相爱的人儿被重沙阻断，
两情依依啊最令人伤感。[②]

---

① 伊朗人称之为波斯湾，阿拉伯人称之为阿拉伯湾，因为叫法有争议，所以很多时候只说海湾。

② 郅溥浩：《解读天方文学——郅溥浩阿拉伯文学论文集》，宁夏人民出版社2007年版，第213页。

沙漠在古代是天然的屏障，难以逾越，阻断了人们的往来。

这样的地形决定了阿拉伯半岛是世界上最干燥、最炎热的地区之一。虽然半岛三面环海，但是红海和波斯湾都过于狭窄，其海面所蒸发的水汽无法给半岛带来降雨。南面的印度洋则宽广得多，但是暖湿气流的作用也仅限于也门、阿曼等国，半岛的中心地带，那些远离海岸线的区域则很少能够享受到雨露的滋润。降雨量分配极不均匀，在一定程度上决定了半岛上耕地的分布，雨水多的地区则耕地多，雨水少的地区则都是沙漠戈壁。故半岛的耕地多分布在也门等沿海地区，内部地区多为沙漠，辅以星星点点的绿洲。沙漠地区的气候特点是白天炎热，夜晚较为凉爽，且昼夜温差极大。这样的自然环境使得阿拉伯人喜爱月亮和凉爽的夜晚，讨厌太阳和炎热的白天。中国人常说青年们像早晨八九点钟的太阳，阿拉伯人则用夜晚的月亮形容年轻人。如埃及大诗人艾哈迈德・绍基（Aḥmad Shawqī）在其诗剧《安塔拉》中所说：

在那季德的土地上，青年才俊辈出，

他们像月亮一样在那季德的大地上冉冉升起。[①]

那季德（Najd）位于今天沙特阿拉伯的中部地区，沙特首都利雅得（Riyadh）就位于那季德，中国的古书将那季德称为内志，其实不管是那季德还是内志，都是从同一个阿拉伯语单词音译而来，只是古今的用词不同罢了。那季德绝大多数土地是沙漠。

---

① 吴昊、塞勒玛:《高级阿拉伯语精读》，世界图书出版公司 2014 年版，第 48 页。

一些沿海地区虽然有雨水的滋润，但自然条件也未必能好到哪里去。希贾兹（Al-Ḥijāz）是位于红海沿岸的大片区域，在古代，这里有麦加（Mecca）、麦地那（Medina）、塔伊夫（Taif）三座名城，近代又增加了吉达（Jiddah），作为麦加、麦地那两圣地的入口和门户。在中国的古书上，此地被称为汉志，汉志和希贾兹是同一个阿拉伯语的音译。虽然这个地方靠近红海，但是有可能三年多都不下一滴雨。但是一下雨，就有可能造成洪水，如麦加的建筑物就多次被洪水冲毁。其自然环境之恶劣可见一斑。虽然半岛上现在多是沙漠，但在远古时代，半岛上布满了河流，后来由于气候的变化和人类的活动，半岛逐渐荒漠化，河流逐渐干涸、消失。河流虽然消失了，但是古河道都留了下来，这些古河道形成了一条条的"瓦迪"（Wadi），也就是峡谷。这一条条的峡谷成为半岛居民的天然走廊和通道。古代半岛的居民有很多人是沿着这些"瓦迪"前去朝觐的。而在下雨的时候，这些"瓦迪"又成为天然的排洪沟。半岛上甚至阿拉伯国家有很多的地名是以"瓦迪"开头的。这些"瓦迪"有的很窄，有的宽阔到能容下一个城镇或绿洲。例如，在阿拉伯世界家喻户晓的哲米勒（Jamīl ibn ‘Abd Allāh ibn Ma'mar al-'Udhrī）和布赛娜（Buthaina）的爱情故事就发生在"瓦迪古拉"（Wadi al-Qurā），即古拉谷地，它位于今天沙特的北部，那是一个位于峡谷底部的绿洲城镇，峡谷底部的宽度有几千米。阿拉伯古代地理学家亚古特·哈马维（Yāqūt al-Ḥamawī）在其《列国志》（*Mu'jam al-Buldān*）中也描述过这个地方。

瓦迪拉姆

"瓦迪拉姆"（Wadi Rum），也被称为月亮谷，因其地形酷似月亮而得名，位于今天约旦南部的黑丝玛沙漠（Ḥismā Desert），在沿海城市亚喀巴（Aqaba）以北 70 千米处。这里出土过赛莫德人（Thamūd）的铭文，经典中记载赛莫德人被地震毁灭，他们的先知是撒立哈（Ṣāliḥ）。科学家对瓦迪拉姆的实地研究表明，在远古和冰河时代末期（距今一万年前），该地区是人口聚居地，树木茂盛，雨水充沛。那个时期，该地区远不像现在这样是一片沙漠景象。研究还表明，这个地区因众多泉眼和大量狩猎动物而闻名。

整个黑丝玛地区，尤其是瓦迪拉姆地区是阿拉伯商队从阿拉伯半岛和也门前往沙姆地区的通道，有许多铭文和文字能证明这一点。上文提到朝觐的人们沿着“瓦迪”前进，其实不光是朝觐的人们，经商的人们、商队也会借助“瓦迪”行进 。“瓦迪”，这些干涸了的古河道是西亚阿拉伯沙漠中的天然通道。借助“瓦迪”进行交通，其原因之一便是在沙漠中容易迷路，尤其是在流动性沙漠中，沙丘不断变化，但是“瓦迪”却是不变的，它有固定的路线、起点和终点。

阿拉伯人从史前时代起就居住在该地区。今天我们提到“阿拉伯半岛”这个地理名词，它的范围包括沙特、科威特、阿联酋、卡塔尔、巴林、阿曼、也门这些国家所在的区域。我们一般所指的阿拉伯半岛就是这个区域，这是狭义上的阿拉伯半岛。还有一个广义上的阿拉伯半岛，是以大陆架的延伸范围来计算的。半岛的大陆架从印度洋开始，一直延伸到沙姆地区，直到今天的叙利亚北端。广义的阿拉伯半岛包括狭义的阿拉伯半岛和古代沙姆地区。古代沙姆地区要比今天我们说的沙姆地区面积大，今天我们提到沙姆地区，指的是叙利亚、约旦、黎巴嫩和巴勒斯坦，古代沙姆地区除了这四个国家外，至少还应该包括今天的以色列。古代的阿拉伯人指的是住在广义的阿拉伯半岛的人。例如：住在约旦、叙利亚的阿拉伯人；住在约旦黑丝玛沙漠，尤其是瓦迪拉姆的阿拉伯人；住在约旦佩特拉的奈伯特人，他们也是阿拉伯人；还有在叙利亚建立加萨尼王国的也是阿拉伯人；居住在台德穆尔的人也有阿拉伯人……住在叙利亚的阿拉伯人，他们深受东罗马帝国的影响，希腊化很严重。

有很多文献谈到过黑丝玛这个地方，说这里的居民来自阿拉伯的煮赞部落（Banu Judhām）。雅古特·哈马维在他的书中说道："黑丝玛是沙姆荒原上的一片地方，'黑丝玛'这个词是从'哈斯米'（ḥasm）这个词演变来的，哈斯米的意思是禁止。黑丝玛是一个粗糙的地方，那里的水又苦又涩，不是一片乐土，煮赞部落居住在那里。"很多阿拉伯诗人的诗歌中提到过黑丝玛，如安塔拉、纳比埃、哲米勒。穆泰纳比（Abū al-Ṭayyib al-Mutanabbī）描述了自己从埃及到库法的著名旅程。他穿越了黑丝玛地区并将这一经历写在了他的诗中。[1]

20 世纪 60 年代在瓦迪拉姆拍摄了影片《阿拉伯的劳伦斯》（*Lawrence of Arabia*）之后，80 年代约旦开始推广该地区的旅游业。目前瓦迪拉姆已经成为约旦黄金旅游三角之一，另外两个是佩特拉（Petra）和亚喀巴。

瓦迪穆萨

瓦迪穆萨（Wadi Musa），是约旦古迹佩特拉的所在地。十字

① 潘雷、闵敏主编:《新编阿拉伯语阅读 3——天方遗产录（沙姆）》，世界图书出版公司 2021 年版，第 33—34 页。

军东征（Crusades）时期的历史资料证明，那时的瓦迪穆萨还是一个肥沃的地区，水源充足。奈伯特人（Nabataeans）建筑中的木材大都来自瓦迪穆萨。

瓦迪黑塔尼

瓦迪黑塔尼是音译，如果意译的话，这个词的意思是“鲸谷”。鲸谷位于埃及拉岩自然保护区内，该保护区位于埃及法尤姆省（Faiyum Governorate），距离首都开罗 150 千米。在鲸谷中曾发现 10 具完整的 4000 万年前生活在这里的鲸鱼的骨架，彼时的这里乃至整个北非都是大洋的一部分。在距今 250 万到 3500 万年前，特提斯海（Tethys Ocean）和古地中海都位于北非，特提斯海通过现在的沙特将地中海与印度洋连在一起，特提斯海在北非存在了数亿年。后来，地球的气候发生了变化，南极冰层形成，许多海水变成了冰雪，特提斯海变干，埃及土地出现。之后，在不同的地质时代，地球的气候比现在更潮湿，暴雨导致北非出现河流，河流能够清除大量的岩石和沉积物，这可能是鲸谷形成的原因。发现的鲸鱼骨架包括长达 18 米的械齿鲸和体形稍小的硬齿鲸，以及 5 米长的矛齿鲸。①

其他的瓦迪

除此以外，阿拉伯半岛以“瓦迪”命名的地点还有很多，其中有些有水有些无水，较为著名的有位于约旦遗迹乌姆赖萨斯

① 潘雷、闵敏主编：《新编阿拉伯语阅读 2——天方遗产录（北非）》，世界图书出版公司 2020 年版，第 43—44 页。

（Umm ar-Rasas）附近的瓦迪瓦拉（Wadi al-Wālah）和瓦迪穆吉布（Wadi Mūjib）；耶稣受洗处——约旦河外伯大尼（Al-Maghtas）附近的瓦迪以利亚（Wadi al-khrār）；叙利亚世界遗产武士堡（Krak des Chevaliers）所在地——瓦迪拿撒勒（Wadi al-Nasārā）；位于黎巴嫩神杉林（Cedars of God）附近的瓦迪夸底沙（Wadi Kādīshā）、瓦迪噶扎西亚（Wadi Qazahya）和瓦迪高努宾（Wadi Qanoubin）。

除了阿拉伯半岛有为数众多的瓦迪，阿拉伯世界的其他地区同样有以“瓦迪”命名的地方，如北非。

撒哈拉大沙漠占据北非绝大部分的领土面积，它也是整个非洲的分界线，撒哈拉以北是北非，以南则是撒哈拉以南的非洲。撒哈拉在上古时代是一片大洋，在几万年前那里也还不是一片荒漠，而是一个拥有众多河流的草原，后来同样是因为气候变化和人类影响，撒哈拉地区完全荒漠化。其演变的过程和阿拉伯半岛非常相似。北非的沙漠环境和半岛的沙漠环境是极其相似的。撒哈拉大沙漠中分布着 3 万多处古代人类留下的岩刻和壁画，描绘了古代文明的完整生活。通过分析这些图画，专家们发现它们的历史可以追溯到 2 万年前。远在新石器时代（Neolithic），即公元前 9000 年到公元前 2500 年，撒哈拉地区的气候湿润，这个地区的广大土地上覆盖着植被，人类和多种动物在这里生活，如鸵鸟、长颈鹿、大象、羚羊。当时撒哈拉地区还有几个大的湖泊，水源很充沛，所以还生活着各种鱼类、鳄鱼、河马。这些有利的条件使得狩猎部落定居于此，之后成为牧民，他们在各个高地和土壤肥沃的地区定居下来。到公元前 2500 年，除了尼罗河周边地区之外，撒哈拉地区全部变成了不毛之地，人类再也不适合在此居住了，但是过去的时光却通过前人所绘刻的分散在撒哈拉沙漠各个角落的石刻和岩画立体地保存了下来。那些岩石变成了一幅幅的图画，记录着古代北非居民如何适应改变的自然环境，如何获得工具，如何形成新的习惯。撒哈拉沙漠中超过一半的石刻和岩画都集中在阿尔及利亚东南部的塔西里·阿杰尔（Tassili n'Ajjer）①，其他的石刻和岩画分布在利比亚沙漠和尼日尔北部。到目前为止，被发现的石刻和岩画超过3万处。这些石刻和岩画可被划分为四个历史时期。

消失时期②

在这一时期，石刻中的动物体形都比较大，这些动物当时在当地濒临灭绝，这些动物有野牛、大象、犀牛、长颈鹿、羚羊、河马。石刻当中并没有被驯服动物的记载，这也许意味着当时的人们依靠狩猎大型动物来生活。石刻中还反映出人的形象，他们是武装着棍子、长矛、斧子和弓箭的。这一时期石刻的经典作品位于杜杰拉山谷（Wadi Djerat），长颈鹿的石刻位于尼日尔的埃尔（Aïr），还有一些位于利比亚的马萨克地区（Al-Masāk）。

牧人时期③

在公元前4500年到公元前4000年，牲畜群出现在了北非地区，这一时间段和牧人时期早期是相吻合的。绝大多数的石刻和岩画都可以追溯到牧人时期。岩画中有些情景是一些人在专注地从事自己每天的工作，有一些则是被驯化的牲口，如绵羊、山羊，有时候放牧的人就站在自己的牲口群旁边。这些岩画看上去更美，

---

① 在图阿雷格语（Tuareg languages）中，意为众峡谷平原。

② 或称狩猎时期，公元前5000年以前。

③ 公元前4500年—公元前2500年。

因为有了红色和白色等颜色。有人认为作画的人就是这些放牧的人，他们描绘部落的生活场景，这些部落就好像现在苏丹的努比亚部落（Nubia）和尼日尔的富拉尼部落（Fulani）。牧人时期的岩画多分布在阿尔及利亚塔西里和利比亚的阿卡库斯山（Acacus Mountains）。

马匹时期①

这个时期的绘画反映了携带小型武器和马车的人。据信，马匹就是在这一时期开始在沙漠中使用的。和前一个时期的画作相比，这些画的质量拙劣，人物看上去更小并且形状像沙漏。

骆驼时期②

那时，北非发生了沙漠化，在岩画艺术和人们生活中用“沙漠之友”骆驼代替了马。③

从这一过程中我们可以得知，在北非特别是撒哈拉地区，水源丰沛的河流渐渐干涸，变成了各种峡谷和谷地，也就是我们说的“瓦迪”。北非也有很多瓦迪。如埃及的瓦迪黑塔尼（Wadi al-Ḥītān）、瓦迪拉岩（Wadi al-Rayān），阿尔及利亚的瓦迪发拉杰（Wadi Faraj）、瓦迪姆扎卜（Wadi Mzab）、瓦迪杜杰拉（Wadi Djerat），利比亚的瓦迪卢布达（Wadi Lebda）、瓦迪拉姆莱（Wadi al-Ramlah）、瓦迪卡阿姆（Wadi Ka'ām），摩洛哥的瓦迪马哈赞（Wadi al-Makhāzin）、瓦迪坦西夫特（Wadi Tensift）、瓦迪非

---

① 约公元前 2500 年—公元前 1200 年。

② 公元前 1200 年。

③ 罗文青、杨红主编：《国际旅游文化研究》，世界图书出版公司 2016 年版，第 92—93 页。

斯（Wadi Fes，Oued Fes）、瓦迪哈曼（Wadi Khamān）、瓦迪费尔陶斯（Wadi Fartāsah）、瓦迪哈拉德（Wadi Khallād），突尼斯的瓦迪达维米斯（Wadi Dawīmīs）、瓦迪司格南（Wadi Sejenane，Oued Sejenane）、瓦迪米拉哈（Wadi Milāḥ）、瓦迪哈扎拉（Wadi Ghazālah）、瓦迪朱米那（Wadi Joumine）、瓦迪廷加（Wadi Tinja）。这些瓦迪如果位于撒哈拉腹地则是干涸的，如果位于地中海沿岸则还是有水的。

半岛自然环境

上文先说阿拉伯古诗是阿拉伯人的史料库，后说了半岛乃至整个阿拉伯世界以沙漠为主的自然环境。这种自然环境在阿拉伯人的古代诗歌中有着充分的体现，当然，其体现的自然环境仅限于阿拉伯半岛，贾希利亚时期的阿拉伯人还没有进入北非地区。下面以悬诗为例，看悬诗中所体现的半岛自然状况。

阿拉伯半岛的地名

阿拉伯半岛的地名在悬诗中出现的频率很高。

如在祖海尔的诗文中就提到了很多地名：

我的朋友，你可看见乘着驼轿的妇女

行进在朱尔苏姆泉边的高地？

沿着盖南山左侧走，山路是那样崎岖，

盖南山啊！有多少春秋从你身旁流逝！

…………

她们坐在骆驼后面千娇百媚，

行走在苏斑高地上，婀娜多姿。

天还未亮，她们就已动身，

轻车熟路，直奔拉斯谷地。

…………

然后重新登上旅途，

再次穿过苏斑谷地。[①]

又如，安塔拉的诗文：

阿卜莱住在吉瓦依这宽广的地方，

哈兹尼、萨玛尼、穆太萨赖米是我家乡。

…………

春天，她家在奥耐太尼扎帐，

我家却远在盖勒米，何以寻访？[②]

再如，拉比尔的诗文：

穆那地方的住宅已然荒芜

奥鲁、里贾姆山旁空余遗屋[③]

---

① 仲跻昆：《阿拉伯古代诗选》，人民文学出版社 2001 年版，第 60 页。

② 开罗艾因·夏姆斯大学、北京语言文化大学编：《阿拉伯古代诗文选》，北京语言文化大学出版社 1997 年版，第 18 页。

③ 郅溥浩：《解读天方文学——郅溥浩阿拉伯文学论文集》，宁夏人民出版社 2007 年版，第 213 页。

以及希利宰的诗文：

我们曾相识在布尔卡·舍玛，
海勒萨是她营区最近的地方。[1]

朱尔苏姆泉、盖南山、苏斑高地、苏斑谷地、吉瓦依、哈兹尼、萨玛尼、穆太萨赖米、奥耐太尼、盖勒米、奥鲁、里贾姆山、布尔卡·舍玛、海勒萨，这些都是半岛的古代地名，诗人们为我们描绘了一幅贾希利亚时代阿拉伯半岛的地图。

阿拉伯半岛的植物

植物，也是阿拉伯半岛自然环境的体现之一，尤其是有特色的植物。

阿拉伯半岛是椰枣树的天堂，几乎到处都生长着椰枣树，主要谷物为小麦、高粱、大麦和小米。少数地方如亚丁（Aden）附近适于种植棉花。阿拉伯半岛也生产无花果、葡萄、香蕉、仙人果和其他水果。

半岛上有一些特别的植物，在世界上别的地方很少见到，例如下面诗文中所提到的这种植物：

仿佛又回到了她们临行那一天，
胶树下，我像啃苦瓜，其苦不堪言。[2]

---

① 仲跻昆：《阿拉伯文学通史（上卷）》，译林出版社 2010 年版，第 120 页。

② ［阿拉伯］乌姆鲁勒·盖斯等著：《阿拉伯古代诗选》，仲跻昆译，人民文学出版社 2001 年版，第 18 页。

这里所说的苦瓜并不是中国菜市场中卖的那种，而是半岛的一种特殊植物——苦西瓜。阿拉伯诗人用苦西瓜表示苦涩，就像中国人提到“苦”就会想到黄连一样。这些都是自然环境赋予当地的特征。

阿拉伯半岛的动物

比起植物，动物在悬诗中被提及的次数更多。

沙漠缺少食物、水源。沙漠中所能看到的只是满眼的黄沙，这样的景色是极其单调乏味的。半岛气候干燥，土壤大多含有盐分，导致植物不能茂密地生长。半岛上的荒漠中充满了各种各种的野兽，猎豹、土狼、豺狼、狐狸、蜥蜴等，还有猛禽，如鹰、隼、鸢、枭等。沙漠中更是盛产蝗虫。

马在半岛上是少见的，但是马是英俊、潇洒的代名词，常和英雄一起出现，如诗文中提到：“长躯短鬃的骏马”，“第二桩，畏敌者前来求助，让我的骏马上阵相帮”，“这时，我才返回平地，昂首的短毛驹更显桀骜”，“英雄豪杰像‘额前雪’一样美名远传”，“英雄策马往来驰骋”，“我们奔驰在遥遥平川，马儿腾跃在崎岖的路面”，“我们的战马膘肥体壮，高傲的步伐如酩酊者步履晃摇”。

沙漠中的主要交通工具是骆驼，以游牧人的观点来说，骆驼是最有用的东西。如果没有了骆驼，沙漠就变成了一个几乎无法居住的地方。游牧人的营养、运输、贸易，无一不依靠骆驼。

骆驼是阿拉伯人忠实的朋友，骆驼的奶可以解渴，骆驼的肉可以食用，骆驼的皮毛可以做衣服，骆驼的粪便可以生火。

骆驼不但是阿拉伯人的交通工具，还是阿拉伯人的美味佳肴。“我宰杀了乘驼献给纯真少女……漫天飞舞的驼峰和膏脂”，“女奴炙烤着母驼腹中的幼胎，仆人剖开驼峰，迅速送给我们品尝”，“宰驼烹肉，为人们驱散严寒的料峭”，“任酒友拿出相同的无羽箭，从我的驼群中把心仪的美味挑选。我箭签的选择是：慷慨杀掉不育驼和产仔驼”。[①]

我骑上母驼奔走如飞，
那母驼好似一只雌鸵鸟在荒野上。
似那鸵鸟傍晚听到有猎人的动静，
惊恐地急忙奔往幼鸟栖身的地方。
母驼跑的是那样快，
只见它身后掀起沉沙飞扬。[②]

诗人将骆驼比喻成鸵鸟，这两种动物都是沙漠中常见的动物，是阿拉伯人生活环境的组成部分，阿拉伯人对它们非常了解。文中将两种沙漠中常见的动物相互之间进行比较。事实上，这种比较的范围较为狭窄，还没有超出沙漠的界线，但这也是很自然的事情，诗人就生活在这种环境当中，是沙漠单调枯燥的环境造成了诗人想象力的匮乏。

鸵鸟在阿拉伯人的眼中是速度、轻巧、敏捷的象征。例如：“当我勒紧口嚼与缰绳，它更像公鸵鸟一般腾跃飞翔”，“我扬鞭催程，马儿像鸵鸟般疾步飞跑”，“它疾驶，飞奔，和公鸵鸟一样轻捷”。

---

① 冯亚琳、张法、张旭春主编：《中外文化（第 7 辑）》，重庆出版社 2016 年版，第 208 页。

② 仲跻昆：《阿拉伯文学通史（上卷）》，译林出版社 2010 年版，第 120 页。

在拉比尔的诗句中同样有对骆驼的描写。

纵然是爱如烟云散去，
你仍可骑上骆驼超前飞赶。①

在这段诗文中，我们看到的同样是骆驼奔跑的速度。在这一点上，两位诗人的观点是一致的，都是表现骆驼的奔跑速度。

同样，提到骆驼的还有安塔拉：

你终于下决心离我而去，
黑夜里你们的驼队走向远方。②

除了骆驼，盖斯和祖海尔在诗中还提到另外一种半岛典型的动物——羚羊：

此地曾追欢，不堪回首忆当年，
如今遍地羚羊粪，粒粒好似胡椒丸。③

唯有一只只羚羊和它们的子女

---

① 郅溥浩：《解读天方文学——郅溥浩阿拉伯文学论文集》，宁夏人民出版社2007年版，第213页。

② 开罗艾因·夏姆斯大学、北京语言文化大学编：《阿拉伯古代诗文选》，北京语言文化大学出版社1997年版，第18页。

③ ［阿拉伯］乌姆鲁勒·盖斯等著：《阿拉伯古代诗选》，仲跻昆译，人民文学出版社2001年版，第18页。

来来往往，在这里安身、栖息。[①]

在阿拉伯人的眼中，羚羊是温柔慈祥、充满母爱的象征，其他的诗句也说道：“闪动着乌吉拉瞪羚舔犊时娇怯的目光和柔情蜜意”，“似母羚向幼子送出慈祥的微笑”。

面对一成不变的单调自然环境，生命显得非常渺小、非常短暂，就像天空中的流星一样转瞬即逝。在这样的环境中，人类的力量是极其有限的，在残酷的大自然面前显得微不足道，尤其是在沙漠这种恶劣的自然条件下。生活在这种环境之中的人类对大自然产生了一种敬畏的心理。正是由于阿拉伯半岛自然环境恶劣，而人的寿命又非常短暂，所以会对时空流逝怀着敬畏。[②]

悬诗及其他贾希利亚时代的诗歌作为阿拉伯人的史料库，记载了丰富的阿拉伯半岛自然情况。以上列举的只是沧海一粟，只是为了说明这些诗歌在研究贾希利亚时代的史料价值。这些诗歌除了记载大自然的情况，还记录了当时阿拉伯人的社会情况。

---

① ［阿拉伯］乌姆鲁勒·盖斯等著：《阿拉伯古代诗选》，仲跻昆译，人民文学出版社 2001 年版，第 60 页。

② فالتر براونة : الوجودية في الجاهلية، مجلة المعرفة السورية، ع（4）، 1963م ص 159.

阿拉伯半岛的社会情况

人类的确是生活在自然界当中的，但是人类更是生活在社会当中的。从阿拉伯悬诗来看，有些诗句中明显地包含了半岛社会环境的元素。这些珍贵的社会生活元素向我们展示了贾希利亚时代阿拉伯社会的一些情况，有助于我们了解、学习、研究当时的社会文化。

交通工具

请看塔拉法的诗文：

离别那天早晨，马利克人的驼轿
好似一艘艘船只，充满欢乐。
好像阿杜里族或是伊本·亚敏的大船
水手驾着，一会儿朝前，一会儿又偏左偏右；
那船像猜埋物游戏的手分土——
船头把一道道波浪划拨。[1]

---

① 仲跻昆：《阿拉伯文学通史（上卷）》，译林出版社 2010 年版，第 102 页。

阿拉伯人具有一定的航海知识和技术，短程航行是没有问题的，比如乘船跨越狭窄的红海。但是阿拉伯人的船只不成规模，也没有出海远行的技术，更没有自己的海军。阿拉伯人的海军是他们占领叙利亚和埃及之后，在拜占庭海军的基础上发展而来的。

诗人塔拉法出生在巴林，巴林在波斯湾的旁边，古来以捕鱼业和采珠业闻名。靠近大海，捕鱼业又盛行，船只的发展是理所当然的，而事实也是这样，当时的巴林造船业较为发达。那时船只在波斯湾游弋，向波斯湾里面航行可以到达底格里斯河。

陆地上的交通工具就是骆驼了，所有的悬诗都描写了骆驼这种动物，可见其在阿拉伯人生活中的重要性。“每当忧伤，我常骑上快驼”，“我的驼大腿肌腱健硕丰满”，“一如乘上健驼疾驰奔跑。这母驼久经辛劳……这母驼如奔驰的孕驴”，“我的母驼是像那母驴，还是像那焦急寻子的母牛”，“我冒着骄阳烈日，催赶着母驼着力奔跑”，“如今，我勒住壮如城堡的母驼”，“是我心爱的骆驼，伴我沐雨栉风，送我上天涯海角”，“驱赶着健壮的母驼，踏上征途，拯救苦难。我的母驼像颀长秀丽的鸵鸟”，“我仍骑着这良种母驼，奔赴族人的急难”。

阿拉伯妇女骑骆驼还需要驼轿，驼轿的颜色也不一定是阿拉伯人喜爱的白色，或是经常搭配在妇女身上的黑色，也可以是鲜艳的色彩。

祖海尔的诗文中说：

驼轿用珍贵的帷幔遮起，
四边镶着血一样鲜红的罗绮。

…………

她们所到之处，驼轿上缀的绒球，

像一粒粒野葡萄，鲜红、艳丽。[①]

再如，“那天我钻进她的驼轿里……你已经压坏了我坐骑的筋和皮”，“朱尔苏姆河边的高地上，一队驼轿正摇曳缓徐，从右方穿越盖拿努山区……遮饰得驼轿分外华丽。她们端坐在健壮的驼背上”，“ 女眷掀开帐门，钻进驼轿……驼背上搭起别致的驼轿……如白牛稳坐壮驼中腰……浩浩驼队像比舍河谷弯流处的巨石”，“停下吧，驼轿里的情人，分手前让我们再做一次交谈”，“看到她的乘驼在暮色中缓步”。

① ［阿拉伯］乌姆鲁勒·盖斯等著:《阿拉伯古代诗选》，仲跻昆译，人民文学出版社 2001 年版，第 60 页。

闪族人

阿拉伯人是闪族人（Semitic）[①]的一个分支，今天世界上较为著名的闪族人还有希伯来人（Hebrews）。闪（Shem）[②]是一个人的名字，他是先知努哈（Noah）的儿子。努哈是阿拉伯语的音译，当然，他还有一个更广为人知的名字——诺亚，诺亚方舟（Noah's Ark）的故事尽人皆知。努哈有三个儿子——闪、含（Ham）[③]、亚菲斯（Japheth）[④]。闪的后代被称为闪族人，历史上的阿卡德人（Akkadian）、巴比伦人（Babylonian）、腓尼基人（Phoenician）……都有闪族人的基因。阿卡德人的国王萨尔贡（Sargon of Akkad）在公元前2400年征服了苏美尔人（Sumerian），在离巴格达不远的地方建立首都阿卡德（Akkad）。巴比伦是四大文明古国之一，空中花园（Hanging Gardens of Babylon）举世闻名，首先发明了表示"零"的数学符号[⑤]。被称为"海洋民族"的腓尼基人曾居住在地中

---

① 又被译为闪米特人、闪姆人。

② 或被译为闪姆。

③ 又被译为含姆。

④ 或被译为雅弗。

⑤ Neugebauer, *The Exact Sciences in Antiquity*, Dover Publications, 1969, pp. 14—20.

海东岸，一度控制地中海的贸易，他们在北非的殖民地是迦太基（Carthage），腓尼基语书写系统是当代字母的起源。学者们通过对比这些民族的样貌、社会制度、语言等因素，发现了其中有很多相似之处，从而推断这些民族有着共同的祖先。今天的阿拉伯语还保留着很多闪族语的共同特点，如大多数动词都是 3 个基本字母、动词有过去时和现在时这两种时态、动词的变化有固定的词型……学者们还通过历史上发生的 5 次大移民推断闪族的发源地在阿拉伯半岛。这些移民的浪潮每过 1000 年左右就会发生一次，最早的一次在公元前 3500 年左右，最近的一次是 7 世纪发生的阿拉伯对外大扩张。路线一般有两条：一条是沿着阿拉伯半岛西海岸北上，到达非洲、沙姆地区（Bilad al-Sham）；另一条是沿着阿拉伯半岛东海岸北上，到达两河流域（Mesopotamia）[①]。移民造成的影响是巨大的，造就了历史上诸多著名的民族和文明，这些民族要么是闪族人迁来后和当地人通婚后的产物，如古埃及人、巴比伦人……要么是闪族人到达新地域后由自身发展而来的，如腓尼基人、希伯来人、阿拉马人（Arameans）[②]、奈伯特人……闪族人为什么要定期向外移民？其核心原因恐怕是一个从古至今都存在的矛盾——有限的土地承载能力和无限增长的人口之间的矛盾。阿拉伯半岛的地理环境是沙漠和戈壁，极少数的可耕地集中在也门地区，星罗棋布的绿洲分散在半岛各地。耕地资源是有限的，产出的粮食也是有限的，能够养活的人口也是有限的。而人口则是在不断增长的，公元前

① 或称为美索不达米亚，这是古希腊对这一地区的称呼。

② 又被译为阿拉米人、阿拉姆人、阿拉美亚人、亚兰人、亚拉米人。

5000 年，全球只有 500 万人；公元前 1000 年，全球人口 5000 万；公元 1000 年，全球人口到达 2.75 亿；而现在，世界人口已近 80 亿。[①] 当人口多到土地养活不了的程度，为了生存，大批的移民便开始了。

① 世界人口网，https：//www.renkou.org.cn/world/general/2019/165327.html。

阿拉伯人的日子和血亲复仇

在贾希利亚时代，阿拉伯的部落与部落之间流行一种冲突。这些冲突的模式大致是相似的，“最初是几个人为边界的争端和私人的侮辱而互相殴打。于是，几个人的争斗变成了全部族的事务。最后，由某个中立方出面调解，达到和平。死人比较少的部族，交出一笔赎金来补偿对方多死了的人口。参加此类战争的英雄，死后几百年，还有群众追念他们”①。为什么个人的斗殴会演变成集体的厮杀？是沙漠的自然环境所造就的，这是一个重要的原因。想要在沙漠中生存，必须依靠集体也就是部落，个人是绝对无法在沙漠中生存的。如果某个人被自己的部落开除了，他必须去依靠一个新的部落才能生存。基于此，个人和部落被紧密地联系在了一起，个人的事务就是部落的事务。

这种战争被称为“阿拉伯人的日子”（Ayyām al-‘Arab）。在贾希利亚时代非常著名的“阿拉伯人的日子”，除了发生在叶斯里布（Yathrib）即麦地那（Medina）的两个阿拉伯部落之间的布阿斯战争（Battle of Bu‘āth）外，还有两个，一个是达西斯战争（Battle of Daḥis）。祖海尔·本·艾比·苏勒玛的悬诗记录了这场战争并歌颂

---

① ［美］菲利普·希提:《阿拉伯通史》，马坚译，新世界出版社 2008 年版，第 89 页。

了这场战争的终结者，以高度的隐喻描写战争的残酷，战争持续了几十年。达西斯战争是由一场赛马引起的，参赛的两匹赛马分别是阿布斯部落（Banu ‘Abs）的达西斯（Daḥis）和祖布央部落（Banu Dhubyān）的埃布拉（al-Ghubrā’）。比赛本应以达西斯的获胜而告终，但祖布央部落却用计谋赢得了比赛，阿布斯部落不服气，两个部落由此结下了世仇。七首悬诗的作者之一安塔拉·本·舍达德就是在这场战争中扬名立万的。安塔拉本是个黑奴，他的父亲是阿拉伯自由人，母亲是黑人女奴。按照阿拉伯的传统，女奴的孩子仍为奴隶，除非自由人父亲给予其自由。一次，敌对部落进犯安塔拉部落，安塔拉部落眼看就要落败，父亲命安塔拉出战，安塔拉却说：奴隶的儿子只会挤奶。父亲说：你若出战，我便赐你自由。安塔拉这才出战，一举扭转乾坤，反败为胜。

在贾希利亚时代，在阿拉伯人中间流行着一种名为“血亲复仇”的传统，如 A 氏族的一个成员杀死了 B 氏族的一个成员，那么 A 氏族中的任何一个成员都有可能成为被报复的对象，而报复的方式则是血债血偿，B 氏族中被害成员的亲属最有义务去复仇。某氏族的成员“若杀害了外族的人，两氏族之间就要发生近亲复仇（血亲复仇），本氏族的成员不管是谁，都可能为这桩罪行付出生命的代价”。[①] 达西斯战争就是这种血亲复仇的典型。双方氏族的成员都有可能成为复仇与被复仇的对象，氏族中的每一个成员都受到死亡的威胁。

另一场战争是历史上同样著名的白苏斯战争（Basūs War），这

---

① ［美］菲利普·希提：《阿拉伯通史》，马坚译，新世界出版社 2008 年版，第 23 页。

一战争持续了四十年，相互残杀的是两个阿拉伯部落——伯克尔人（Banu Bakr）和台格里布人（Banu Taghlib），起因则是台格里布人首领杀伤了伯克尔人一老太婆白苏斯的骆驼。

贾希利亚时代著名的女诗人韩莎（al-Khansā'），以写哀悼诗而著称，她在诗中所哀悼的正是她的两位兄弟，这两人都是死于部落间的仇杀。

血亲复仇和阿拉伯人的日子，二者互为因果，造成恶性循环，导致无休止的杀戮和动荡。自然环境固然是一个重要的原因，阿拉伯人好战的天性也是一个重要因素。这一点将在后文中详细提到。

贾希利亚时代阿拉伯人创造的文明

萨巴王国和贝尔吉斯女王

萨巴王国（Sheba）位于今天的也门地区，这个王国的中文译名有很多，如“塞白”“赛伯邑”“示巴”。

今天的也门地区贫困落后，属于世界上最不发达的国家和地区之一。但在古代，也门也曾拥有高度的文明。如果手捧一份阿拉伯半岛的地图，你会发现半岛绝大多数地区是沙漠戈壁，耕地在半岛是极为稀缺的资源。也门恰恰拥有这种资源，这就是也门在古代是一个幸福的地方的原因。“也门”（Yemen）这个词是从阿拉伯语音译来的，这个词在阿拉伯语中有幸福的意思。同时这个词也有右边的意思，当你站在麦加，面朝东方，也就是太阳升起的地方，你的右手边远处便是也门这个幸福的地方。不同于半岛上逐水草而居、风餐露宿、生活艰苦的贝都因阿拉伯游牧部落，也门人很早就过上了安乐定居的农耕生活。马里卜大坝是当地高度发达的农业文明的最好证明。公元前750年，萨巴的一个国王修建了马里卜大坝，这个水坝在相当长的时期内对国内的农业用水起着调节作用。萨巴王国还跨越红海和非洲东海岸，甚至可能与非洲内陆有商业往来。萨巴人还向非洲东海岸移民，[1]萨巴王国最有名的国王当属贝尔吉斯女王（Queen of Sheba），她和犹太人的国王所罗门即苏莱曼有着外交关系。这两位国王的交往也被记录在阿拉伯的神话故事中。阿拉伯的神话故事中也提到了马里卜大坝，由于老鼠在大坝上打洞，所以马里卜大坝倒塌了。

佩特拉和奈伯特人

奈伯特人，又译为“奈巴泰人”“纳巴泰人”“纳巴提人”，是古代阿拉伯人。阿拉伯人用阿拉伯语称呼奈伯特人的时候，总是要在后面加上一个“阿拉伯人”，以强调奈伯特人的阿拉伯属性。

通过古代人类留下的遗产来一窥其文明程度，这是一种途径，我们便使用这种手段来了解奈伯特人吧，通过他们留下的物质遗产——佩特拉。

佩特拉是位于约旦哈希姆王国（Hashemite Kingdom of Jordan）南部马安省（Ma'ān Governorate）的一座古老历史城市遗迹。佩特拉古城位于马安省的佩特拉市，在约旦首都安曼（'Ammān）以南225千米处。从安曼到亚喀巴湾（Gulf of Aqaba）沿岸的亚喀巴市（Aqaba）之间有一条沙漠公路，佩特拉在这条公路的西边。佩特拉城位于马安省省会马安市（Ma'ān）的西部，距马安市36千米。该城总面积为900平方千米，古迹保护区的面积为264平方千米。佩特拉以岩石雕凿的建筑和古老的水渠系统而闻名。它以前被称为“裂口、裂缝”，也许是因其发达的引水系统而被比喻为大地皮肤上

① ［美］伯纳德·刘易斯:《历史上的阿拉伯人》，马肇椿、马贤译，华文出版社2015年版，第4页。

的裂口或山的裂缝。它也因其岩石颜色而被称为“玫瑰城”。

佩特拉建立于公元前 312 年，是奈伯特王国的首都。多年来，它在丝绸之路上占据了重要的位置，在美索不达米亚即两河流域、巴勒斯坦和埃及等文明的中间地带发挥了重要作用。这使得奈伯特王国控制了这些地区不同文明间和不同居民间的贸易往来。该城坐落在祭坛山（Jebel al-Madhbaḥ）的洼地上，祭坛山位于阿拉伯半岛西北部高大的岩石山脉之间。

在奥斯曼帝国时期很长的历史内，佩特拉遗址一直未被西方人发现，直到 1812 年瑞士东方学家约翰・路德维希・贝哈特发现了它。佩特拉古城于 1985 年被联合国教科文组织列为世界遗产。2007 年，佩特拉也被选为新世界七大奇迹之一。

如今，佩特拉已成为约旦的象征，是该国最吸引游客的景点之一，也是各国领导人访问约旦必去的景点之一。

佩特拉是在瓦迪穆萨即穆萨峡谷石山上的玫瑰色沙石上雕凿出的一座城，因此被称为“玫瑰城”。人们要通过古城边缘的小路步行进入，这些小路被隐藏在屏障似的崇山峻岭之间。

建立佩特拉的功劳要归于奈伯特人，但在奈伯特人之前，有一个叫以东人（Edomites）[①] 的民族居住于此，他们与邻国长期处于敌对状态。以东人于公元前 1200 年至公元前 539 年定居在围绕着佩特拉的丘陵上。他们没有进入佩特拉，而是更喜欢居住在周围的山丘上。他们对岩石上的雕刻和建筑没有兴趣，他们的才智只限于制造陶器。奈伯特人制陶的工艺被认为是从以东人那里

---

① 以东人，以东，希伯来语“红”的意思。以东是巴勒斯坦地区的一个古老民族，以东人是现代阿拉伯人的祖先源头之一。以东人的祖先原名叫以扫（以扫就是有毛的意思），又名以东，因为据说他出生的时候身上长满了红色的毛。

学来的，奈伯特人在公元前6世纪末从阿拉伯半岛迁移至此地定居。以东人占领了该地区的重要部分，该地区位于数条重要贸易路线的交会处，他们从经过此地的商队中获利颇丰。据信，以东人为所罗门王所领导的犹太人击败，此后犹太人控制该地区长达200年。后来，巴比伦人入侵巴勒斯坦，把犹太人俘虏并带走。被驱逐出该地区的以东人开始行动，重新占领以前自己控制的土地。但是该地区再次遭到入侵，这次入侵的是阿拉伯血统的贝都因人部落奈伯特人。奈伯特人与以东人并存，生活稳定。

佩特拉是奈伯特王国（Nabataean Kingdom）的首都，也是他们王国中最重要的城市，其历史可追溯至公元前400年到公元106年，其边界西起巴勒斯坦的阿什凯隆（Ashkelon）海岸，东至沙姆地区的沙漠，北起大马士革，南到红海。公元前300年，奈伯特人实现了对该地区的全面控制，建立了自己的殖民地，在山里的岩石上挖凿住宅区、建筑物和坟墓。公元前1世纪，他们的繁荣达到顶峰时，佩特拉城约有3万人居住。

佩特拉位于美索不达米亚、沙姆、阿拉伯半岛和埃及之间，其地理位置在经济上具有重要意义。该国控制了这些地区之间的贸易，经过那里的商队从阿拉伯半岛南部运来了香料、从加沙和大马士革运来了丝绸，从阿什凯隆运来了染料，从推罗[①]（Tyre, Lebanon）运来了玻璃器皿，从阿拉伯湾运来了海产和珍珠。佩特拉是通往各个王国的道路枢纽，控制着古代东方文明之间的商业运输。

① 又被译为苏尔、提尔。

佩特拉的奈伯特人说的语言类似于阿拉马语（Aramaic）[①]。佩特拉是能与腓尼基和希腊城市并列的文化之都。据信，阿拉伯语字母就是在这一地区通过奈伯特人发展起来的，同时，希伯来语字母也和奈伯特人有渊源。奈伯特字母广为流传，至少15种语言来源于奈伯特文字。奈伯特人生产精美的陶器，修建宏伟的房屋，其中大部分后来的建筑受到罗马风格的影响。在公元1世纪初，由于埃及和叙利亚之间的长期战争，佩特拉再次成为贸易中心。在很短的时间内，奈伯特人变得富有而强大，足以扩大他们对该地区的控制。随着奈伯特人财富的增加，他们的生活方式得到了改善，这反映在晚期陵墓中发现的豪华装饰品上。

最初，奈伯特人有能力抵抗企图控制和征服他们的力量，并使历史上的约旦地区相对不受外国势力的影响。他们最重要的军事对抗之一是他们在公元前312年与希腊人的抗争，他们在第一次战役中让希腊军队尝尽苦头，死伤过半，在第二次战役中被希腊人围困许久后反败为胜。他们还在死海的第一次阿拉伯军队水上战役中获胜，这场战役结束了希腊占领约旦东部即外约旦的梦想和野心。奈伯特人也和犹太人发生过大规模的对抗，尽管犹太人得到罗马的保护，但奈伯特人取得了大多数胜利。奈伯特王国鼎盛时期统治自亚喀巴湾以北至死海，还包括希贾兹大部分地区。

罗马将军庞贝大约在公元前60年入侵奈伯特王国，允许奈伯特拥有一定程度的自治。图拉真统治时期，罗马人在公元106年围困奈伯特，切断了水源，奈伯特王国灭亡，变成了罗马帝国的一个

① 又被译为阿拉姆语、阿拉米语、阿拉美语、阿辣米语、亚兰语。

行省，名为“阿拉伯的佩特拉”（Arabia Petraea），省会佩特拉。

罗马、印度和阿拉伯的贸易都在奈伯特的土地上进行，奈伯特从中获得了巨大的利润。但是罗马人最终控制了这些商道，因为罗马人占领了佩特拉。罗马人开始在佩特拉建造自己的建筑物，并在城市中建造了一座圆形剧场，还建造了本特宫[①]神庙，这座神庙是唯一仍然屹立在城市中心的建筑物。在这个地方，商队用香料、象牙、龙涎香和布匹交换来自西方商队的其他物品。佩特拉在长达两个世纪的时间里一直是重要的商业中心。此后，随着北部一些城市如台德穆尔即帕尔米拉（Palmyra）的发展，贸易都被吸引过去了，佩特拉的重要性也就减弱了。随着商人逐渐离开，罗马军队也随之离开，罗马军队的任务是保护商道。在罗马帝国皈依基督教后，佩特拉变成了基督教区，一些建筑也变成了基督教教堂。但是，这座由拜占庭人统治的城市失去了昔日的荣耀，只留下了废墟。有人认为，拜占庭统治此地之前，基督教已进入此地，也有人认为基督教是在拜占庭统治这里时进入此地的，不管如何，多神教与基督教在这里并存，基督教教堂和多神教庙宇一直共存到公元 5 世纪。

在 636 年阿拉伯人征服沙姆地区之前，佩特拉人已经开始依靠农业了，但 746 年和 748 年以及其他大大小小的地震迫使人们离开了佩特拉。十字军东征的历史资料中提到了佩特拉地区及其周边地区，这些资料表明瓦迪穆萨是一个肥沃的地区，水源充沛。可追溯到这一时期的文献表明，在亚伦山地区有一座基督教教堂。1100 年底，由骑兵和步兵组成的十字军发动了一场针对佩特拉和瓦迪穆

① 音译为“本特宫”，意译为“女儿宫”，阿拉伯语中“本特”意为“女儿”。

萨的军事行动，行动由法兰克国王鲍德温一世[①]领导。之后，十字军还在那里建造了两座城堡。马穆鲁克人出于对神社和陵墓的重视，在佩特拉一座海拔 1353 米的山上为先知亚伦造了一座圣殿。但在奥斯曼帝国时期，这座城市开始了漫长的休眠，直到 1812 年被重新发现。

随着 19 世纪东方学家开始到阿拉伯世界游历，1812 年，瑞士东方学家约翰·路德维希·贝哈特发现了佩特拉。此人在叙利亚学习阿拉伯语并研究当地宗教，他来到佩特拉，声称自己来自印度，来此是为先知亚伦献祭。因此，当地居民允许他进入玫瑰城。他 1828 年出版的著作《叙利亚和圣地之旅》中有佩特拉的照片。

随着 1921 年东约旦酋长国即外约旦酋长国（Emirate of Transjordan）的建立，佩特拉的行政重要性随之提升。当时在瓦迪穆萨设立了一个乡政府。1973 年，行政单位从乡升级为县。1996 年，行政单位从县升级为市。2001 年，瓦迪穆萨市改名为佩特拉市。瓦迪穆萨城是该市的行政中心。

约旦遗产资源局与一些西方团队在佩特拉和贝达（Beidha）地区进行了 22 次考古挖掘。1985 年佩特拉被联合国教科文组织列入世界遗产名录，因为该城在自然、历史和地理上是独一无二的，并拥有来自不同文明的独特遗产。这些文明来自以东人、希腊人、奈伯特人、罗马人、拜占庭人、十字军和马穆鲁克人。自佩特拉成为世界遗产以来，已举办了几次有关佩特拉遗址修复和保护的工坊。1992 年，约旦最高科学技术委员会成立了国家佩特拉保护协会。

① 鲍德温一世（Baldwin I，约 1065 年—1118 年 4 月 2 日），第一次十字军东征的领袖。建立埃德萨伯国，后加冕为耶路撒冷国王。

2007 年 7 月 7 日，在新世界七大奇迹评选中，佩特拉名列第二，这一评选得到了约旦官方的支持，因为这被认为是一项国家义务。约旦政府在约旦报纸、广播电台和电视上为佩特拉展开了大规模的宣传，以鼓励约旦公民投票。各大公司也举办活动支持投票。

2009 年还在佩特拉成立了一个财政和行政独立的机构，即佩特拉旅游发展局。该局旨在促进该地区的旅游、经济、社会和文化发展，并促进当地社会发展。

根据联合国教科文组织的估算，2010 年佩特拉的游客总数达到 90 万，接近佩特拉遗址保护区可接纳游客的极限容量 113 万。

总体而言，奈伯特建筑，尤其是佩特拉建筑，受到埃及、亚述和希腊建筑艺术的影响。这一点在许多丧葬建筑中最为明显，如有雕刻的皇家陵墓、用切割的石块建成的墓地。奈伯特人非常重视他们的坟墓，这反映在他们的建筑中，那里汇集了许多建筑艺术作品，这显示出人们对死者“来世”的兴趣。比如，有雕刻的皇家陵墓就被认为是奈伯特人最著名的墓地之一。有很多研究是关于奈伯特人墓地的，这些专门的研究表明，奈伯特的建筑师将来自周边文明的外部影响与奈伯特人的品味结合在一起。在佩特拉的不同地方和周边地区，特别是到达西克峡谷（Siq）前，可以看到许多这样的墓地。著名的佩特拉墓地有方尖碑墓（木希拉特墓）、水罐墓（扎拉墓）和有窗墓（祖·纳瓦菲兹墓）。

奈伯特建筑的特点是就地取材，当地什么材料多就用什么材料。除了在沙石和石灰石上雕凿住宅、设施、陵墓、雕像外，奈伯特建筑还使用周围环境中各种类型的石头，例如在沙漠中，黑玄武岩都被用于各种建筑。在大多数大型建筑中，例如寺庙，都大量使用了如大拱门和小拱门这种连续排列岩石的建筑形式，而不是依靠砂浆或地面上的立柱来支撑。在某些情况下，一些建筑或房间的屋顶由连续的石头排列连成一排，然后再用黏土砂浆覆盖，这样一来，冬季防雨、夏季隔热。在其他辅助材料方面，木材被用于房顶、门和窗户的制造，特别是在瓦迪穆萨和佩特拉地区，因为那里有树木。奈伯特人还知道木材的其他用处，比如用在墙壁的建造当中，以加强抗震强度。在一些建筑物中发现了残存的木材，比如佩特拉的本特宫。

另外，水工程系统是奈伯特文明最重要的成就，它使得生活在约旦沙漠这一干旱地区成为可能。它包括节水系统、在冬季收集雨水的水坝。奈伯特人还使用精密的陶制管道系统在整个城市分配水资源。

佩特拉的建筑物是按照城市的总体规划建造的，主干道受罗马城市设计的影响，主干道几乎将城市一分为二。城市与山谷相邻，这迫使奈伯特工程师在主干道下修建下水道。在冬季，那些石头房屋和石头拱门都比山谷中的水位高出不少。如今在金库广场（哈兹纳广场）后边还可以看到主干道附属设施的遗迹。

受洗街（穆阿玛德街）是佩特拉最重要的街道之一，是奈伯特人建造的，106年，罗马人占领佩特拉后重建了这条街。它宽6米，两侧有一层到两层的建筑物，在受洗街南侧左边有一排楼梯，通向一个称为“市场（苏格）”的露天广场，那里进行各种商业活动和交易。自公元前3世纪以来，这个区域似乎就是城市的心脏和各种商业活动的中心。在公元4—6世纪的拜占庭时期，这条街道继续被使用。

佩特拉还有一条著名的街——墓室街（瓦吉哈特街）。它靠近金库区（哈兹纳区），从西克峡谷开始逐渐变宽，之后到有一片开阔的区域，两边都是一些奈伯特人的墓室。其中一些墓室被自然因素摧毁，这些墓室可能是一些高级官员或王子的。

台德穆尔和泽诺比亚女王

“台德穆尔”是这个地方的阿拉伯语名称，古希腊人称这里为“帕尔米拉”。这里还被称为“沙漠新娘”。

台德穆尔的名字出现在叙利亚东部的巴比伦手稿中，在阿摩利语（Amorite language）中，这个名字的意思是“抵抗者的国度”，在阿拉马语中意为“无法被征服的国家”。在了解了泽诺比亚（Zenobia）[①]和罗马人之间的恩恩怨怨后，你便会觉得前面这两个意思真是再合适不过了。在拉丁语中这里则被称为“Palmyra”，译为中文后为“帕尔米拉”或“巴尔米拉”。

台德穆尔是一座具有重大历史意义的城市遗址，目前位于叙利亚中部的霍姆斯省（Homs Governorate）。这座古城的历史可追溯到新石器时代，在公元前第二个千年的历史记录中第一次提到这里。在此期间，台德穆尔落入若干统治者之手，公元1世纪，罗马帝国最终控制这里。

得益于优越的地理位置，台德穆尔是一座非常富裕的城市，它位于古代世界几条商道的交会点。丝绸之路是古代最重要的商道之一，从中国西部延伸至欧洲东部，台德穆尔人在这条商道上建造了许多知名的城市。和罗马帝国的商业关系也对他们有益。商业利润使他们能够在台德穆尔营造宏伟的建筑，如大台德穆尔柱

① 又被译为芝诺比阿、洁诺比亚。

廊、贝尔神庙[1]和塔形坟墓。在人种方面，台德穆尔人是阿摩利人（Amorites）、阿拉马人和阿拉伯人的混合。研究认为，他们使用阿拉马台德穆尔方言，这是阿拉马语多种方言中的一种。他们还用希腊语进行商业和政治交流。他们信奉多种拜物教，包括闪族宗教、两河流域的宗教和古阿拉伯宗教。台德穆尔的社会制度建立在部落和氏族统治的基础上，其文化受到希腊罗马世界的极大影响，其建筑和艺术风格将罗马和希腊风格与东方艺术风格相结合。

到了公元 3 世纪，台德穆尔变成了一个区域性的中心，在 260 年达到了繁荣的顶峰。一位阿拉伯女王泽诺比亚登上了历史舞台，她的人生经历简述如下：

当时，台德穆尔国王邬宰纳一世（Septimius Odaenathus）[2]击败了波斯萨珊王朝（Sasanian Empire）[3]皇帝沙普尔一世（Shapur I）。邬宰纳死后，不希望继续被罗马统治的泽诺比亚女王[4]接任。史书记载的泽诺比亚行事果断、思维敏锐、见多识广。她向那时最杰出的思想家学习，学习并精通希腊哲学和希腊文学，她心思缜密，没有个人私欲。除了动人的美貌，她还拥有一双闪烁着智慧光芒的漆黑而迷人的眼睛。公元 267 年，得知丈夫邬宰纳一世去世的消息，她勇敢面对。她身着朝服出去见民众，头戴战盔，身披嵌有

---

① 贝尔神庙，可以追溯到公元前 3 世纪中叶，目前遗址的大部分建于公元 1 世纪晚期到公元 2 世纪早期，是台德穆尔古城保存最完好的神庙之一。

② “邬宰纳”在阿拉伯语中意为“小耳朵”，此人又被译为奥登纳图斯。

③ 萨珊王朝，也称波斯第三帝国，帕提亚王朝属于波斯第二王朝，萨珊王朝属于波斯第三王朝。萨珊王朝始自公元 224 年，651 年亡国。

④ 泽诺比亚女王，出生于叙利亚，身世不详，曾经明确宣布：她不仅独立于罗马并且高于罗马。

宝石的紫色外套，像罗马皇帝们那样露出小臂，声势浩大的仪仗队穿过台德穆尔的皇家街道，她的儿子陪在她身边。她开始演讲，向人们宣布自己将完成已故丈夫的梦想，并称，梦想绝不会因为人的故去而破灭。

泽诺比亚重视训练军队，有时，她在酷热的沙漠烈日之下，带领队伍行走 4 英里。她认为自己和她的军队已经训练到能够对抗罗马之时，她占领了埃及。随即她宣布脱离罗马的政权而独立，她还颁给她的儿子太子的头衔，并把她儿子的名字铸在钱币上。埃及将领提玛真（Tīmajīn）归顺了泽诺比亚，在他的协助下，泽诺比亚率领军队前往埃及，将埃及从东罗马拜占庭的统治下独立了出来。在台德穆尔军队离开埃及后，罗马试图重新占领埃及，但提玛真早在开罗东部高原设下埋伏，让罗马军队措手不及，遭遇惨败。有的历史文献还说，泽诺比亚和奥勒良（Aurelian）①争夺埃及的战争导致了历史上著名的亚历山大图书馆的焚毁。当然，这只是众多关于亚历山大图书馆毁灭原因故事中的一个。有人说是尤利乌斯·恺撒（Julius Caesar）②的军队焚毁了图书馆，又有人说是阿拉伯人在第一次军事大扩张时期干的，还有人说是科普特教皇西奥菲勒斯干的，真可谓众说纷纭。

不久，泽诺比亚就利用这次胜利振奋了军队精神，然后把军队派遣到北方，占领了叙利亚北部，再翻越陶鲁斯山脉，到达并占领安卡拉（Ankara）。

罗马皇帝奥勒良意识到，这场危机将对罗马构成威胁，于是亲

---

① 又被译为奥勒利安。

② 又被译为儒略·恺撒。

率罗马军队，并派出另一支队伍前往攻克了埃及。精心谋划之后，奥勒良派遣他的一部分军队到安条克（Antioch）[1] 去对付台德穆尔的军队，同时剩余的兵马埋伏在城市山丘的后面。

台德穆尔的军队首领中计，追击撤退的罗马军队残余，很快就开始打扫战场，收缴战利品。正在此时，埋伏已久的奥勒良的伏兵袭击了他们，迫使台德穆尔军不得不撤退到霍姆斯。

罗马军没有给台德穆尔统帅留任何重整旗鼓的机会，他们到达霍姆斯平原，想把台德穆尔军队一网打尽。罗马军队一直追击到台德穆尔城，台德穆尔城坚固异常，罗马人围困了很长时间。

泽诺比亚一直没有找到突围的办法，直到求助于罗马的敌人——波斯人。她在一个暗夜里逃离了台德穆尔，穿过封锁地，骑着骆驼穿越沙漠，在幼发拉底河边被罗马人的追兵追上。罗马人抓住了她，带她去见奥勒良。奥勒良带着泽诺比亚和她的大臣们回到了霍姆斯，奥勒良将台德穆尔王国的宝藏搜刮一空，并且命令将泽诺比亚身边的大臣们杀死。其中包括卡修斯·朗奇努斯（Cassius Longinus），他是哲学家，也是女王的老师和顾问。泽诺比亚最终沦为罗马的战俘，身负金镣铐，作为罗马帝国胜利的象征。

罗马人没有统治台德穆尔太长时间，台德穆尔就发生了第二次革命，罗马人包围了台德穆尔，放火烧城，囚禁了老百姓，杀了儿童和老人。

当泽诺比亚听说台德穆尔变成废墟的消息后，顿时觉得生活了无趣味。据说，她宣布绝食，后因绝食而亡。一些历史学家指出，

---

① 又被译为安提阿、安塔基亚。

在泽诺比亚死后，她的子民们又在罗马人的统治下生活了一个多世纪。①

罗马皇帝奥勒良组建的军队在 273 年摧毁了这座城市。后来，另一位罗马皇帝戴克里先（Diocletian）②重建了台德穆尔，但这里再也没有恢复曾经的繁荣。

公元 3 世纪，台德穆尔变成了罗马人的殖民地。260 年，台德穆尔的制度为君主制。273 年，台德穆尔被摧毁后，它在拜占庭帝国中只不过是一个小的行政中心，其绝大部分重要性已经丧失。同年，台德穆尔被并入罗马帝国的叙利亚行省。1400 年，由于帖木儿帝国③的入侵，该城再次被摧毁，变成了一个小村庄，但仍然有人居住。法国的委任统治开始后，1932 年，法国委任统治者决定将这里的所有居民搬迁到新台德穆尔市，以便对考古遗址进行勘测和发掘。

台德穆尔位于叙利亚首都大马士革东北 215 千米处，那里有一个绿洲，四周为椰枣树林所围绕，那里出产 20 种椰枣。那里有两座山脉俯瞰全城，北边是阿勒颇高原即台德穆尔山，西南边是南台德穆尔山。南部和东部是叙利亚沙漠。一条小型河谷穿过这一地区，河谷从西部山区发源，穿过城市，然后消失在东部的绿洲。河

---

① 吴昊、[叙]塞勒玛主编:《高级阿拉伯语精读》，世界图书出版公司 2014 年版，第 76—79 页。

② 戴克里先，原名为狄奥克莱斯，罗马帝国皇帝，于公元 284 年 11 月 20 日至 305 年 5 月 1 日在位。他结束了罗马帝国的第三世纪危机（235—284 年），建立了四帝共治制，使其成为罗马帝国后期的主要政体。

③ 帖木儿帝国（1370—1507 年），是突厥化的蒙古人帖木儿所创建的帝国，帝国的后裔巴布尔在印度次大陆建立莫卧儿帝国，帖木儿帝国和莫卧儿帝国都受帖木儿王朝统治。

谷南边有名为伊芙卡的泉眼。老普林尼（Pliny the Elder）称这座城市“因其沙漠位置、肥沃土壤和周围的泉眼而闻名，这使当地有了发展牧业的条件，当地有耕种和牧羊的潜力”。老普林尼还提到台德穆尔是独立的，但事实是在公元 70 年它已经是罗马帝国的一部分了。

台德穆尔最初是河谷南岸伊芙卡泉眼附近的一个小定居点，这个定居点被称为“希腊化的定居点”，在公元 1 世纪扩展到河谷北岸。虽然该城的城墙环绕河谷两岸的大片地区，但戴克里先时代只重建了河谷北岸的城墙。城中大多数大型项目都建在河谷北岸，如贝尔神庙，它建在以前的希腊化神庙的旧址上；台德穆尔柱廊也位于河谷北岸，这是一条长 1.1 千米的主干道，从城东的贝尔神庙一直延伸到城西的 86 号殡葬庙，城东还有凯旋门。戴克里先浴场建在一座可能曾是皇宫的古老建筑的废墟上。在住宅区附近是拜占庭教堂，包括台德穆尔最大的第四教堂，其历史可以追溯到拜占庭帝国查士丁尼一世（Justinian I）时期。

在泽诺比亚女王统治时期，台德穆尔达到了繁荣的顶峰，当时该城人口超过 20 万。据信，该城最古老的居民实际上是公元前第二个千年初的阿摩利人，然后阿拉马人在公元前第二个千年末开始在那里定居。阿拉伯人中的第一批在公元前第一个千年末到达台德穆尔。阿拉伯人在该城的存在可追溯到诸多历史文献所记载的公元前 217 年的拉菲亚战役（Battle of Raphia）。据史料记载，阿拉伯宰布代巴部落（Banu Zabdaibal）的酋长在战斗期间向塞琉古皇帝（Seleucus I Nicator）伸出了援助之手，但除了部落名称，别的都没有提及。历史上已知“宰布代巴”是一个台德穆尔的名称，这可能意味着该部落来自台德穆尔。这些阿拉伯人融入了台德穆尔社会，开始以台德穆尔方言为母语，他们在王国担任重要的职位。还有许多犹太人居住在台德穆尔城，这里出土的雕刻显示了犹太人葬礼仪式的场面。

直到 3 世纪初，台德穆尔所讲的语言还是阿拉马语中的一种方言，它使用台德穆尔字母书写。拉丁语的使用非常少见，但希腊语在贵族社会中颇为流行，因为它是贸易和外交中使用的语言，并且是拜占庭时代该城的主要语言。阿拉伯人征服这里之后，阿拉伯语取代了希腊语，台德穆尔人开始讲一种阿拉伯方言。

台德穆尔社会由不同种族构成，证据是台德穆尔各个部族的名称来自阿拉伯语、阿摩利语和阿拉马语。台德穆尔的社会生活以部落制度为主导，由于缺乏史料，很难理解这些部族是如何共处的。历史学家肯定，台德穆尔至少有 30 个部族，而这些部族又隶属于 5 个大的部落。罗马皇帝尼禄（Nero）在位时，大部落的数目减少到 4 个，这 4 个部落是玛真部落（Banu M'azīn）、古马尔部落（Banu Gūmār）、马萨布尔部落（Banu Māthābūl），第四个部落名称不详，可能在当时已经消亡了。这些部落逐渐文明起来，对他们的关系和家谱的兴趣减少。进入 2 世纪，部族隶属关系完全失去其重要性，进入 3 世纪就不复存在了。部族重要性的下降和消失不仅出现在小部族中，也出现在 4 个大部落中。考古学家根据他们的发现推断出这一事实，他们发现，历史追溯到 212 年以后的出土铭文中，只有一个是关于这些部落的。随着部落角色的消失，它被贵族社会取代，贵族社会成为台德穆尔的统治阶级。在伍麦叶王朝，这个城市的大多数居民都是阿拉伯凯勒布部落（Banu Kalb）的后裔。旅行家本杰明·图德拉（Benjamin of Tudela）[①]证实有2000名犹太人生活在这里。1400年，帖木儿摧毁台德穆尔后，这里的文明程度和人口数量都下降了。进入20世纪，它变成了一个小村庄，有6000名村民，游牧的贝都因人居住在周围地区。台德穆尔的生活一直是宁静而封闭的，直到1932年搬迁。

在台德穆尔发现的青铜时代罕见的考古证据表明，这里的文化形成主要与沙姆地区西部也就是现在的黎巴嫩、巴勒斯坦和叙利亚的部分地区有关。台德穆尔在古典时期的独特之处在于其自身的文化与其他文化之间的区别，这种文化源于叙利亚的古代闪族文化，并在一定时期内受到占领该城市的希腊和罗马殖民文化的影响。许多台德穆尔人采用希腊和罗马的名字来融入这两种文化的上流社会，其中一些人的名字也加上了拉丁或希腊的姓氏。一些历史学家质疑希腊人对台德穆尔文化的影响程度，他们中的一些人认为，台德穆尔人从希腊人手中拿来的文化行为是表面的，掩盖了他们的原始台德穆尔文化，台德穆尔文化仍是他们文化的核心。台德穆尔的元老院在文件中称自己为“Buweil”，这是一个希腊语词汇，但事实上，该元老院由台德穆尔部落的高级成员组成，这是一个与希腊传统截然不同的文化传统。

台德穆尔人的军事组织受到波斯文化的影响。台德穆尔没有图书馆，也没有大型文献，他们的学术运动落后于附近的其他城市，如安条克。泽诺比亚女王以向学者开放其宫廷而闻名，但历史文献记录下来的在女王宫廷任职的只有哲学家卡修斯·朗奇努斯。

---

① 本杰明·图德拉是中世纪的犹太旅行家，曾在12世纪游历了欧洲、亚洲和非洲，他对西亚的生动描写比马可·波罗早100年。他具有广泛的教育背景和丰富的语言知识，是中世纪地理和犹太历史上的重要人物。

台德穆尔有一处巨大的中央广场，希腊语称为“阿哥拉”（Agora）[①]，这个广场不同于希腊城市中通常的广场——希腊的广场是市民生活和公共庆祝活动的中心，而台德穆尔广场则安静且靠近东部的旅馆聚集区。

台德穆尔人将死者安葬在家庭的合葬墓中，其中大多数坟墓中有内墙，将坟墓分成几排墓室，遗体被水平放置。陵墓的墙壁上装饰着刻有死者姓名的浮雕。自 2 世纪以来，一些陵墓开始使用石棺，石棺表面有死者形象的雕刻。在许多墓葬中还出土了根据古埃及墓葬风俗下葬的木乃伊。

台德穆尔艺术与希腊的艺术密切相关，但具有幼发拉底河中部流域地区的特征，其中最重要的体现是在死者的陵墓入口竖立的半身雕像。这些雕像描绘了死者的衣服、珠宝首饰和形象，其侧重点与拜占庭艺术相似。台德穆尔众多的半身雕像在 19 世纪都被运到了欧洲和西方的博物馆里。

加萨尼和希拉

加萨尼（Ghassanid Kingdom）和希拉（Lakhmid Kingdom）[②]也是由阿拉伯人建立的两个王国。加萨尼位于叙利亚境内，是东罗马拜占庭帝国的藩属国，加萨尼人的祖先是也门的南部阿拉伯人，他们在马里卜大坝崩溃后来到叙利亚境内，发展成加萨尼人。加萨尼文化在保留了叙利亚当地文化的同时，受拜占庭文化影响颇深。

---

① 阿哥拉，原意为市集，泛指古希腊以及古罗马城市中经济、社交、文化的中心。阿哥拉通常地处城市中心，为露天广场。城市男性居民聚集在那里进行商业交易。除此以外，阿哥拉还是居民谈论政治、谈论哲学以及相互结识的场所。

② 希拉又被称为拉赫姆王国、莱赫米王朝。

马里卜大坝倒塌后，还有一些人从也门到了伊拉克境内，他们后来建立了希拉王国。希拉王国是波斯萨珊帝国的藩属国，受波斯文化的影响。两个国家实际上就是拜占庭帝国和萨珊帝国之间的战略缓冲地带。两大帝国在历史上长期对峙、征战，这导致加萨尼和希拉两国之间也多次发生战争。

先知时期

象年

先知诞生的那一年被称为象年，即公元 570 年或公元 571 年。在那一年，阿比西尼亚（Abyssinia）[①]的一支军队从也门前往麦加，军队中有大象作为武器。希贾兹（汉志）的阿拉伯人从未见过如此的庞然大物，故以象纪年。

以下为文学化了的象年传说：[②]

在贾希利亚时代（蒙昧时期），对于麦加人来说，他们是特别的，有一个特点使他们区别于其他阿拉伯人，这个特点就是——麦加，是他们的故乡。克尔白，是半岛的人们都向往的地方，此地的经济繁荣，因为来此朝觐的人们会在这个圣城购买他们家乡所没有的商品，同时，他们也会带来自己家乡的特产在麦加出售。

在阿拉伯半岛西南部的也门地区有一个王国叫作希木叶

① 埃塞俄比亚（Ethiopia）的旧称。

② كمال قندوزي، << أصحاب الفيل >>، المكتبة الخضراء الجزائرية للطباعة والنشر والتوزيع، سنة 2013م، من ص 3 إلى ص 15.

尔（Himyarite Kingdom），末代国王名为左·努瓦斯（Dhū Nuwās）[1]，他强迫那季兰地区（Najrān）的人们改宗，但是那季兰人拒绝，于是希木叶尔人杀害了很多那季兰人。当那加西（Negus）——埃塞俄比亚国王的称呼——听到这个消息时，对那季兰人心存恻隐，于是决定为他们报仇，派两位大将阿里亚特和阿布拉哈率领大军前往也门和希木叶尔人交战，最后埃塞俄比亚人取胜。

当战争的尘埃落定后，两位将领都想独揽也门大权，每人都有各自的军队支持，阿里亚特和阿布拉哈的军队碰面展开厮杀。阿布拉哈朝阿里亚特喊道：你我二人出来单挑，谁杀了对方谁就统治也门。于是二人开始厮杀，阿里亚特用刀砍伤了阿布拉哈的头和鼻子，削掉了他的胡子。阿布拉哈见大势不妙，便暗中招呼一个随从悄悄靠近偷袭阿里亚特，阿里亚特中剑身亡，从那天起，人们都称呼阿布拉哈为“刀疤脸”，因为他的头和鼻子都为刀剑所伤，胡子也被削掉了。

对于阿布拉哈的所作所为，国王那加西非常愤怒，他警告阿布拉哈说他要踏上也门的土地去砍了他的脑袋，但是狡诈的阿布拉哈给那加西送去了让他感到满意的东西——一个装满土壤和他本人头发的袋子。阿布拉哈写信给国王说：为了让您言而有信，我听从您的命令，这里是也门的土壤，您可以踩在上面，而我的头也在您的手上了。

阿布拉哈的把戏很对那加西的胃口，于是那加西决定让阿布拉哈执掌也门。阿布拉哈为了讨国王的欢心，决定在也门建

① “左”就是国王的意思，“左·努瓦斯”的意思是“国王努瓦斯”。

一座高大宏伟的建筑，名为“脱帽之地”，因为当人们抬头仰望这座建筑时，头上的帽子就会落在地上。阿布拉哈还想凭借这座建筑把阿拉伯人的朝觐地点转移到也门，这样也门还能从朝觐贸易中受益。建这座建筑花费了大量的金钱，为了修建它，阿布拉哈请来了能力高超的建筑师、技艺精湛的工人和木匠，把这座建筑建得美轮美奂。

当阿拉伯人听说阿布拉哈的想法后，均对此表示极度厌恶。两个阿拉伯人前往也门亵渎了这座建筑。

阿布拉哈知道此事后，气得浑身颤抖，发誓要去摧毁阿拉伯人的朝觐地，不留一砖一瓦。他集结大军，路上无人可挡，军中还有 12 头大象，其中一头体形巨大，是埃塞俄比亚国王那加西特地派过来的。

就在阿布拉哈的军队快要到达目的地的时候，地平线上出现了大批鸟群。正当象军士兵摸不着头脑之时，鸟群已然飞至。每只鸟带有三颗豆子大小的石头，一颗衔在嘴里，另外两颗在爪子里。鸟群向象军投掷石块儿，落下的石块儿将象军打了个稀巴烂。由于石块儿很烫，击穿了士兵的头颅，砸穿了士兵的肩膀，军队里一片混乱，鬼哭狼嚎，受伤者不计其数，士兵开始四散奔逃。那些和军队一起前来的大象，它们身上的肉就像秋天树上的叶子一样一块儿一块儿掉落。尽管还是有一些士兵逃离了战场，但是他们并没有为短暂的逃离而感到高兴，他们带着身受重伤的阿布拉哈撤退。在撤退的路上，士兵相继死去，最后全军覆没。

也门地区最古老也是最著名的当属萨巴王国，萨巴王国灭亡后，它的继承者是希木叶尔王国，希木叶尔王国最后一任国王是左·努瓦斯。左·努瓦斯痛恨阿比西尼亚人对也门的统治[①]。左·努瓦斯于公元523年10月在纳季兰[②]屠杀了当地人。这一行为引起拜占庭皇帝查士丁一世（Justin I）的不满，于是查士丁一世要求阿比西尼亚那加西[③]出兵也门，希木叶尔王国灭亡。阿比西尼亚人又一次统治了也门，时间从公元525年至575年。总督为阿布拉哈[④]。

阿比西尼亚人出征的军队，是因出天花而毁灭的，传说里的“小石头”就是指天花。[⑤]

说起天花这种疾病，据中国古代医书所载，早在10世纪，北宋真宗（997—1022年在位）时期，中国就有了对付它的办法，当时，“用一根吸管先从患者的脓痂上吸气，然后再吹到健康小孩的鼻子中，使之轻度感染从而产生抗体”。[⑥]后来到了明朝，1628年有了《种痘十全》，清朝1713年又有了《痘疹定论》，对天花这种传染病的预防、诊疗越来越具体了。明朝种痘的方法是用天花轻症患者的脓痂粉末稀释后种到健康人身上。后来，这一技术传到

---

① 阿比西尼亚人历史上曾多次入侵并统治也门，一次在公元2世纪和3世纪，一次在公元340—378年间。

② 今沙特南部，靠近和也门接壤处。

③ 阿比西尼亚国王被称为“那加西”，“那加西”不是国王的名字。

④ “阿布拉哈”是“亚伯拉罕”这一人名的变形。

⑤ ［美］菲利普·希提：《阿拉伯通史》，马坚译，新世界出版社2008年版，第56页。

⑥ 江永红：《中国疫苗百年纪实》，人民出版社2020年版，第153页。

奥斯曼帝国，使得奥斯曼帝国在接种天花疫苗这件事上领先欧洲。后来这一技术为詹纳（Jenner）的牛痘病毒接种法所取代。[①] 在没有疫苗之前，天花是一种非常可怕的烈性传染病，得了天花的人全身长满脓疱，就算最后侥幸不死，全身也会留下麻子。世界上很多知名人物都是死于天花。“1664 年，中国清朝的顺治皇帝死于天花，年 24 岁；1694 年，英国女王玛丽二世死于天花，年 32 岁；1774 年，法国国王路易十五死于天花，年 64 岁。另外，还有清朝的同治皇帝‘疑似’死于天花，年 18 岁。”[②] 值得庆幸的是，20 世纪 70 年代，天花这种危害人类的疾病在全球范围内被消灭。

阿拉伯人的名字

阿拉伯人的名字体现的是一个人的家族渊源、族谱、世系表，可见阿拉伯人对谱系的重视，他们由此衍生出一门学科——谱系学。男人的名字里用“本”（ibn），表示儿子的意思。女人的名字里则用“本特”（bint），阿拉伯语意为女儿。如阿伊莎・本特・艾布・伯克尔（‘Ā’isha bint Abī Bakr），意为阿伊莎是艾布・伯克尔的女儿。所以从阿拉伯人的名字就可以得知此人的父亲、爷爷、曾祖父都是何许人也。当然，这个谱系体现的只是父系。如果父亲身份不明又怎么办呢？比如，古代阿拉伯四大天才政治家之一的齐亚德・本・艾比（Ziyād ibn Abīhi），“艾比”在阿拉伯语中意为“我的父亲、我的爸爸”，哪个男人会取名叫“父亲”“爸爸”呢？齐亚

---

① ［英］萨利・杜根、戴维・杜根：《剧变：英国工业革命》，孟新译，中国科学技术出版社 2018 年版，第 84—87 页。

② 江永红：《中国疫苗百年纪实》，人民出版社 2020 年版，第 153 页。

德本人父亲的身份不明，因为他的母亲是个妓女，所以他只能姓“本・艾比”。

古莱氏家族

先知出身于这个家族。这个家族的名字是以其祖先古莱氏（Quraysh）的名字命名的。纵观阿拉伯历史，这个家族人才辈出。四大哈里发都是古莱氏人。今天在中东有个国家叫作约旦哈西姆王国（约旦），这个王国的王室有哈西姆家族的血统，哈西姆家族就是古莱氏家族的一个分支。哈西姆（Hāshim）也是古莱氏人，他是阿卜杜・木塔里布（ʿAbd al-Muṭṭalib）的父亲，而阿卜杜・木塔里布是先知的爷爷。阿卜杜・木塔里布的几个儿子都很有名：阿巴斯（al-ʿAbbās ibn ʿAbd al-Muṭṭalib），阿巴斯人的祖先，阿巴斯王朝的哈里发们都出自阿巴斯家族；艾布・塔里布（Abū Ṭālib ibn ʿAbd al-Muṭṭalib），阿卜杜拉的兄弟，先知的伯父，阿里的父亲；阿卜杜拉（ʿAbd Allāh ibn ʿAbd al-Muṭṭalib），先知的父亲。哈西姆的兄弟是阿卜杜・夏姆斯（ʿAbd Shams ibn ʿAbd Manāf），伍麦叶（Umayya ibn ʿAbd Shams）的父亲，伍麦叶的后人就是伍麦叶人，伍麦叶人中有反对先知最为激烈的艾布・苏富扬（Abū Sufyān ibn Ḥarb）；还有奥斯曼・本・阿凡（ʿUthmān ibn ʿAffān），他当上哈里发后为伍麦叶人的重新掌权铺平了道路；穆阿威叶（Muʿāwiya ibn Abī Sufyān），伍麦叶王朝的一部分哈里发是穆阿威叶的后代；马尔旺（Marwān ibn al-Ḥakam），伍麦叶王朝另一部分哈里发是马尔旺的后代；以及躲避阿巴斯人追杀逃到西班牙去建立后伍麦叶王朝的阿卜杜勒・拉合曼（ʿAbd al-Rahman I），他的后代成了后伍麦叶王朝的哈里发。

四大哈里发、伍麦叶哈里发、阿巴斯哈里发、法蒂玛哈里发、后伍麦叶哈里发，这些哈里发的身上都流淌着古莱氏家族的血液。如果说整个阿拉伯哈里发的历史就是古莱氏的家族史，这样说仿佛也不为过。

四大哈里发时期

什么是哈里发

哈里发（Caliphate）是古代整个阿拉伯世界的最高统治者，集政、教、军大权于一身。有时候他只有宗教权力，而丧失了政治和军事大权。从古代到近代，西亚和北非是哈里发权力的核心地区。到了近代，他仅仅直接统治阿拉伯世界的一部分，但是他对整个阿拉伯世界都是有影响力的。

纵观整个哈里发的历史，艾布·伯克尔（Abū Bakr）是第一位哈里发，最后一位哈里发是奥斯曼帝国的素丹（Sulṭān）。素丹这个词来自阿拉伯语的音译，意为权威，素丹这个译法来自中国明朝的古书，从古至今，翻译上也是一脉相承的。有些书上也用“苏丹”这个词，这个译法容易和一个非洲国家的名字混淆，这个国家也叫“苏丹”。古书和今天的书都用“素丹”这一译法，人们便知是指的同一事物；但是古代用“素丹”，今天用“苏丹”，人们就会产生疑惑和混淆，误以为二者指的是不同的人。从第一任哈里发艾布·伯克尔到最后一任哈里发奥斯曼帝国素丹阿卜杜勒·马吉德二世（Abdulmejid II），从公元 632 年一直到公元 1924 年，哈里发制度一直延续了 1292 年。

从穆阿威叶·本·艾布·苏富扬开始，哈里发开始了世袭制。

哈里发的世袭制从伍麦叶王朝（Umayyad Caliphate）开始、阿巴斯王朝（Abbasid Caliphate）、法蒂玛王朝（Fatimid Caliphate）一直到奥斯曼帝国。

哈里发的职务是一种军事的、宗教的、政治的中央集权职务，作为信士们的长官（Amīr al-Mu'minīn），哈里发的军事职务是十分显著的。作为教长，也就是宗教领袖、公众礼拜时的领导者，哈里发领导宗教的事务，而且宣读周五聚礼日的说教。作为先知的继任者，就是继承国家的统治权。先知和使者的身份是不可能继承的，但是其政治权力、宗教权力和军事权力是可以继承的。①

所谓哈里发应该具有的资格、特权和职务，都是后来的宗教法律学家所指定的，他们都开列了哈里发应具备的下列资格：（1）古莱氏家族；（2）男性的成年人；（3）身心健全者；（4）有勇气、魄力及保卫领土所必需的其他性格特点；（5）为公众所拥戴，而且举行了臣服的仪式。

哈里发的种种任务中包括：（1）保卫信仰和领土，特别是两大圣地；（2）任命国家官员；（3）征收赋税，管理公共基金；（4）讨伐叛逆；（5）执行法律。

哈里发的特权包括：（1）周五聚礼日或称主麻日的说教中提及哈里发本人的姓名，货币上铸他的姓名；（2）举行重大的国家典礼时穿卜尔德（al-Burda）——先知的斗篷，这个斗篷是先知的遗物；（3）监守先知的遗物——手杖、印信、鞋、牙齿和头发，奥斯曼的素丹受委托保管这些先知的财富，这些东西是奥斯曼素

---

① ［美］菲利普·希提：《阿拉伯通史》，马坚译，新世界出版社 2008 年版，第 168 页。

丹塞利姆一世（Selim I）于1517年征服埃及后，带回君士坦丁堡（Constantinople）的，他也被公认为奥斯曼帝国第一任合法的哈里发。自从那个时候起，这些遗物一直被珍藏在土耳其皇宫里一个特别坚固的阁子里，被当作无价之宝一样爱护，因为这些宝物是哈里发崇高职务的标志。

四大哈里发的特点

四大哈里发又叫作正统哈里发（Rashidun Caliphate），都是通过推选的方式选出来的。之所以会以这种方式推选哈里发，原因有以下三点：

（1）推选的方式是阿拉伯人的传统。推选部落内德高望重的长者出任领袖，这本身就是阿拉伯人的传统。

（2）世袭制在当时没有群众基础，且先知没有儿子，只有女儿，女儿做首领，这也不符合阿拉伯人部落的传统。虽然古代阿拉伯王国中也有女性国王，如也门萨巴王国的贝尔吉斯女王，但那是农耕文明的产物，阿拉伯半岛只有也门有大量可耕地，和阿拉伯部落那种游牧文明是不一样的。台德穆尔的泽诺比亚也是女王，但台德穆尔是受希腊、罗马文化影响的。且这两个王国的国王绝大多数是由男人担任的。推选是阿拉伯部族的传统，传统的力量是非常强大的，不是某一个人发一道命令就能清除的。

（3）没有指定接班人，也没有确定接班人的制度。大多数阿拉伯人持此观点，少数则与此不同。

按照当选的顺序，四大哈里发分别是艾布·伯克尔、欧麦尔·本·西塔布（ʻUmar ibn al-Khaṭṭāb）、奥斯曼·本·阿凡、阿里·本·艾布·塔里布（ʻAlī ibn Abī Ṭālib）。

第一位哈里发——艾布·伯克尔

先知去世后，由谁来继承哈里发的问题成为首要问题。在任何一个民族和国家的政权中，接班人问题都是第一要务，这关系到民族、国家的稳定和未来发展的方向。由谁来接班？先知并没有指定接班人，也没有明确以何种方式确定接班人。不可否认的是，艾布·伯克尔并不是唯一有资格当哈里发的候选人。阿里作为先知的堂弟兼女婿、入教最早的若干人之一，也是热门候选人之一，但结果是艾布·伯克尔被推选为哈里发，这一过程是有博弈的。

在推选第一任哈里发的过程中发生了激烈的博弈，博弈发生在以下几个派别之间：

（1）迁士派（al-Muhājirūn）。他们是最早追随先知的，资格老，是元老。古莱氏部落和先知是同一部落，他们都是麦加人，所以他们认为哈里发应从他们中选出。

（2）辅士派（al-Anṣār）。他们是麦地那追随先知的人。他们认为如果他们没有给先知和初生的信仰以避难所，那么二者均不能生存。所以哈里发应该从他们中选出。

后来，迁士派和辅士派联合起来，组成圣门弟子团（Companions of the Prophet）。

（3）阿里派。他们支持阿里·本·艾布·塔里布当哈里发，理由是阿里是先知的堂弟，又是先知唯一的女儿法蒂玛（Fatimah）

的丈夫，又是资历最老的几名入教人士之一。这些阿里的支持者，后来发展成为阿里党人。也有人将他们看作迁士派的一个分支，因为阿里本身也属迁士集团。

（4）伍麦叶派。麦加古莱氏部落 12 支系中最为强盛的一支。他们是麦加人里最后皈依的，先知胜利进入麦加之后他们才宣布入教的。他们主张伍麦叶人应该重回宝座，因为新信仰兴起之前的麦加就是由伍麦叶人统治的，伍麦叶人理应拿回属于自己的权力。

从这几个竞争的派别中我们可以看出，争夺主要集中在麦加人和麦地那人之间，麦加人又分为三波：迁士派、阿里派和伍麦叶派。

最后胜利的是迁士派，艾布·伯克尔当选哈里发。他年高德昭，资格也很老，他曾经也是麦加的富商，用自己的家财资助先知的事业。他还和先知一起从麦加前往麦地那，麦加人在身后追赶，他们躲进一处山洞，麦加人追到山洞，发现洞口被一个完整的蜘蛛网覆盖，便认为里边没有人。因为有人进洞的话，蜘蛛网一定会被毁坏，二人逃过一劫。他还是先知的岳父。

艾布·伯克尔任哈里发的时间不长，632—634 年，在此期间，“差不多完全忙于阿拉比亚的征服讨伐变节者的各次战役。据阿拉伯编年史家的记载，除希贾兹外，整个阿拉比亚虽然曾经接受了新的信仰，承认了先知的政权，但是在先知去世后，就与新建立的政府绝交，而跟随了一些本地的伪先知”。[①] 按照阿拉伯的传统，和某人签订的条约，这个人去世后，条约就自动失效了。当时，很多

---

① ［美］菲利普·希提:《阿拉伯通史》，马坚译，新世界出版社 2008 年版，第 126 页。

阿拉伯人还是按照阿拉伯固有文化的逻辑在行事。

哈立德·本·瓦利德（Khālid ibn al-Walīd）在对半岛各部落的战役中起了关键作用，几块难啃的硬骨头都是他啃下来的。在半年内，他迫使半岛各部落都投降了。最难啃的一块骨头是哈尼法部落（Banu Ḥanīfa），其头领是伪先知穆塞里麦（Musaylima）。这个部落和泰米姆部落（Banu Tamīm）联手，击退了两支军队。第三支军队由哈立德·本·瓦利德统率，战胜了穆塞里麦。当时，阿拉伯半岛很多部落中出现了伪先知，这些人自称先知，领导自己的部落。阿拉伯史学家认为：这些讨伐变节者的战役，与其说是用武力迫使变节者留下来，不如说是把还没有入教的人拉进来。

通过哈立德的宝剑，阿拉伯半岛在军事上被艾布·伯克尔统一了起来。

艾布·伯克尔当哈里发的时候过着简朴的生活，一度住在麦地那郊区的一所简陋的房子里，每天到先知清真寺去办公，早出晚归，他没有什么工资，因为当时的新政权还没有什么收入。

阿拉伯帝国的奠基者
——欧麦尔·本·西塔布

艾布·伯克尔当哈里发的时间很短，只有两年，他去世后，欧麦尔·本·西塔布被推选为哈里发，这个过程很顺利，没有遇到什么阻碍。欧麦尔在位 10 年，从公元 634 年到 644 年。

欧麦尔也是麦加的贵族和商人，他有着艰苦朴素的生活作风，在军事及政策上都很有建树和作为。

欧麦尔的政策是这样的：

（1）保持阿拉伯半岛上信仰的唯一和纯粹。

（2）将阿拉伯半岛上的阿拉伯人组织起来，形成一种享有特权的军事贵族阶级，安排这一贵族阶级住在新征服地区农耕地和沙漠边界的新建城市里，把他们和外人隔绝开来，以此保持这一贵族阶级的纯洁性。后来的伍麦叶王朝延续了这一社会阶级组成。

阿拉伯人的第一次军事大扩张

在欧麦尔执政时期，最值得一提的是阿拉伯人的军事征服。需要指出的是，征服事业并不是从欧麦尔执政时期开始的，在艾布·伯克尔还是哈里发的时候，阿拉伯人就开始走出阿拉伯半岛，对半岛周边的地区进行军事征服，进攻沙姆地区和伊拉克了。军事征服周边地区是在艾布·伯克尔执政时期开始的，取得巨大成功是在欧麦尔执政时期。

阿拉伯人的征服其历史意义重大："早期的中世纪时代，有两件重要的大事：第一件是条顿人（Teutons）的迁移，这一事件造成了古老的罗马帝国的瓦解；第二件是阿拉伯人的出征，这一事件消灭了波斯帝国，而且震动了拜占庭帝国的基础。"①

"阿拉比亚必先征服自己，然后才能征服世界。在先知去世后，才几个月的工夫，这些内战就把阿拉比亚改变成一个武装阵营。这种内战所激起的精力，必须找到新的出路：从有组织的战役中新近获得的技术，必须使用到别的地方去。许多部族现在已经集合在名义上共同的社会里。这些部族的好战精神，必须找到新的发挥途径。"②这里所讲的，是阿拉伯人对外军事扩张成功的内部因素。欧麦尔非常清楚阿拉伯人是好战的，如果不给他们找些敌人，他们就会对自己人开打，对外征战解决了这个问题。好战是阿拉伯人固有文化中非常重要的一点。

而对外扩张成功的外部因素则是两大帝国——东罗马拜占庭帝国和波斯帝国的虚弱。拜占庭帝国和波斯帝国长期相互敌对，征战不断，因而大伤元气。战争需要高昂的军费，这些长期的战争开支都是从税收中来的，两国的人民背负着沉重的苛捐杂税，民不聊生，怨声载道，人民早已失去了对帝国的忠诚。在叙利亚和巴勒斯坦的居民看来，这些新来的阿拉伯人比拜占庭帝国的统治者要亲切得多，因为阿拉伯人收的税要少得多，只要你缴纳了足额的人头税

---

① ［美］菲利普·希提：《阿拉伯简史》，马坚译，商务印书馆 2016 年版，第 40 页。

② ［美］菲利普·希提：《阿拉伯通史》，马坚译，新世界出版社 2008 年版，第 127 页。

（Jizya）和土地税（Kharāj）。而拜占庭帝国不但税收得重，还以基督教正教的身份迫害在叙利亚的基督教一性派教会。

菲利普·希提认为阿拉伯的征服之所以能取得成功，在很大程度上是因为阿拉伯人使用了骑马和骑骆驼的骑兵，东罗马人和波斯人对这种战术完全是门外汉。也就是说，更先进的军事战术是阿拉伯人军事征服成功的关键。

另一个阿拉伯人军事征服成功的秘诀是对沙漠的运用。沙漠对于阿拉伯人来说是熟悉的，但对于敌人来说却是陌生的。阿拉伯人将沙漠作为运输物资和援军的交通要道，作为紧急时期的安全屏障。阿拉伯人在沙漠和农业地区的交界处建立城市，如伊拉克的库法（Kufa）、巴士拉（Basra），埃及的福斯塔特（Fustat），突尼斯的凯鲁万（Kairouan）。阿拉伯人以这样的城市为军事要塞和重镇，进可攻退可守，游刃有余，在军事策略上占了上风。①

征服叙利亚

对叙利亚的征服是向拜占庭帝国开战的标志。如前文所述，对叙利亚的开战还要追溯到先知时期，但是那次战役以失败告终，率军将领同时也是先知义子的载德·本·哈列塞（Zayd ibn Ḥāritha）阵亡。

在哈立德·本·瓦利德的计谋、胆识、英勇指挥下，历经叙利亚沙漠（Syrian Desert）不可能完成的行军任务和亚尔木克河谷决战（Battle of the Yarmūk）后，叙利亚并入了阿拉伯帝国的版图。

---

① ［美］伯纳德·刘易斯：《历史上的阿拉伯人》，马肇椿、马贤译，华文出版社2015年版，第40页。

最开始哈立德是征服希拉王国的将领，希拉王国位于今天的伊拉克境内。后来，哈立德的队伍被调往叙利亚战场支援那里的阿拉伯军队，哈立德率领队伍穿越叙利亚大沙漠。在沙漠中饮水是一个难题，在这次行军中，人的饮水储存在容器中，坐骑的饮水储存在骆驼的体内，坐骑需要饮水的时候便屠宰年老的骆驼取水供坐骑饮用。通过这种方式，哈立德部队（有 500 到 800 人）只用了 15 天便穿越了叙利亚大沙漠，如神兵天降般出现在叙利亚腹地大马士革附近，打了敌人一个措手不及，从背后袭击了拜占庭军队，当时在叙利亚还有三支阿拉伯军队在拜占庭军队的正面。阿拉伯军队就这样占领了大马士革。阿拉伯人对于大马士革居民的政策是，他们保护大马士革居民的生命、财产、宗教场所，条件是缴纳人头税。但随后不久，阿拉伯人又主动放弃了大马士革，这是因为拜占庭军队来势汹汹的强力反扑。阿拉伯人自认为守不住大马士革便主动放弃了。大马士革被阿拉伯军队占领后，拜占庭皇帝希拉克略（Heraclius）集结了 5 万多人，由皇帝的弟弟西奥多拉斯（Theodore）统领，准备反击。哈立德放弃了已经占领的众多叙利亚城市，包括大马士革，将拜占庭的军队引诱到一个地方进行决战。决定叙利亚命运的决战发生在亚尔木克河谷，阿拉伯军队在天气的帮助下打败了拜占庭军队。历史学家相信，阿拉伯人是故意选了一个有沙尘暴的日子来进行决战的，因为阿拉伯人是适应这种沙漠天气的，而来自农业地区的东罗马军队则不适应这种天气。直到今天，叙利亚还是阿拉伯属性的。而整个沙姆地区也几乎同时并入阿拉伯帝国的版图，直到近代犹太人来到巴勒斯坦，才改变了一部分沙姆地区的阿拉伯属性。

叙利亚这样“易于征服”，是存在特别的原因的。自公元前

332年，亚历山大征服叙利亚以来，强加于叙利亚的希腊文化是肤浅的，而且只限于城市的居民。至于乡村的居民，则仍然感觉到，在他们自己和他们的统治者之间，存在着种族上和文化上的种种差别。

使叙利亚闪族人民和希腊统治者之间种族上的反感更加扩大的，还有宗派的分歧。叙利亚流行的是一性教派，而拜占庭的希腊教会信奉二性教派。

哈立德打下叙利亚之后就被欧麦尔撤换掉了，后来大权落到了穆阿威叶手中。穆阿威叶在叙利亚利用拜占庭人留下的基础大力发展海军。大约同一时期，阿拉伯人控制下的埃及海军力量也得到了长足发展。等海军的实力强大了，阿拉伯人就对外进行海上远征。这些海上的远征，不仅不是在麦地那的哈里发授意下进行的，更是他们所反对的，早期的资料中对于这一点有意味深长的记载。欧麦尔曾嘱咐手下的将领："不要让水把我和你隔开来，不要在我不能骑着骆驼到达的任何地方安营扎寨。"这个被嘱咐的将领，一说是阿穆尔（'Amr ibn al-'Āṣ），一说是穆阿威叶。据说，穆阿威叶发展阿拉伯海军的计划因此而搁浅，直到奥斯曼上任，穆阿威叶重新开始发展阿拉伯海军。奥斯曼还批准了穆阿威叶远征塞浦路斯岛（Cyprus）的请求，当然，这是在穆阿威叶一再强调那个岛离海岸不远之后，而且以携带老婆去远征为条件才批准的。[1]

"编年史学家们要我们相信，这些战役是由头几位哈里发，特别是艾布·伯克尔和欧麦尔，依照事前周密制订的计划而英明领导

① ［美］菲利普·希提:《阿拉伯通史》，马坚译，新世界出版社2008年版，第153页。

的。历史上重大事件的发展过程，只有很少是发动者所预见到的。那些战役，与其说完全是深思熟虑的和冷静计划的结果，不如说是为了给各部族的好战精神找出路，因为那些部族不能再兴起内战，自相残杀了。他们参加各种战斗的目的，在于夺取战利品，而不在于取得永久的立足地。但是，事态发展下去，就连发动者也无法控制了。当战士们从一个胜利走向另一个胜利的时候，这个运动就越来越势不可遏。而阿拉伯帝国的创建，就必然随之到来了。阿拉伯帝国的创建，与其说应归功于早期的计划，不如说是当前形势的逻辑的发展。”①

征服波斯

位于伊拉克的希拉王国和波斯萨珊帝国是唇齿相依的关系，希拉王国是最早投降阿拉伯人的一块半岛外领土，唇亡则齿寒。希拉王国的建立者也是阿拉伯人，该王国是波斯帝国的附庸国；同时期的叙利亚有着另一个由阿拉伯人建立的王国——加萨尼，是东罗马帝国的属国。在罗马和波斯两大强权争斗的背景下，这两个阿拉伯人建立的国家成为两大帝国的战略缓冲区。加萨尼充满了罗马文化，希拉王国则受波斯文化影响。

征服波斯萨珊帝国过程中发生了如下几场重要战役：

（1）公元 634 年 11 月 26 日，在希拉王国附近的幼发拉底河（Euphrates）大桥上发生了桥头战役，波斯军队大败阿拉伯军。

（2）公元 635 年 10 月或 11 月，在幼发拉底河岸上的布韦卜

---

① ［美］菲利普 · 希提：《阿拉伯通史》，马坚译，新世界出版社 2008 年版，第 130 页。

（Buwaib），阿拉伯军大败波斯军。

（3）公元637年5月31日或6月1日，这一日有沙尘暴，和叙利亚亚尔木克河谷之战的天气极其相似，据信阿拉伯人也是故意选在这样的一个日子，用了同样的战术，在希拉王国附近的嘎底希叶，大败由波斯首相鲁斯特姆（Rostam Farrokhzād）率领的波斯军。阿拉伯人的将领是萨阿德·本·艾比·瓦卡斯（S'ad ibn Abī Waqqās）。这是征服波斯关键性的一场战役，史称嘎底希叶战役（Battle of al-Qādisīyah）。

波斯的被征服是以伊拉克的被征服为前提的，伊拉克被成功征服的原因是："伊拉克阿拉马农民的热诚欢迎不亚于叙利亚农民，理由大致是相同的。闪族的伊拉克人民，把他们的伊朗（波斯）统治者当外国人看待，而对新来者感觉到较亲密。他们是基督教徒，而统治者是袄教徒[1]，因此，他们得不到特殊的照顾。在阿拉比亚人控制两河流域之前，远在巴比伦时代，他们早已同伊拉克人民建立了亲密的关系；对于伊拉克的文化，早已有了深刻的认识；边境上的贝都因人（Bedouin）跟当地的居民，早已混得很熟了。"[2]

阿拉伯人占领波斯首都泰西封（Ctesiphon）[3]，波斯皇帝弃城逃跑了。据阿拉伯编年史学家估计，阿拉伯人从泰西封获得的战利品价值90亿迪尔汉姆。

阿拉伯人从人迹罕至的荒原来到富饶繁华的新月地带，和高级的文明接触后，发生了很多笑话，阿拉伯的史学家们把这些都记录

① 又称拜火教徒、琐罗亚斯德教徒。

② ［美］菲利普·希提：《阿拉伯通史》，马坚译，新世界出版社2008年版，第143页。

③ 阿拉伯语的名称是麦达因（Al-Mad ā 'in）。

下来了。例如：阿拉比亚人从来没有见过樟脑，所以把樟脑当作食盐，用于烹调。“黄货”（指黄金）是阿拉比亚人不大熟悉的，有许多人拿自己的黄货去掉换别人的“白货”（指白银）。有一个阿拉比亚战士，在希拉分配战利品的时候分得一个贵族的女儿，那个妇女曾用一千枚第尔汗向他赎身。有人问他为什么不多要些赎金，他说，我从来没有想到还有比一千更大的数目。①

阿拉伯人开始进攻波斯本土后，先后攻克了法里斯省（Fars province）、呼罗珊省（Khorasan province）、俾路支省（Balochistan Province），到达古印度边界。

公元651年，波斯萨珊王朝的末代皇帝叶兹德吉尔德三世（Yazdegerd Ⅲ）②逃亡到木鹿（Merv）③，被一个贪财的磨坊老板杀死在磨坊里。波斯萨珊王朝就此灭亡。

征服埃及和北非

征服埃及的阿拉伯将领是阿穆尔·本·阿绥，此人被称为阿拉比亚四位天才的政治家之一。他是古莱氏人，贾希利亚时代曾好几次带领商队前往埃及经商，所以对埃及的情况比较熟悉。在带领部队前往埃及之前，他已经征服了巴勒斯坦。他率队出征埃及的一个原因是想与哈立德·本·瓦利德争雄。当时哈立德已经征服了叙利亚，阿穆尔也想建功立业、扬名立万，于是请示哈里发欧麦尔。欧

---

① ［美］菲利普·希提:《阿拉伯通史》，马坚译，新世界出版社2008年版，第143页。

② 或被译为伊嗣俟三世。

③ 这是一个古城，《后汉书·安息传》的大鹿城，《新唐书·大食传》的末禄，《元史》西北地附录的麻里元，苏联的马里，都是这个古城的译名。

麦尔对于出兵埃及并没有表现出极大的兴趣，只是勉强同意了。阿拉伯人对周边地区的军事征服并不是完全出于哈里发的意志，更多的时候是出于军事将领的意志，征服埃及尤其能体现这一点。欧麦尔并不怎么想征服埃及，因为埃及是拜占庭帝国的粮仓，亚历山大（Alexandria）是拜占庭帝国的海军基地，埃及又是一个文明古国，拜占庭帝国派有重兵把守，且埃及被大海阻隔着，地中海、红海分离了埃及和亚洲大陆，仅有西奈半岛（Sinai Peninsula）一处狭窄的区域将埃及和亚洲大陆连起来。欧麦尔和奥斯曼等元老都认为出兵埃及是一次巨大的冒险，但是阿穆尔非常想征服埃及，欧麦尔也勉强同意了，于是阿穆尔就带领军队前往埃及，但是欧麦尔又派了信使送信给他。信使在阿穆尔到达巴勒斯坦和埃及边境还没有进入埃及境内的地方追上了他。阿穆尔猜信中是让他撤军，但是欧麦尔之前又和他说过：如果你还没有进入埃及境内，我让你撤军，你必须回来；倘若你已经进入埃及境内，我虽让你撤军，你仍可继续前进。于是阿穆尔等进了埃及境内才拆开信，信中果然是让他撤军。“阿绥”这个词在阿拉伯语里的意思是指不听从命令的人，阿穆尔·本·阿绥真是人如其名啊。

进攻埃及的阿拉伯人的形象是这样的：“我亲眼看到一群人，据他们中的每个人看来，宁愿死亡，不愿生存，宁愿显赫，不愿屈辱；在他们中的任何人看来，这个世界毫无吸引力。他们只坐在地上，他们只跪坐在两膝上吃饭。他们的长官，像他们的一分子；下级与上级无差别，奴隶与主人难分辨。到礼拜的时候，任何人不缺席，大家盥洗完毕后，都毕恭毕敬地做礼拜。”①

亚历山大港的征服是以签订和平条约结束的，埃及主教和总督同意每个成年人缴纳两个第纳尔（Dīnār）的人头税和以实物缴纳土地税的条件，同意不让拜占庭的军队重返埃及。由此，拜占庭帝国继叙利亚之后又失去了一个富饶的省份。

阿穆尔后来被撤了职，原因是欧麦尔觉得他收上来的税太少。此举暴露了阿拉伯人征服埃及的真实意图：埃及富庶，埃及的财富是阿拉伯人想要的，这和当年罗马人征服埃及的意图是一模一样的，这也是所有征服者的一个共性。能够勾起征服者欲望的土地，一定是一个有价值的地方，财富、物产、人力、资源、战略、地理位置……此地必居其一或其二三，才有被征服的价值。东罗马拜占庭帝国和波斯萨珊帝国常年在中东地区争霸，寸土必争——这些年我强大了，我便侵吞一些你的领土，那些年你强大了，你便占领一些我的领土，但是二者从来都没有染指过阿拉伯半岛的沙漠腹地。波斯人占领过也门，阿比西尼亚人也占领过也门，那是因为也门有耕地和粮食。阿比西尼亚人还妄图占领麦加，那是因为麦加地区有宗教和商业价值。但是沙漠腹地有什么价值呢？当时除了漫漫黄沙外一无所有，换句话说，没有被征服的价值，所以两大帝国从未想去征服整个阿拉伯半岛。但是到了近代，当石油这种资源被发现后，阿拉伯半岛这片被黄沙掩盖的不毛之地就成了世界大国势力争夺的焦点，因为那里出现了驱动国家、社会发展的资源，那里变得有价值了。

---

①［美］菲利普·希提：《阿拉伯通史》，马坚译，新世界出版社 2008 年版，第 147 页。

“帝国并没有统一的法律。叙利亚和埃及的投降是有条件的，欧麦尔不得不尊重当地的习惯。伊拉克是通过武力而征服的，因此征服者有较大的行动自由。”[①]

欧麦尔在世的时候过着一种简朴的生活，和贝都因人的生活相差无几。公元 644 年 11 月 3 日，当欧麦尔率领众人举行晨礼的时候，一个波斯奴隶用一把有毒的匕首刺杀了他。

① ［美］伯纳德·刘易斯:《历史上的阿拉伯人》，马肇椿、马贤译，华文出版社 2015 年版，第 42 页。

经典定本的功臣
——奥斯曼·本·阿凡

欧麦尔死后，奥斯曼被推选为第三任哈里发。他的上任标志着古莱氏伍麦叶家族重新回到了阿拉伯人政治舞台的中心。奥斯曼本人就是伍麦叶家族的成员。他上台之后任人唯亲。奥斯曼同母异父的弟弟瓦利德·本·欧格白（Al-Walīd ibn ʻUqba）曾经向先知脸上吐唾沫，被先知判罪，但奥斯曼却起用他做库法的长官。很多重要的职位上他都用伍麦叶家族的人，而且他本人还接受贿赂。奥斯曼时期，阿拉伯社会矛盾激化。奥斯曼最终被刺杀于自己在麦地那的居所内，他的居所周围没有安保人员。刺杀奥斯曼的人来自埃及。

反对奥斯曼的人有很多，有阿里·本·艾布·塔里布，据说他纵容了那些刺杀奥斯曼的人，任由他们杀了奥斯曼。穆阿威叶后来凭这一点指责阿里。奥斯曼的敌人还有阿穆尔·本·阿绥，因为奥斯曼剥夺了他在埃及的权力，有人联想阿穆尔和那些来自埃及的反叛者有关系。祖拜尔（Zubayr ibn al-Awwām）、泰勒哈（Ṭalḥa ibn ʻUbayd Allāh）以及先知的遗孀阿伊莎也反对奥斯曼，他们在各处煽动反对奥斯曼的火焰。阿拉伯人统治阶级内部的斗争越来越激烈，已经趋于白热化了。

阿拉伯人征服波斯后，准备进攻印度。奥斯曼派人前往印度侦察，结果认为印度水源不足，果实稀少，盗贼横行，社会混乱。驻军少必失败，驻军多则会缺粮，因而取消了进军计划。[①]

在奥斯曼时期最值得一提的是阿拉伯人经典的奥斯曼定本。参加阿拉伯军事大扩张的战士中，有很多是能够全文背诵经典的人。战争中人的牺牲是不可避免的，很多能够全文背诵经典的人都在战场中战死了，经典面临失传的危险，这一情况在奥斯曼执政时代已经变得刻不容缓了。于是经典的内容被收集起来，用文字记录下来，确定成唯一的一个版本，再誊抄几部，分别存放于各大城市。这一定本的确立在阿拉伯的历史上有着极其重要的意义。

---

① ［埃及］艾哈迈德·爱敏:《阿拉伯—伊斯兰文化史 第二册 近午时期（一）》，商务印书馆 1990 年版，第 5 页。

成功的军事领袖
——阿里·本·艾布·塔里布

奥斯曼被刺杀后，阿里被推选为哈里发。阿里其实一直都是哈里发职位强有力的竞争者，从第一任哈里发到第三任一直都是。有一些人坚决地站在阿里一边，认为阿里应该是接班人。

但是同样有人反对阿里。祖拜尔、泰勒哈、阿伊莎所组成的三人小组最坚决地反对阿里。祖拜尔和泰勒哈作为辅士派的代表，曾参与竞争哈里发的职位，但以失败而告终。此二人和阿里作对，可被视作辅士派和迁士派的斗争。但阿伊莎是迁士派的成员，为什么会和辅士派走到一起呢？那是因为他们有一个共同的敌人——阿里。阿伊莎和阿里之间是有私人恩怨的。

阿里集团和阿伊莎集团最终兵戎相见。公元656年12月9日，在巴士拉城外，阿里最终获胜，祖拜尔和泰勒哈战死，阿伊莎被俘，被送往麦地那受优待。此战史称“骆驼之役”（Battle of the Camel），因为战斗的时候阿伊莎坐在骆驼之上助战，这匹骆驼成为反叛将士的旗帜。

阿里上任后将首都从麦地那迁往伊拉克的库法，从此再也没有回过麦地那。他撤换了奥斯曼在位时任命的各省总督，但是叙利亚总督穆阿威叶拒不服从阿里的命令，反对阿里的第二个集团出现了。也有资料说，穆阿威叶在奥斯曼死后于叙利亚自称哈里发。穆阿威叶和奥斯曼都来自古莱氏伍麦叶家族，穆阿威叶号召穆斯林将杀害奥斯曼的真凶绳之以法，他展示了奥斯曼被害时的血衣和奥斯曼妻子娜依莱（Nayla bint al-Farāfsa）的手指，那是娜依莱在保护奥斯曼时被行刺者砍掉的。穆阿威叶将矛头直指阿里，暗示阿里纵容了那些行凶者。一旦这一指控成立，那么阿里是因为奥斯曼被害才当上的哈里发，他的哈里发合法性也会受到质疑。双方的矛盾不可调和，马上就要兵戎相见了，一场大战不可避免。

在幼发拉底河右岸的绥芬平原（Ṣiffīn），两军终于对垒了。论军事实力，穆阿威叶是打不过阿里的，眼看阿里的军队就要胜利了，穆阿威叶麾下将领，也就是攻克埃及的功臣阿穆尔·本·阿绥献上一计，扭转了战场局势。他要求士兵将几部经典拴在长矛上，高高举在空中，要求停止武力，让经典来裁决。这明显是穆阿威叶方面的缓兵之计，因为他马上就要在军事上失败了。而参战的另一方——阿里，在眼看就要在军事上确定胜局的情况下，同意了用调停的方式来解决争端。

穆阿威叶和阿里各派一个代表参加谈判，穆阿威叶派出的是阿穆尔·本·阿绥，阿里方面派出的是艾布·穆萨·艾诗尔里（Abū Mūsa al-Ash'arī），双方各带400名见证人。据说，两位首席谈判代表一致同意废除两位领袖的地位，为未来当选的哈里发扫清道路。根据年龄大小，年纪大的艾布·穆萨先宣布废除阿里的哈里发职位。轮到年纪小的阿穆尔了，阿穆尔却没有按照程序来，他没有宣布废除穆阿威叶的职位，而是宣布承认了穆阿威叶的职位。这一下阿里就变得被动了。

但是根据西方学者的研究，事实并不像传说中所说的那样，阿穆尔也没有耍诈。他们认为谈判的双方都宣布废除了各自元首的职位，但是这样做无疑更有利于穆阿威叶，因为阿里是哈里发，穆阿威叶仅仅是个省长，废除宣布之后，二人变得地位相同了。阿里就变得被动了。

在这次谈判中，阿穆尔是否要诈成了争论的焦点。按照西方学者的观点，在如此重要而正式的场合上耍诈，这种可能性是很小的。而阿拉伯人则更相信阿穆尔确实没有按照常理出牌。在重要的场合中使用计谋，阿拉伯人是有这种传统的，贾希利亚时代的达西斯战争就是一个有力的证明。两个部落间的赛马比赛也是很正式的场合，但是祖布央部落却用计谋赢得了比赛，造成了两个部落间长达几十年的战争。这些处事方式是阿拉伯人的固有文化，新的信仰兴起后，新信仰对于阿拉伯人的固有文化是持否定态度的，这些处事方式也有所收敛。但是穆阿威叶集团并不虔诚，他们的皈依可以说是在山穷水尽时的一种战略妥协，阿拉伯固有文化在他们身上还有着明显的印记。再者，阿穆尔足智多谋，善使各种手腕，这从他对待欧麦尔给他的信这件事上可见一斑。

不管是上述哪种情况，最终阿里都变得被动了，吃亏的都是阿里。在穆阿威叶集团提出谈判的时候，阿里集团内部有两种意见，一种是主战，一种是主和。在这个不利于阿里的谈判结果出来后，主战派中出现了一些出走的人。这些人被称为哈瓦利吉派（Kharijites），他们不再追随阿里了，他们大概有 4000 人，后来变成了阿里的死对头。阿里集结军队歼灭了大多数哈瓦利吉派，史称“拿赫鲁宛之战”（Battle of Nahrawān）。在阿里和哈瓦利吉派征战的同时，穆阿威叶趁机占领了曾是阿里控制的埃及，重创了阿里的势力，阿穆尔又一次当上了埃及总督。这次歼灭哈瓦利吉派的战役也导致了阿里自己的死亡。公元 661 年 1 月 24 日清晨，阿里在返回库法清真寺的时候，被人用歹毒的军刀刺杀了。刺杀者就是哈瓦利吉派的一员，此人女友的亲属在那次歼灭战中被阿里的部下杀害，刺杀者就是要替那些亲属报仇。据说，哈瓦利吉派派出了三名刺客，分别刺杀穆阿威叶、阿穆尔·本·阿绥、阿里，最后只有阿里被刺身亡。阿里死后被埋葬在伊拉克的纳杰夫（Najaf），那里后来变成了阿里支持者的圣地。

死后的阿里被其追随者认为是一位殉道的圣徒，他的形象被完美化，他被认为是一个典范式的人物。这种影响仅次于先知本人。阿里本人具有非凡的军事才能，在战场上先后战胜了阿伊莎集团、穆阿威叶集团、哈瓦利吉派，这些胜利都证明了他的军事才能，他是一个当之无愧的成功的军事领袖。阿拉伯史学家认为，阿里是一个极其虔诚的信徒，当穆阿威叶的士兵将经典挑在枪尖上要求仲裁的时候，因为阿里太过虔诚，所以他就同意了。这足以说明阿里是一个极度虔诚的人，因此，他也有足够的理由被当作一个典范式的人物。

阿拉伯语中只有三类词：名词、动词、虚词。据说是四大哈里发之一的阿里规定的，阿里还要求语法学家按照他的分类著书立说，所以就有了今天阿拉伯语词汇的分类。

伍麦叶时期

阿里去世，标志着四大哈里发时代的终结。伍麦叶时代开始，伍麦叶的哈里发变成了世袭的，而非推选的。伍麦叶又被译为倭马亚，时间从 661 年到 750 年，以大马士革为首都，中国史书称其为“白衣大食”。

伍麦叶王朝之后的历史学家，在书写伍麦叶王朝历史的时候，把伍麦叶王朝的哈里发称为国王。这些历史学家不承认伍麦叶哈里发的地位，认为他们不是哈里发，只是国王（Malik）而已。要知道，“国王”这一称呼是古代阿拉伯人称呼外族元首时候使用的。为什么伍麦叶哈里发的地位得不到承认呢？因为伍麦叶哈里发越来越重视政权中政治和经济的因素，越来越忽视宗教的因素，背离宗教，和宗教越走越远，做了很多违反宗教教义的事情，如饮酒。

当然，讨厌“国王”这一称号只是古代的情况。现代，阿拉伯人已经不抗拒“国王”这一称呼，沙特、约旦、摩洛哥等阿拉伯国家均以“国王”称呼其最高元首。

“伍麦叶社会是以阿拉伯人的统治为基础的，与其说他们是一个民族，还不如说是一个世袭的集团，只有凭着血统关系才能参加。这个集团的成员不缴纳土地税，只有他们才有资格居住在阿拉伯人建立的那些城镇。战士阶级的绝大部分是由他们组成的。这个阶级全都名列部册，从战利品和被征服地区的税收中按月或按年领取薪俸和实物补助。”[1]比如，先知的遗孀阿伊莎的名字在部册上是第一名，她每年得年金 12000 第尔汗。在先知的家属之后，接着就是迁士和辅士的花名册，依照各人的资历（入教的先后顺序），各有一份津贴。在这个范畴的人，每人每年约得补助金的平均数，介于 4000~5000 第尔汗。末尾是阿拉比亚部族的花名册，他们的次第是依照战功和对于经典的认识而排列的。每个普通战士可以分到 500~600 第尔汗；甚至妇女、儿童、平民都登入花名册，而分得 200~600 第尔汗的年金。[2]

---

① ［美］伯纳德·刘易斯：《历史上的阿拉伯人》，马肇椿、马贤译，华文出版社 2015 年版，第 54 页。

② ［美］菲利普·希提：《阿拉伯通史》，马坚译，新世界出版社 2008 年版，第 157 页。

伍麦叶王朝第一任哈里发——穆阿威叶·本·艾布·苏富扬

阿里遇刺身亡后，同年，穆阿威叶在耶路撒冷自称哈里发，伍麦叶王朝建立，正统哈里发时代结束，阿拉伯帝国的首都从库法转移到大马士革。

早年，穆阿威叶曾担任先知的书记员、经典的誊抄员等职，是欧麦尔时期攻打叙利亚的主将，被任命为大马士革总督，后在奥斯曼时代擢升为叙利亚总督。但在现存的几部历史著作的作者看来，穆阿威叶并不是受人敬爱的人物。他们认为他是阿拉伯人进入新时代后的第一个国王；在阿拉伯人的眼中，国王这个称号是讨厌的，他们专用这个称号来称呼非阿拉伯的统治者，他们谴责穆阿威叶的庸俗化政策，把先知的继任变成了世俗的王朝统治。他们指出他的许多世俗的创造，如在清真寺大殿里设置哈里发专用的私室。聚礼日（星期五）的说教改为坐着念。他首创王座。阿拉伯的编年史大半是在阿拔斯王朝或某一派别的影响下编辑的，编者都攻击穆阿威叶不虔诚。不过从保存在伊本·阿萨基尔（Ibn ‘Asākir）著作里的叙利亚传说看来，他还是一个善良的人。他给伍麦叶王朝的继任者遗留下一个先例，这个先例充满了慈悲、勤勉和机智，后来有许多人企图效法他，但是成功的很少。[①] 从这些我们都可以看出，对穆阿威叶的评价是充满争议的。

穆阿威叶在位时期，伍麦叶王朝的海军力量得到了极大的发展，他利用拜占庭帝国留在阿卡地区（Acre）的造船厂发展海军力量。英语中的兵工厂（Arsenal）这个词就是从阿拉伯语词（Dār al-Ṣinā'ah）演变来的。

穆阿威叶时期，阿拉伯帝国的版图进一步扩大，北非的扩张就在这一时期，东边阿拉伯人征服了波斯人的呼罗珊地区，还越过了乌浒水（Amu Darya）[②] 到达了布哈拉（Bukhara）。因此，穆阿威叶被称为继欧麦尔之后阿拉伯帝国第二位奠基者。穆阿威叶还两次出兵攻击拜占庭帝国，但在对拜占庭帝国发动攻击之前，穆阿威叶奉行的是韬光养晦的政策，他每年给拜占庭帝国缴纳贡税，以换得休战。但当自己羽翼丰满之后，他就停止了纳贡，向拜占庭开战。早在四大哈里发时期，655 年，穆阿威叶就率领他培植起来的叙利亚海军力量，联合阿拉伯人在埃及的海上力量，和拜占庭人的海军打了一仗，阿拉伯人大获全胜，拜占庭海军几乎全军覆没。阿拉伯人的力量逐渐控制了地中海东岸沿海地带。进入伍麦叶时期，674 年，穆阿威叶主动进攻拜占庭帝国，阿拉伯舰队从海上围攻君士坦丁堡。危急时刻，拜占庭人用秘密武器希腊火（Greek fire）[③] 重创阿拉伯舰队，击败了阿拉伯人。火攻在古今中外的水上战役中都是有效的方式，中国比较著名的有赤壁之战、朱元璋和陈友谅的鄱阳

---

① ［美］菲利普·希提：《阿拉伯通史》，马坚译，新世界出版社 2008 年版，第 180 页。

② 也就是今天的阿姆河。

③ 一种能在海面上燃烧的液体。

湖大战，西方则要数两次拜占庭人和阿拉伯人之间的大海战：第一次是穆阿威叶发动的这次，第二次是后来的伍麦叶哈里发苏莱曼（Sulaymān ibn ʻAbd al-Malik）发动的。拜占庭人在这两次海战中都使用了希腊火，击败了阿拉伯海军。

穆阿威叶在安保和武力扩张方面都倚重信仰基督教的叙利亚土著和叙利亚籍的阿拉伯人，而从希贾兹地区来的阿拉伯人则受到排斥。基督教在穆阿威叶统治时期的影响力很大，例如：掌管帝国财政大权的人是个基督教徒，这个职位是第二号人物，仅次于总司令；哈里发的御医也是基督教徒；宫廷诗人、被称为“伍麦叶三诗雄”之一的艾赫塔勒（Al-Akhtal al-Taghlibī）也是基督教徒，脖子上挂着十字架；基督教堂在地震中倒塌后也是哈里发命人重建的。

阿拉伯人医学科学来源于希腊和波斯，例如：穆阿威叶的御医是一个基督教徒，后来的著名军事将领及伊拉克总督哈查只（Al-Ḥajjāj ibn Yūsuf al-Thaqafi）的御用医生是一个希腊人。

穆阿威叶的统治得益于三个人的辅佐，这三个人是埃及总督阿穆尔·本·阿绥、库法总督穆继来·本·舒尔白（Al-Mughīra ibn Shuʻba）、巴士拉总督齐亚德·本·艾比。这样一来，阿拉伯帝国的主要核心富庶地区——沙姆、埃及、两河流域、波斯就全部在伍麦叶政权的掌控之下了。齐亚德的父亲叫“艾比”，“艾比”这个词在阿拉伯语中本来就是父亲的意思，也就是说，齐亚德的全名中没有体现出父亲叫什么。之所以会这样，是因为他根本不知道自己的父亲是谁，他的母亲是塔伊夫（Taif）的妓女。穆阿威叶的父亲艾布·苏富扬和她发生过关系，后穆阿威叶承认齐亚德是他的弟弟，齐亚德便不再支持阿里，转而为穆阿威叶效忠。这四个人被称为阿拉伯的四位天才政治家。

阿拉伯的传记家认为，穆阿威叶最高的美德是容忍，因为有这种美德，所以必须在绝对需要诉诸武力的时候，他才动武，在其他的一切情况之下，他总是运用和平的方法解决问题。他的态度是慎重而且温和的，敌人往往因此而解除武装，不好意思反对他；他能绝对地克制自己，不轻易发怒，因此，在一切情况之下，他都是优胜者。相传他曾这样声明："用鞭子就可以的地方，我不用宝剑；用舌头就可以的地方，我不用鞭子。在我和同胞之间，即使只有一根头发在联系着，我也不让它断了；他们拉得紧，我就放松些；他们放松了，我就拉紧些。"

穆阿威叶所建立的伍麦叶政权基本上是一个阿拉伯人的政权，统治阶级都是阿拉伯人，帝国的权力不允许外族人染指。一般来说，历史学家将伍麦叶王朝的开始看作阿拉伯帝国世袭制的开端，但穆阿威叶时期的世袭制并不是罗马帝国那种世袭制，而是包含了大量贾希利亚时代阿拉伯人传统推选制度因素。穆阿威叶的"议会"是被叫作"舒拉"（Shūrā）的一种长老会议，该会议由哈里发或省的总督召集，享有谘议和执行两种权力。与这些部落会议有联系的是由那些被称为"沃弗德"（Wafd）的代表团所组成的部落代表会议。这些部落长老和"沃弗德"的会议共同组成了一个在很大程度上依靠阿拉伯人自由表示忠诚和赞许的松懈的结构。穆阿威叶当政时期，很少采用命令手段，而善于运用易为人们所接受的说服方式以及自己的影响和政治才能，以推行自己的意志。①

---

① ［美］伯纳德·刘易斯：《历史上的阿拉伯人》，马肇椿、马贤译，华文出版社2015年版，第51页。

穆阿威叶传位给自己的儿子叶齐德（Yazīd ibn Muʿāwiya）。“变哈里发为世袭的做法，对阿拉伯人来说是不可想象的，要他们马上接受这种世袭制，那是相当困难的。于是穆阿威叶运用其惯用的政治手段找到了一种折中解决的途径，即委任自己儿子叶齐德为自己的代理人。这次委派所采取的形式是部落会议所遵行形式的最好典范。哈里发和大马士革的长老会议颁布了一道委任叶齐德的决议，再通过部落代表征求各部落的同意并取得他们的支持后，公开宣布此事。穆阿威叶在平息反对者时，使用说服和收买的办法多于使用强迫的手段。”①

穆阿威叶家族和阿里后裔争夺哈里发职位

穆阿威叶自封哈里发之后，伊拉克人不承认，因为伊拉克是阿里的势力范围，伊拉克人推举阿里的长子哈桑·本·阿里（Ḥasan ibn ʿAlī）接替阿里的职位。

哈桑和穆阿威叶之间并没有发生军事冲突。穆阿威叶说服了哈桑，哈桑放弃了对哈里发职位的争夺，隐居麦地那，过着养尊处优的生活。当阿里的长子哈桑同意退位的时候，据说穆阿威叶写了下面的信件答复他：“由于血统的关系，我承认你是更适合于这个崇高的职位的。假若我相信你的才能足以履行这些任务，那么我毫不迟疑地对你宣誓忠顺。现在，请提出你的意愿。”穆阿威叶在一张空白纸上盖了印，附在信封里送给哈桑，让他填写他的要求。②穆

① ［美］伯纳德·刘易斯:《历史上的阿拉伯人》，马肇椿、马贤译，华文出版社2015年版，第52页。

② ［美］菲利普·希提:《阿拉伯通史》，马坚译，新世界出版社2008年版，第180页。

阿威叶为了说服哈桑，的确提出了优厚的条件。“穆阿威叶保证根据哈桑自己提出的要求给哈桑一笔大量的特别费和优厚的年金，包括库法的公款五百万迪尔汉姆，再加上波斯一个县的岁入，归他终身享用。”[①] 但是哈桑只活了 45 岁就去世了，大约在 669 年，死因可能是毒杀。就好像穆阿威叶指责阿里要为奥斯曼遇刺负责一样，什叶派也把哈桑的毒杀案归咎于穆阿威叶。这样，哈桑就变成了一个“烈士、殉道者”（Shahīd）。

穆阿威叶在位时期，哈桑的弟弟侯赛因·本·阿里（Ḥusayn ibn ʻAlī）在麦地那过着隐居生活。穆阿威叶死后，指认自己的儿子叶齐德继位，阿拉伯帝国的世袭制由此开始。侯赛因不承认叶齐德的哈里发地位。伊拉克人支持侯赛因为阿里和哈桑合法的继承人，他们邀请侯赛因到伊拉克去。要不要去伊拉克，侯赛因是犹豫的。就像一般人在遇到有关人生转折点的重要选择一样，侯赛因最终下定了决心，要去伊拉克。帮他下定决心的关键人物是阿卜杜拉·本·祖拜尔（ʻAbd Allāh ibn al-Zubayr）。他是骆驼之役阿伊莎三人集团中祖拜尔的儿子，后来他于麦加和麦地那所在的希贾兹地区自称哈里发，造成了伍麦叶王朝一段时期内有两位哈里发的局面。他极力鼓动侯赛因前往伊拉克。阿卜杜拉继承了父亲的遗志，坚决反对伍麦叶人，侯赛因去伊拉克是去造伍麦叶王朝的反，阿卜杜拉当然乐见其成。如果侯赛因没有前往伊拉克而依然待在麦地那，后来的阿卜杜拉是否还能在希贾兹地区自称哈里发呢？希贾兹人会放弃支持迁士派代表人物、先知的外孙、第四位哈里发

---

① ［美］菲利普·希提：《阿拉伯通史》，马坚译，新世界出版社 2008 年版，第 174 页。

的儿子——侯赛因，转而支持辅士派的代表人物——阿卜杜拉吗？也有资料说，侯赛因由于不承认叶齐德哈里发的地位，担心自己的生命安全，他先是从麦地那转移到了麦加，在麦加收到了来自库法的来信，邀请他去库法领导起义。侯赛因派人到库法确认消息的真伪，在确认了库法确实有很多人拥护自己之后，就带着随从前往。阿里曾将库法选作自己的首都，那里有很多亲阿里家族的人。侯赛因带着 72 名随从[①]动身前往伊拉克，途中被伍麦叶王朝 4000 人[②]的军队拦截。侯赛因拒绝投降，队伍被全歼，他的头颅被割下送往大马士革，后又被送回和尸身一起下葬。侯赛因队伍中的男性成员全部被杀，除了侯赛因的儿子阿里·宰因·阿比丁[③]（'Ali ibn Ḥusayn Zayn al-'Abidīn），他当时身染重病，躺在帐篷里，没有参加战斗。活下来的都是妇女和儿童，其中包括侯赛因的妹妹宰纳布（Zaynab bint 'Alī）。伍麦叶人用鞭子抽打了这些妇女和儿童。侯赛因遇难的地方叫作克尔巴拉（Karbalā'），位于伊拉克。当时侯赛因的队伍已经进入了伊拉克境内，已经接近或进入了亲阿里家族的势力范围，但是这些亲阿里家族之人却眼睁睁地看着他们所邀请的领袖被伍麦叶军队屠戮，没有前去救援。当宰纳布和阿里·宰因·阿比丁被伍麦叶人押送到当时伊拉克的中心城市库法后，二人指责了当地人袖手旁观的行为，对他们的行为表达了愤怒和不满。事实上，克尔巴拉和库法在地理上相距并不遥远。

---

① 一说 200 余人。

② 一说 6000 人。

③ 他的原名是阿里·本·侯赛因（'Ali ibn Ḥusayn），宰因·阿比丁是个称号，意为最佳礼拜者。他又被称为赛贾德或阿里·赛贾德，赛贾德的意思是跪拜次数很多的人。

事后，伊拉克的亲阿里派人士异常自责，为了纪念侯赛因的牺牲，由此发展出了一种节日——阿舒拉节（‘Āshūrā’）。按规定每年举行一次追悼会，回历正月上旬为哀悼旬，后来又发展成一种受难表演，着重表演侯赛因的英勇斗争和苦难的情节。有人还会在节日中用鞭子、铁链等各种工具伤害自己的肉体，让自己受伤、流血，用来表示愧疚和赎罪的心理，表示对祖先见死不救行为的忏悔。对于这种极端自残的行为，各方看法不同，有支持者，亦有反对者。伊朗最高领袖哈梅内伊（Ali Khamenei）的态度是："要杜绝一切玷污宗教的举动，凡是伤害身体的行为都是被禁止的。"这种每年一度的受难表演，分两节进行，前节于回历正月初十在巴格达郊区的卡齐麦因（Al-Kāẓimiyyah）举行，这是纪念那次战争的；后节于正月初十以后的 40 天内，在伊拉克的克尔巴拉举行，称为"头颅的归来"。[①] 需要指出的是，阿舒拉节古已有之，最早是斋戒日，但在斋月确定之后，阿舒拉节仿佛失去了其存在的价值。而克尔巴拉事件则赋予了阿舒拉节以新的内涵和意义，使其获得了新生。

哈桑和侯赛因都在麦地那生活过，过着那种隐居的生活，远离政治斗争。像他俩这样在麦地那过远离政治斗争隐居生活的人还有很多，比如先知的遗孀阿伊莎，只不过阿伊莎并不是厌倦政治斗争主动隐居的，她是在军事斗争中失败，进而导致政治斗争失败而被软禁在这座城市的。麦地那这个阿拉伯帝国的旧都，在伍麦叶时代就是这样的一座城市，很多人到这里隐居，由于各种各样的原因，出于各种各样的目的，有的是被迫，有的是自愿。这些隐居人士中

---

① ［美］菲利普·希提:《阿拉伯通史》，马坚译，新世界出版社 2008 年版，第 174 页。

的很多过的可不是一种清贫的苦行僧的生活，而是穷奢极欲的糜烂生活。他们在阿拉伯人对外大扩张大征服的过程中获得了巨额财富，他们聚集在麦地那，修建豪华的别墅，宅邸中充满了为他们服务、供他们享乐的奴隶，用花样繁多的奢侈品来满足他们的欲望。歌曲和音乐在这座城市非常流行，来自波斯和拜占庭的歌妓都涌入麦地那淘金，以情诗为代表的文学也繁荣了起来；妓院充斥着大街小巷，“伍麦叶三诗雄”之一的法拉兹达格（Al-Farazdaq）就是一些妓院的股东。阿拉伯帝国初期，哈里发艾布·伯克尔连工资都没有，因为当时的阿拉伯帝国政府还没什么收入，但到了伍麦叶时期，情况可就发生了天翻地覆的变化。同为两圣地之一的麦加和麦地那的情况差不多，因为麦加也不差钱，每年来朝觐天房的人们带来了大量的财富。[①]

① ［美］菲利普·希提:《阿拉伯通史》，马坚译，新世界出版社 2008 年版，第 217 页。

希贾兹的哈里发
——阿卜杜拉·本·祖拜尔

虽然侯赛因被杀了，但是叶齐德另外一个反对者还存在，这个人是阿卜杜拉·本·祖拜尔，他是祖拜尔的儿子，母亲是艾布·伯克尔的女儿阿诗玛，他也是阿伊莎的外甥。他也公开反对叶齐德，并且怂恿侯赛因前往伊拉克。从这一点来说，阿卜杜拉也应为侯赛因被杀负有责任。阿卜杜拉的支持者遍布希贾兹。叶齐德马上派部队去镇压。在战争中，叙利亚的军队占据了上风，阿卜杜拉最后不得不躲到天房里去了。伍麦叶的军队用弩炮射击麦加禁寺和克尔白，石头像下雨一样落下来。在围攻期间，克尔白天房起火，玄石被烧成了三片。按阿拉伯著名历史学家塔巴里（al-Ṭabarī）的说法，天房被烧成了如“丧子的妇人撕破了的胸膛”。这个时候，叶齐德死了，统军将领害怕叙利亚发生内乱，停止了攻击，撤军了。伍麦叶军队撤退后，阿卜杜拉重建了克尔白。

叶齐德死后，阿卜杜拉在希贾兹地区自称哈里发。所以在伍麦叶王朝的一段时期内，实际上帝国内部是有两个哈里发的，一个是大马士革的，一个是希贾兹的，而希贾兹实际上是一个独立的王国，根本不听大马士革的号令。而北方阿拉伯人中的大部落盖斯人（Qays）居然支持阿卜杜拉，反对伍麦叶政府。后来伍麦叶人依靠南方阿拉伯大部落凯乐布人（Banu Kalb）才战胜了盖斯人。但是伍麦叶人由于这种行为失去了自己在南北阿拉伯人斗争中的中立地位，而陷入了派系斗争的泥潭。马尔旺之后的哈里发们，不是依靠这个大部落，就是依靠那个大部落。哈里发国家变成了部落斗争的参加者，贬低了自己的身价。

阿卜杜勒·马利克（'Abd al-Malik ibn Marwān）继位后，派了哈查只去讨伐阿卜杜拉。阿卜杜拉战败被杀，头颅被割下送往大马士革，尸身被悬挂几天示众。阿卜杜拉的死亡标志着辅士们的势力完全崩溃。

列王之父和他的儿子们

叶齐德的继任者是他的儿子穆阿威叶二世（Mu'awiya Ⅱ）[1]，但是穆阿威叶二世体弱多病，只当了三个月的哈里发就病死了，而且他本人没有子嗣。马尔旺一世（Marwan Ⅰ）[2]就当了哈里发，大权就从艾布·苏富扬家族转移到了马尔旺家族手里。马尔旺家族也是伍麦叶人的一支。

马尔旺一世死后，他的儿子阿卜杜勒·马利克继位。阿卜杜勒·马利克被称为“列王之父”，因为他的四个儿子——瓦利德（Al-Walīd ibn 'Abd al-Malik）[3]、苏莱曼、叶齐德二世（Yazīd Ⅱ）、希沙姆（Hishām ibn 'Abd al-Malik）后来也都当上了伍麦叶王朝的哈里发。当瓦利德和希沙姆在位的时候，伍麦叶帝国的版图扩大到了极点：西起大西洋东岸和比利牛斯山（Pyrenees），东到印度和中国边境。面积之大，是古代任何帝国所不能比拟的。

阿卜杜勒·马利克和拜占庭帝国签订了和平协议，稳定了帝国北方的边防，又用了三年的时间，平定了帝国内的所有叛乱，帝国的局势趋于稳定。然后，阿卜杜勒·马利克开始制定国家的新政

① 也就是穆阿威叶·本·叶齐德。穆阿威叶一世是穆阿威叶·本·艾布·苏富扬。

② 也就是马尔旺·本·哈克木。

③ 又被称为瓦利德一世（Al-Wal ī d I）。

策，他加强了中央集权统治，集所有大权于一身，以叙利亚的武装力量作为自己政权的坚强后盾。“阿卜杜勒·马利克的哈里发国家仍然不是古代东方式的贵族政体，而是个受到阿拉伯传统神权思想残余影响的中央集权制的君主政体。”[①]在他执政时期，他用阿拉伯帝国的新制度取代了波斯和拜占庭的旧制度，阿拉伯文成为行政和会计的通用文字，铸造了统一的货币来取代在帝国内流通的波斯和拜占庭仿造货币。这一运动被阿拉伯历史学家称为“组织与修正运动”。阿卜杜勒·马利克还制定新的财政税收制度，这些制度在他儿子们执政的时代逐渐定型。通过这一系列的举措，阿卜杜勒·马利克为伍麦叶人留下了一个安定而强盛的帝国。

阿卜杜勒·马利克下令将阿拉伯语作为帝国的官方语言，所有公文都用阿拉伯文书写。阿拉伯人统治以前，叙利亚的官话是希腊语（Greek language），伊拉克和伊拉克以东地区用的是帕拉维语（Pahlavi）[②]，埃及人说的是科普特语（Coptic language）。叙利亚和伊拉克的官话和老百姓说的话不同，官话也是一种外来语，所以，当阿拉伯人决定用另外一种外来语（阿拉伯语）取代原来的官话时，百姓的抵抗情绪并不强烈。没过多久，在瓦利德时代，叙利亚和伊拉克便完成了阿拉伯语化进程。但在埃及，这种抵抗情绪就强烈得多，因为科普特语是埃及土生土长的语言，直到公元9世纪

---

① ［美］伯纳德·刘易斯:《历史上的阿拉伯人》，马肇椿、马贤译，华文出版社2015年版，第61页。

② 又称巴列维语、钵罗钵语，是中古波斯语的主要形式，是萨珊波斯帝国的官方语言。

初，阿拉伯语才成为埃及的通用语。[①]

今天的阿拉伯语有标准语和方言之分，经典中的语言是标准语，阿拉伯各国人民日常对话用的是土语、方言。这个区别自古有之，在伍麦叶时代，阿拉伯帝国各地人们日常生活的用语和经典中的语言存在很大差别——叙利亚人本来就说叙利亚语，波斯人原本也说古波斯语，各地都有各自原本的方言。阿拉伯人征服这些地区后，推行阿拉伯语，阿拉伯语取代了当地固有的语言，但是这些固有语言也反过来影响着阿拉伯语，加剧了阿拉伯语标准语和各地方言之间的分化。

---

① ［埃及］艾哈迈德·爱敏，《阿拉伯—伊斯兰文化史（第一册 黎明时期）》，商务印书馆 1982 年版，第 9—10 页。

攘外必先安内

阿拉伯人的历史上有两次大的对外军事扩张，第一次是在欧麦尔、奥斯曼时代发生的，那一次大扩张让阿拉伯人占领了伊拉克、叙利亚、波斯、埃及等地；第二次大扩张发生在阿卜杜勒·马利克和瓦利德时代。

瓦利德是阿卜杜勒·马利克的儿子，瓦利德执政时期，伍麦叶王朝达到了巅峰状态。阿拉伯人的第二次军事大扩张可以被看作第一次军事大扩张的延续。在第二次大扩张期间，阿拉伯人就像第一次大扩张那样，还是东西线双线出击，同样是双线告捷，又征服了中亚（Central Asia）、巴基斯坦（Pakistan）、马格里布（Maghreb）、伊比利亚半岛（Iberian Peninsula）等地。

阿拉伯人的征服可以被划分为三个阶段，两次军事大扩张实际上是阿拉伯人征服的第一阶段——军事阶段，在完成了军事阶段的征服后，阿拉伯人进入征服的第二阶段——宗教阶段。被占领地区的人民由于各种各样的原因，有政治的、有经济的、有宗教的……他们纷纷改宗了新的信仰。第三阶段则是语言的演变阶段。被征服地区的人民在一定程度上接受了阿拉伯语作为一种通用语的地位，阿拉伯语变成了这些地区的官话和普通话，阿拉伯语成了科学和社交的语言，人们用阿拉伯语著书立说。[①]

在第二次大扩张时期有几位重要的军事将领，分述如下。

东线总指挥——哈查只·本·优素福

哈查只原是希贾兹地区塔伊夫的青年教师，后投笔从戎，31岁的时候打败了已经自称哈里发九年的阿卜杜拉·本·祖拜尔。后阿卜杜勒·马利克委派哈查只前往伊拉克担任总督。哈查只刚到伊拉克的时候，来到一座清真寺，用头巾遮住了脸，好在没有人能认出他。当人们开始发表反动言论时，哈查只在讲台上发表了那篇在阿拉伯文学史上很著名的演说。在演说中他讲道："库法人啊，我看到很多头颅已经成熟，到了收割的时候，我就是那个收割者，我好像已经看到鲜血从头巾和胡须间喷涌而出。"[②]事实上，哈查只说到了也做到了，他在伊拉克期间强力镇压了当地的反政府势力。据说哈查只统治伊拉克期间，有12万人被他杀害。后来，临近伊拉克的呼罗珊地区和锡斯坦地区（Sistan）[③]叛乱不断，当地总督的统治也极其不利，所以阿卜杜勒·马利克"于697年将锡斯坦和呼罗珊也划给哈查只管理。自此，哈查只的势力已经囊括了阿拉伯帝国的半壁江山"。[④]史学家称此人残暴、贪婪、邪恶，常把他比作罗

---

① ［美］菲利普·希提：《阿拉伯通史》，马坚译，新世界出版社2008年版，第326页。

② 齐明敏、薛庆国、张洪仪等编：《阿拉伯文学选集》，外语教学与研究出版社2004年版，第114页。

③ 也被称为锡吉斯坦。

④ ［美］白桂思：《丝绸之路上的帝国——青铜时代至今的中央欧亚史》，付马译，中信出版集团2020年版，第132页。

马帝国历史上有名的暴君尼禄。

在哈查只的高压统治下，伊拉克、波斯的局势稳定了下来。内部政局稳定之后，对外扩张就开始了。纵观贾希利亚时代到伍麦叶时代的历史，这一点尤为明显。贾希利亚时代阿拉伯人没有对外征伐，阿拉伯各部落间互相厮杀，如布阿斯战争、达西斯战争，那被称为“阿拉伯人的日子”；先知时代，投入新信仰的阿拉伯人和固守旧势力的阿拉伯人间相互杀伐；先知死后，乌玛政权（Ummah）和阿拉伯半岛中想要脱离的各部落作战；半岛统一在唯一的一个信仰的旗帜下后，阿拉伯人停止了内部的杀伐，将这种好战精神引向了周边地区——伊拉克、叙利亚、波斯、埃及。将好战的矛头对准了拜占庭帝国和波斯帝国，这是阿拉伯人第一次军事大扩张时期发生的事，主要发生在欧麦尔时期。第一次大扩张暂停后，阿拉伯人停止了对外征讨，内部矛盾开始暴露——迁士派和辅士派的矛盾，阿里集团和阿伊莎集团、穆阿威叶集团、哈瓦利吉派的矛盾，导致了阿拉伯人自新信仰到来之后的数次内战。后阿里遇刺，穆阿威叶成为哈里发，阿拉伯帝国内部获得了短暂的和平。国内和平才刚刚降临，穆阿威叶就又发动了对拜占庭的围攻，但围攻以失败告终。穆阿威叶死后，叶齐德继位，国内矛盾又开始凸显，以哈桑、侯赛因为首的阿里家族和穆阿威叶家族争夺哈里发职位，希贾兹的阿卜杜拉自立为哈里发，不听伍麦叶政权的号令。伍麦叶人内部也出现了权力争夺，穆阿威叶家族和马尔旺家族争夺哈里发职位，直到阿卜杜勒·马利克成为哈里发，消灭了希贾兹的哈里发阿卜杜拉，镇压了伊拉克亲阿里派的气焰，帝国内部重又恢复稳定。国内的稳定即是对外征战的开端，第二次阿拉伯人军事大扩张拉开了序幕。第二次大扩张在瓦利德执政时期达到顶峰，阿拉伯帝国即伍麦叶王朝的地理面积达到了其历史上的顶点，又相继征服了马格里布地区、安达卢斯、中亚等地。第二次大征服是在苏莱曼时期落幕的，以围攻君士坦丁堡的惨败而告终。对外征战的停止即意味着内部矛盾又开始凸显，作为统治阶级的纯阿拉伯血统的伍麦叶人和马瓦里（Mawālī）、阿巴斯人、亲阿里派之间的矛盾，最后成为伍麦叶王朝倒台的重要原因。

对于阿拉伯人来说，内部局势一旦稳定，对外征服的大幕即将拉开；对外征服一旦停止，内部斗争又将继续。好战是阿拉伯人的天性，如果不将这种特性引向国外，那么这种特点势必会在国内起作用。

中亚征服者——古太白·本·穆斯林

古太白·本·穆斯林（Qutayba ibn Muslim al-Bāhilī），又称屈底波·本·穆斯林，此人是阿拉伯人征服中亚的将领。阿拉伯人来到中亚以前，中亚的很多地方是佛教的领地，后来阿拉伯人的信仰渐渐取代了佛教的地位。

哈查只任命古太白为呼罗珊总督[①]。哈查只死后，哈里发瓦利德一世命古太白继承哈查只的职位，统领帝国东部军政要务。瓦利德一世死后，苏莱曼一世继位成为哈里发。苏莱曼一世欲召回古太白，古太白闻讯后欲起兵造反，但手下将士皆不听其号令，古太白反为其部将所杀。

古太白对中亚的征服是以波斯的呼罗珊地区为基地来进行的，先后征服了布哈拉、撒马尔罕（Samarkand）、花拉子模

---

① 公元705—715年在任。

（Khwarazm）等地。中亚的各个王国在面对阿拉伯人的军事征服时，有的向唐朝求援，如布哈拉和撒马尔罕。但当时唐朝皇帝睿宗李旦不堪大任，太子李隆基和太平公主的政治斗争愈演愈烈，朝廷无暇西顾，阿拉伯人顺利地控制了中亚的大片领土。征服中亚后，就像其他被征服地区一样，阿拉伯人给当地人规定了要缴纳的税费，还有劳役兵役等任务；并将部分军队留在中亚，防止叛乱的发生；阿拉伯人还扶持了一些亲阿拉伯人的当地政权，作为代理人统治中亚，后来的阿拉伯政权也效仿了这一做法；古太白还鼓励阿拉伯人向中亚移民，这些移民和中亚当地人通婚，并把阿拉伯人的信仰传入当地。

进军印度的人——穆罕默德·本·卡西姆

穆罕默德·本·卡西姆（Muḥammad ibn al-Qāsim al-Thaqafī）是哈查只的侄子，他带领军队征服了俾路支斯坦（Balochistan），信德地区（Sindh）——印度河（Indus River）下游的河谷和三角洲。这些地区的很大部分今天都属于一个国家——巴基斯坦，这个国家是在 1947 年成立的。而古印度的其他地区并未受到阿拉伯人的征服。阿拉伯人占领印度的西北地区后，他们和印度人发生了更加密切的交流，特别是在文化上。许多印度的古籍都是先被译为波斯文，然后才被译为阿拉伯文的。印度的天文学和数学对阿拉伯人的影响也非常大。阿拉伯人很重视天文学，因为每天礼拜需要辨别克尔白的方位，所以天文学就特别重要。我们今天所说的“阿拉伯数字”，实际上是印度数字，传入阿拉伯之后，又传入西方，所以西方人称之为“阿拉伯数字”。

柏柏尔世界的征服者——穆萨·本·努赛尔

哈查只是东线征服的总指挥，穆萨·本·努塞尔（Mūsā ibn Nuṣayr）是西线征服的总指挥。穆萨是阿拉伯帝国的名将，早年在穆阿威叶部下作战，后担任易弗里基叶地区（Ifrīqya）[①]总督，对位于西非和北非的柏柏尔人（Berbers）发动大举进攻，彻底摧毁了柏柏尔人的势力，后柏柏尔人大规模改宗。穆萨在西线的征服毫不逊色于东线的哈查只。在欧麦尔和奥斯曼时期，阿拉伯人完成了对埃及的征服，之后，他们继续西进，进入易弗里基叶地区。"易弗里基叶是阿拉伯人从罗马人那里取得的名称，他们用这个名称来称呼柏柏尔人的东部地区，而用阿拉伯名词马格里布来称呼柏柏尔人的西部地区。现在易弗里基叶这个名词是指全部非洲而言的。"[②]在阿拉伯语中，马格里布意为日落之地，太阳从西边落下，马格里布也指西部地区。这个阿拉伯语单词在今天也有了若干个不同的含义：首先，它可能指的是一个国家——摩洛哥，摩洛哥在阿拉伯语里的发音就是马格里布，这个国家也位于北非的最西端；其次，马格里布有可能指的是马格里布地区，也就是阿拉伯的西部地区，包括利比亚、突尼斯、阿尔及利亚、摩洛哥、毛里塔尼亚，这些国家也是马格里布联盟（Arab Maghreb Union）的成员国。西亚的阿拉伯国家则是阿拉伯世界的东部（Mashriq），而埃及既不属于西部，也不属于东部，这也正应了埃及在阿拉伯语中的意思——屏障、界

① 或称为近马格里布地区（al-Maghrib al-Adna）。

② ［美］菲利普·希提:《阿拉伯通史》，马坚译，新世界出版社 2008 年版，第 195 页。

限，埃及就是阿拉伯东部世界和西部世界中间的界限和屏障。[①]

马格里布地区的原住民是柏柏尔人，柏柏尔为音译，除了可以表示柏柏尔人之外，还有野蛮人的含义，故今天当地原住民并不用阿拉伯语称呼自己为“柏柏尔人”，而用阿拉伯语管自己叫“阿玛齐格人”（Imazighen），“阿玛齐格”这个词没有任何的贬义。当然，在中文中，“柏柏尔”这一称呼并无贬义。但当我们用外语称呼他们、与他们交流时，最好用“阿玛齐格”，不要用“柏柏尔”。

柏柏尔是一个伟大的民族，他们在历史上也曾创造了辉煌灿烂的文明，现如今在非洲各地还有众多的著作和历史古迹在诉说着柏柏尔人所创造的辉煌。罗马人有一本关于厄立特里亚海（Erythraean Sea）[②]环游记的书，写于1世纪到3世纪之间，描述如何在当时已知的世界范围内航行和贸易，特别是在红海、北非和印度。书中就曾记录：在海岸的右边，在比尔尼斯之后，有柏柏尔人的国家。在柏柏尔人之前，沿着海岸生活着一些人，他们以鱼肉为生，住在狭窄山谷中的山洞里。

在阿尔及利亚的首都阿尔及尔的老城，有一个名叫卡斯巴（Kasbah）的地方，那里是阿尔及尔老城的核心区域。卡斯巴这个地名出现在马格里布的众多地区，大致指的是当地的老城。这些老城在古代是一种居高临下的防御性工事，到后来失去了战略作用，逐渐演变成居民区或古迹。阿尔及尔的卡斯巴是柏柏尔人在10世纪时建立的，后由安达卢斯人扩建，这里被当成阿拉伯—柏柏尔城市的范本，也是阿尔及利亚的世界文化遗产之一。

---

① 偶尔有的学者也会将埃及和苏丹归到阿拉伯世界的东部。

② 印度洋古称。

在利比亚，阿拉伯人征服历史名城萨布拉塔（Sabratha）之前，这座城市属于柏柏尔人的一个部落。著名的历史学家兼社会学者，出生于突尼斯的伊本·赫勒敦曾在他的史书中记录了这一点。当时整个地区都是以这个柏柏尔部落的名字命名的，很多史书也都提到过这个名字。例如，利比亚历史学家伊本·赫乐本（Ibn ghalbūn）在其所著的《的黎波里的国王们和他们的起源》中提过，艾哈迈德·贝克·那伊布·安萨里（Aḥmad Bak al-Nā'ib al-Ansāri）所著的《西部的黎波里历史的甘泉》中也提过，摩洛哥旅行家阿雅什（Abu Sālim al-'Ayyāshī）也曾在他的游记手稿中提过这个名字，提加尼（'Abdallah al-Tijānī）游记中也提到过这里。

摩洛哥的索维拉（Essaouira），柏柏尔人历史上著名的国王尤巴二世（Juba Ⅱ）曾在这里设立染料工厂——从牡蛎身上提取紫色的染料，将其出口至罗马帝国。这种稀有的颜色马上为罗马权贵所垄断。如前所述，就连受罗马影响极深的台德穆尔的女王泽诺比亚游行的时候都要身着紫色的服饰。尤巴二世统治的国家名为毛里塔尼亚王国，此毛里塔尼亚非彼毛里塔尼亚，和今天的毛里塔尼亚共和国没有关系，只是二者的名称极为相似，容易混淆。在阿拉伯语中，二者只有一个字母的差别。为了体现这种差别，我们也可将古代的那个国家称为“毛里托尼亚”（Mauretania），以示区分。毛里托尼亚王国原是迦太基的附属国，他们向迦太基人提供粮食、动物毛皮、马匹和奴隶以换取保护。后来迦太基被罗马消灭，毛里托尼亚又变成了罗马的属国。

位于摩洛哥西北部的得土安（Tétouan），它的名字，古今的人们在发音上有所不同，这个词的意思是泉眼。关于它的描述，在书籍和正式文件中共有七种不同写法，所有这七个版本完全都是纯粹的柏柏尔文（Berber languages），在阿拉伯语中没有任何意义，而在柏柏尔语里，它们的含义均为泉眼。此地的古代居民是柏柏尔人中的哈马拉部落（Ghomaras），哈马拉人将此地命名为“得土安”，是因为此地泉眼众多。

摩洛哥的沃吕比利斯（Volubilis）是一个柏柏尔和罗马城市，一般被认为是毛里托尼亚罗马柏柏尔王国的古都。该城市名称的由来不明，但可能是从柏柏尔语单词而来的拉丁语变体，意思是鸢尾花。毛里托尼亚的国王尤巴二世登基后决定要在沃吕比利斯建造王都，他在罗马受过教育，并娶了马克・安东尼（Mark Antony）与克利奥佩特拉七世（Cleopatra Ⅶ Philopator）——人们常说的埃及艳后的女儿克里奥佩特拉・塞勒涅二世（Cleopatra Selene Ⅱ）为妻，育有一子巴特雷蒙斯（Ptolemy of Mauretania）。[①] 尽管父子都是柏柏尔人，但是他们都是罗马册封的王。

埃及艳后的女儿远嫁柏柏尔，这位公主被埋葬在今天阿尔及利亚的提帕萨省（Tipaza Province）的一个叫作“赛迪・拉什德”（Sidi Rached）的地方，那里有一处古迹，名为毛里托尼亚皇家陵墓（Royal Mausoleum of Mauretania），它还有另外一个名字，提帕萨当地人称它为“罗马女人埋骨之地”。因为她的父亲是马克・安东尼，一位罗马将领，所以他的女儿自然便是“罗马女人”了。这位公主的父母双亡后，被罗马人俘虏，罗马人将她嫁到了北非。此地距阿尔及利亚六大罗马遗址之一的提帕萨罗马遗址不远，从阿尔及尔到提帕萨的高速公路上可远眺陵墓。陵墓下半部分呈圆柱体，上半部分呈圆锥体，圆柱体底部圆形周长为 185.5 米，圆形直径为

① 被称为毛里托尼亚的托勒密。

60.9米，整座建筑高32.4米，四面各有一扇巨门，每扇巨门高6.9米，巨门上刻有类似十字架的巨大图案。由此，一些研究者便认为这是基督教的建筑，但是很多考古学家认为这座建筑和基督教没有什么关系，因为在罗马帝国占领此地之前，陵墓就已经建成了。陵墓既是一处景观，又是一座建筑，这反映出这一古代建筑高超的工艺技术和卓尔不群的艺术品位。陵墓海拔261米，1865年，奉拿破仑三世（Napoleon Ⅲ）之命，法国考古学家路易斯·阿德里安·比利布鲁格尔（Louis-Adrien Berbrugger）在陵墓的东侧发现一道暗门。暗门后有一座像密道一样的廊殿，殿顶很低，人无法在其中直立行走，必须弯下身子。廊殿右边的墙上刻着公狮子和母狮子的图案，所以这座廊殿被称为“狮子厅”。穿过这座廊殿，又是一座廊殿，第二座廊殿长141米，高2.4米，呈盘旋状直接到达陵墓的中心，中心部分面积80平方米。

突尼斯的杰姆宫或杰姆竞技场（Amphitheatre of El Jem），是古罗马人在杰姆（El Jem）这座城市修建的斗兽场，世界第三大斗兽场，仅次于罗马斗兽场（Colosseum）和维罗纳竞技场（Verona Arena）。这里和柏柏尔人又有什么关系呢？杰姆竞技场又被称为女祭司竞技场，女祭司（Al-Kāhina）指的是历史上的柏柏尔女王达希娅（Dīhyā）。在阿拉伯人于8世纪初征服非洲期间，柏柏尔人的势力曾顽强抵抗阿拉伯人的征服。在第二次战役败给哈撒尼·本·努尔曼（Ḥassān ibn al-Nuʿmān）之后，达希娅曾与她的军队在这里隐匿四年之久。哈撒尼在和达希娅的第一次战役中曾被击败，被击败后他向阿卜杜勒·阿齐兹·本·马尔旺（ʿAbd al-ʿAzīz ibn Marwān）求援。因为这一典故，阿拉伯古书中将杰姆竞技场称为“女祭司竞技场”。

突尼斯的杜加（Dougga）是一座古城遗址，位于突尼斯西北部巴杰省（Béja Governorate）的泰布尔苏格（Téboursouk）。杜加这一名称来自其古老的柏柏尔语名称 Tukkhan，意思是石山。这座城市在历史上位于迦太基和柏柏尔世界的边界上。

突尼斯的苏塞（Sousse），位于突尼斯东海岸的中部。苏塞这一名称很可能起源于柏柏尔语，且北非许多地方都有相同的地名，如摩洛哥的苏塞、利比亚的苏塞。

在改宗之后，柏柏尔人在北非和西班牙也建立了大大小小的王朝和王国，其中较为著名的有穆瓦希德王朝（Almohad Caliphate），西班牙语称“阿尔摩哈德王朝”，极盛时横跨北非和西班牙南部；穆拉比特王朝（Almoravid dynasty），其建立者为优素福·本·塔什芬（Yusuf ibn Tashfin），北非柏柏尔人。

易弗里基叶地区的征服先是由欧格白·本·纳菲（ʿUqba ibn Nāfiʿ）指挥的，欧格白战死后由哈撒尼·本·努尔曼指挥。哈撒尼·本·努尔曼征服了易弗里基叶地区后，穆萨·本·努赛尔才登上历史舞台，穆萨·本·努赛尔将征服一直扩展到大西洋沿岸。然后越过直布罗陀海峡（Strait of Gibraltar）占领了西班牙。穆萨从西班牙带回了大量的战利品和战俘，献给哈里发瓦利德，瓦利德非常高兴。但是穆萨这一举动得罪了瓦利德的弟弟苏莱曼，苏莱曼是瓦利德的继任者。穆萨班师回朝的时候，瓦利德身染重病命不久矣。苏莱曼告诉穆萨，让他拖延时间，等瓦利德死了再回大马士革，让穆萨为苏莱曼的加冕典礼增光添彩，但穆萨没听苏莱曼的。后来苏莱曼继位后就剥夺了穆萨的权力，抄了穆萨的家，最后穆萨在希贾兹一个偏僻的乡村当乞丐。

凯鲁万的建立者——欧格白·本·纳菲

阿拉伯人对北非地区即易弗里基叶和马格里布地区的征服，是以凯鲁万为基地展开的。凯鲁万最初是欧格白建立的一个军事营地，后来发展为城市，现在是突尼斯的一个大城市，距离突尼斯首都突尼斯城大约160千米，曾经也是著名的艾格莱布王朝（Aghlabids）[①]的首都，是阿拉伯人在马格里布地区建立的第一个城市，在阿拉伯人的征服中起着战略性的作用。征服运动从这里向阿尔及利亚、摩洛哥、西班牙发起。此外，圣门弟子团的众多成员长眠于此。圣门弟子团指的是先知的伙伴、门人或弟子。[②]因此，教法学家称凯鲁万为第四大圣城，仅次于麦加、麦地那和耶路撒冷。在这座城市中，最重要的是由欧格白建立的凯鲁万大清真寺。

欧格白所建立的凯鲁万，其历史可追溯到伊历50年，即公元670年。建立凯鲁万的目的是让阿拉伯人定居下来，因为如果阿拉伯人从非洲返回，当地人可能会脱离而回归他们以前的崇拜。

凯鲁万是阿拉伯语中一个外来词，来自波斯语（Persian language），意指武器库或兵营、屯兵之地，或队伍歇脚处，或战时人们聚集地。凯鲁万的名称起源于波斯语Kairuwān，这个词被阿拉伯化之后变成了Gairuwān。

欧格白对城市位置的选择是经过深思熟虑的，且在战略上是成功的，因为凯鲁万距拜占庭人控制的海上有一天的路程，并且远离柏柏尔人控制的山区，当时的柏柏尔部落反对阿拉伯人的征服，凯鲁万是阿拉伯人和拜占庭对峙线中间的一把尖刀。此外，凯鲁万位

---

① 或称阿格拉布王朝。

② 任继愈主编：《宗教大词典》，上海辞书出版社1998年版，第709页。

于一个宽广的平原上，可以毫不费力地动员骑兵，马匹是阿拉伯军队最重要的一部分。欧格白选择新城市地点时考虑到它更接近于草原，可以提供牧草，并考虑到最初的目的而取名凯鲁万，意为军营、武器库。

凯鲁万是阿拉伯世界西部的第一个学术中心，然后才是安达卢斯的科尔多瓦（Córdoba），再然后才是摩洛哥的非斯（Fez）。对于凯鲁万，马格里布和周边的人们都慕名前往。欧格白清真寺又称凯鲁万大清真寺，它和凯鲁万的其他清真寺一样，都有着传授知识的作用，这里清真寺开设的学校被称为智慧之家。来自东方的学者、法学家和传教士来到这些智慧之家，他们在这里学习、研究，提高了阿拉伯语和阿拉伯文化的地位。凯鲁万在传播知识方面有着巨大作用，当初的征服者下决心建造这座城市的时候，他们就对这座城市寄予了厚望，期望这座城市吸引人们来到北非。当欧格白和他的同伴决定修建清真寺时，他们对礼拜的正向进行了很多思考，并观察了好几天日出日落。他的同伴们对他说：马格里布的人们都以这所清真寺礼拜的方向为正向，因此请你保证这座清真寺礼拜的正向毫无偏差。后来在欧麦尔二世执政时期，他派出了一个由 10 人组成的学术代表团，以凯鲁万为根据地，向北非各地居民传授知识。这个代表团中的大多数成员都死于凯鲁万。就这样，凯鲁万成为马格里布的学术中心。

凯鲁万清真寺是欧格白在建立凯鲁万时建造的，是该城历史上最重要的古迹之一。一开始这座清真寺的规模很小，建筑简单，但是只过了 20 年，哈撒尼·本·努尔曼拆除了这座清真寺，在原址上新建了一座更大的清真寺。在哈里发希沙姆·本·阿卜杜勒·马利克时代，其面积又扩大了，在其北部还增加了一个大花园，又新建了蓄水池，还造了宣礼塔。在 724 年，清真寺由叶齐德·本·哈提姆（Yazīd ibn Ḥātim al-Muhallabī）重建，之后清真寺就一直保持同样的面貌，直到 817 年及亚泽图拉·本·伊布拉欣·本·艾格莱布（Ziyādat Allah I ibn Ibrāhīm ibn al-Aghlab）建立北非酋长国，清真寺被再次扩建。在不同时期，扩建工程一直在进行，时至今日，它的面积大概 8540 平方米。凯鲁万大清真寺是马格里布最古老的清真寺之一，其装饰和建筑元素也是马格里布和安达卢斯建筑借鉴的最早来源。该清真寺也是一个宗教、科学和语言活动的场所，聚集了当时一些最伟大的学者。

直布罗陀以他的名字命名——塔里克·本·齐亚德

占领北非之后，阿拉伯人将矛头对准了与北非隔海相望的伊比利亚半岛。

在哈里发瓦利德的授意下，西线总指挥穆萨首先派出泰利夫（Tarīf ibn Mālik）带领一支 500 人左右的由柏柏尔人士兵组成的队伍前往西哥特王国（Visigothic Kingdom）统治下的伊比利亚半岛。队伍在半岛的南端登陆，他们获得了重要的情报：阿拉伯人知道了西哥特政权内部倾轧，国家政局动荡。穆萨认为这是一个千载难逢的良机，于是派出了柏柏尔人塔里克·本·齐亚德（Tāriq ibn Ziyād）带领大约 7000 人的队伍前往伊比利亚半岛。

塔里克是柏柏尔人中的自由民。他带领军队从摩洛哥越过地中海登上了西哥特王国的土地。他登陆的地方被命名为“塔里克山”，直布罗陀就是“塔里克山”这个阿拉伯语词组的音译。伍麦叶的军队战胜了西哥特人，取胜的原因是西哥特军队内讧——西哥特国王是新近篡位上台的，老国王在军队中还有很多拥趸，他们在面对伍麦叶军队的决战中抛弃了新国王。西哥特人就这样战败了，阿拉伯人和柏柏尔人的军队占领了伊比利亚半岛的大部分地区。之后，伍麦叶的军队再也没有遇到什么像样的抵抗，西哥特王国就这样灭亡了。

塔里克虽然是柏柏尔人，但他和阿拉伯人军事将领的做法如出一辙，不听长官的命令，自作主张。当塔里克占领了一部分伊比利亚半岛的时候，穆萨便决定亲自出征，分享占领伊比利亚半岛的功劳，于是他命令塔里克停止进攻，但是塔里克依然继续推进。穆萨来到伊比利亚半岛后，用鞭子和锁链教训惩罚了这位下属。

伍麦叶军队在伊比利亚半岛的征服一共用了 7 年。后来，伍麦叶军队又越过比利牛斯山，在占领了南高卢（Gaul）的几座城市后，被法兰克王国（Francia）的查理·马特（Charles Martel）在图尔战役（Battle of Tours）[①]中阻挡，没能再深入欧洲腹地。至此，阿拉伯人的第二次军事大征服进入了尾声。从那以后，阿拉伯人再也没有像这两次军事大扩张一样攻城略地了。

沙漠民族

阿拉伯人将他们所占领的伊比利亚半岛称为安达卢斯，他们统治了安达卢斯 500 年左右，最终还是被欧洲人的势力赶出了伊比利亚半岛。今天的伊比利亚半岛只有两个国家——西班牙和葡萄牙。

阿拉伯人兵败法国这仅仅是一种偶然吗？不，这或许是一种必然的结果。因为阿拉伯人是沙漠的民族，阿拉伯人创造的文明属于沙漠文明，他们来自沙漠，了解沙漠，善于运用沙漠，他们所建立

---

① 又被称为普瓦解战役、干道殉道者之战。

的城市最开始都是兵营，这些兵营中的很多都位于沙漠地区和农耕地区的交界线上。这样一来，阿拉伯人进可攻、退可守，当他们退入沙漠，敌人便无能为力了。阿拉伯人来自阿拉伯半岛的沙漠，先后征服了伊拉克的沙漠、叙利亚的沙漠、波斯的沙漠、中亚的沙漠、北非的沙漠。观察阿拉伯人所征服的地区，会发现其地貌特点是都有着大面积的沙漠戈壁，唯独伊比利亚半岛是个例外，这里只有欧洲唯一的一片沙漠——塔韦纳斯沙漠（Tabernas Desert），但是这片沙漠和北非、西亚、中亚的沙漠比起来简直不值一提。阿拉伯人在两次军事大扩张时期能够占领如此广阔的面积，其中一个重要的原因就是自然环境——阿拉伯人熟悉这种沙漠戈壁的自然环境，而且能够熟练地运用这种自然的因素，其中也包括天气，如沙尘暴。在征服叙利亚和波斯的关键战役中阿拉伯人都运用了这种自然的优势。就连西班牙这种沙漠面积极小的地区，阿拉伯人也占领了，但是再往欧洲北部，进入一个毫无沙漠的环境之后阿拉伯人便失败了，这不能不说是一种必然，因为他们再也不能倚靠沙漠了，再也没有沙漠给他们以庇护了。但阿拉伯人终究还是从西班牙退了出来，因为那里从根本上说也不是沙漠的环境，阿拉伯人只能在非沙漠的环境中暂居，而不能永居其中。今天，阿拉伯国家所在的地区有 1000 多万平方千米的面积，其中 90% 左右是沙漠，这绝不是一种偶然。沙漠就是阿拉伯人的故乡，是他们的家园，在历史上给他们以庇护和安全，今天又给他们以财富。他们的政权建立在沙漠中，他们的经济支柱来源于黄沙深处，他们军队服装的颜色是沙漠的颜色，他们的文化是沙漠环境所造就的。他们既是沙漠的孩子，也是沙漠的主人。

瓦利德之后的哈里发是苏莱曼，他也是阿卜杜勒·马利克的儿子。苏莱曼统治时期曾派遣了一支强大的远征军进攻君士坦丁堡，但没有成功，这次进攻是阿拉伯人对该城所发动的最后一次大规模袭击。这回进军的失利给伍麦叶政权带来了严重的危机。远征军的巨大军费开支所带来的沉重经济负担引起了国内人民激烈的反抗情绪。阿拉伯人的舰队和正规军把君士坦丁堡包围了整整一年，拜占庭人运用希腊火，且在寒冬、饥荒、鼠疫、风暴的帮助下，让阿拉伯人的舰队和军队在君士坦丁堡城垣下遭到覆灭，伍麦叶国家便丧失了武力的主要物质基础。强大的军事力量是伍麦叶人统治国家的基础，现在这一基础已经不复存在了，伍麦叶人政权的根基被动摇了。

在伍麦叶时期修建了或改建了很多宏大的清真寺，如大马士革的伍麦叶清真寺（Umayyad Mosque），原来是基督教圣约翰大教堂，瓦利德将其改为清真寺；阿卜杜勒·马利克在耶路撒冷修建了岩石清真寺（Dome of the Rock），因为当时希贾兹地区的麦加禁寺已经落入了阿卜杜拉·本·祖拜尔之手，阿卜杜勒·马利克想另建一座清真寺。岩石清真寺的圆屋顶上有库法体的铭文，记录这座清真寺的修建者是阿卜杜勒·马利克，但是后来阿巴斯王朝的哈里发马蒙（Al-Ma'mūn）篡改了阿卜杜勒·马利克的名字，用自己的名字替换了阿卜杜勒·马利克的名字，但是工匠的手艺太差，一看就知道是后人篡改的，因为"马蒙"的名字和其他的字体都不一样，大小也不一样。还有阿克萨清真寺（Al-Aqsa Mosque Compound），或称远寺。阿克萨清真寺指的是一个建筑群，其中包括岩石清真寺，这个建筑群是不同年代建筑的集合体，从阿卜杜勒·马利克时代到奥斯曼帝国素丹庄严的苏莱曼时代（Suleiman the Magnificent）。

欧麦尔二世

苏莱曼之后的哈里发是虔诚的欧麦尔二世（'Umar Ⅱ）。他的虔诚是举世公认的，是被阿拉伯历史学家们津津乐道的。阿拉伯的史学家们把伍麦叶王朝的哈里发称为国王，只称呼欧麦尔二世为哈里发。

在伍麦叶王朝时期兴起了两个新兴阶级。

第一个阶级是“马瓦里”。一般来说，他们不属于任何一个阿拉伯部落。“马瓦里”中有波斯人（Persians）、亚美尼亚人（Armenians）、埃及人（Egyptians）、柏柏尔人和其他改宗的非阿拉伯民族，同时也包括一些虽然说阿拉伯语、有阿拉伯人血统，但是没有资格进入阿拉伯统治阶级的人。“马瓦里”理论上和阿拉伯人处于平等地位，但是伍麦叶时期的阿拉伯贵族从未给予“马瓦里”完全平等的地位。在阿卜杜勒·马利克时代，伍麦叶政府把很多“马瓦里”逐出城市，让他们回到农村务农，以恢复国家日益减少的收入。“马瓦里”也在阿拉伯人的军队中服役，如塔里克·本·齐亚德，但一般只作为步兵而不是骑兵，他们所得到的工资和战利品也比阿拉伯人骑兵要少。如果一个阿拉伯血统的妇女嫁给了一个“马瓦里”，那么这桩婚姻被认为是有严重缺陷的。“马瓦里”有足够的理由反对伍麦叶政府，在这一点上他们和亲阿里派人是相同的，这也是很多“马瓦里”支持阿里派的原因，因为他们都反对伍麦叶政府。

在欧麦尔二世上台以前，原则上，只要改宗了，不管是不是阿拉伯人，除了缴纳济贫税之外，不用缴纳其他任何税。很多“马瓦里”利用这一税收政策，特别是伊拉克和呼罗珊的农民，离开了农村，进入城市，并要求参军。这些“马瓦里”不用交人头税；他们离开了农村，不耕地了，也不用交土地税，伍麦叶帝国国库收入大幅减少。他们又都来当兵，国家还要给他们一笔特别费用。所以说伍麦叶的国库遭受了双重打击，帝国的财政状况堪忧。为了解决这一问题，伊拉克总督哈查只把这些“马瓦里”赶回了农村，重新要求他们缴纳人头税和土地税。

欧麦尔二世上台之后改变了这一做法，他恢复了欧麦尔·本·西塔布时期的政策：凡是改宗者，不管是不是阿拉伯人，都不需要缴纳任何贡税，但是土地税该缴纳还是要缴纳的。欧麦尔二世的政策是善良的，却使得国库的税收锐减。

波斯人在“马瓦里”中有着举足轻重的地位，伍麦叶王朝的波斯人中大致分为两派：

一派是波斯贵族，他们和阿拉伯统治者合作，波斯的制度被较为完整地保存了下来，波斯贵族的社会地位和特权也被保存了下来。

而作为另一派的波斯老百姓，他们既反对阿拉伯统治者，也反对波斯贵族。

第二个阶级是“迪米人”（Dhimmī）。他们没有改宗，他们被承认，受保护，但前提是缴纳高额的赋税，并放弃自己原有的部分社会权利。

欧麦尔二世还停止了主麻日（Friday prayer）礼拜时在讲经台上诅咒阿里的做法，穆阿威叶是这一做法的始作俑者。

伍麦叶末期的哈里发们

伍麦叶王朝第九位哈里发是叶齐德二世，其身世显赫，父亲是列王之父阿卜杜勒·马利克，母亲是王朝首任哈里发穆阿威叶的孙女。他可能是列王之父四个当上哈里发的儿子里最没有成就的一个，继位时年仅 29 岁，当上哈里发后沉湎酒色，不问政事，将政务完全交由地方总督处理。此人是个情种，宠妃死后，他自己绝食数日也一同死了。

之后的哈里发是希沙姆，一般认为希沙姆是伍麦叶末期哈里发中励精图治的一位，但是王朝已病入膏肓、积重难返，仅凭一人之力难以挽救大厦将颓之势。

伍麦叶王朝的统治阶级是讲究阿拉伯人血统的，但是叶齐德三世（Yazid Ⅲ）打破了这一传统，因为他是女奴所生的第一位哈里发，而叶齐德三世的继任者伊布拉欣·本·瓦利德（Ibrāhīm ibn al-Walīd）和马尔旺二世（Marwān Ⅱ）也都是女奴的儿子。

“由于过分强调个人主义、部族精神和复仇主义，阿拉比亚生活中古老的和典型的弱点随之又重新抬头了。”[1] 早在四大哈里发之三的奥斯曼时代开始，以前受到压抑的宗族精神又开始死灰复燃了。

---

① ［美］菲利普·希提:《阿拉伯通史》，马坚译，新世界出版社 2008 年版，第 256 页。

南北阿拉伯人的矛盾

历史学家们将古代阿拉伯半岛上的阿拉伯人分为两类：北方阿拉伯人和南方阿拉伯人。北方阿拉伯人和地中海人种有亲缘关系；南方阿拉伯人则是高山型人种（亚美尼亚型人种）的亲戚。北方阿拉伯人指的是从纳季德（Najd）[①] 开始（包括纳季德人）往北的阿拉伯人，南方阿拉伯人指的则是从纳季德往南的（不包括纳季德人）阿拉伯人。

北方阿拉伯人和南方阿拉伯人素来不和。北方人有着一种根深蒂固的优越感，他们认为自己是阿拉伯人之父——伊斯梅尔的后代，看不起来自也门的南方阿拉伯人。北方人中处于领导地位的是盖斯部落，南方人中处于领导地位的则是也门人。伍麦叶第一任哈里发穆阿威叶依靠的就是祖籍也门的凯乐部部落（Banu Kalb），而盖斯部落则支持希贾兹的哈里发阿卜杜拉·本·祖拜尔。瓦利德在位时，北方人的风头正盛，哈查只·本·优素福、穆罕默德·本·卡西姆、古太白·本·穆斯林，他们都来自北方人中的盖斯部落。但是瓦利德的弟弟苏莱曼继位后却打击北方人，在东线征服中立有显赫战功的穆罕默德·本·卡西姆和古太白·本·穆斯林也未得善终。[②] 叶齐德二世上位后则扶持北方人而排斥南方人。伍麦叶的各位哈里发，要么依靠盖斯人，要么依靠也门人。伍麦叶王朝后期的哈里发，与其说是国家元首，不如说是某个派别的首脑和代理人。

---

① 中国古书称为内志。

② 杨军、高厦：《怛罗斯之战：唐与阿拉伯帝国的交锋》，商务印书馆 2016 年版，第 56 页。

南方阿拉伯人要更早地登上世界舞台，比如也门的萨巴女王和马里卜大坝的故事，而北方的阿拉伯人则要等到中世纪才正式登上国际舞台。菲利普·希提指出区分北方阿拉伯人和南方阿拉伯人是必要的，因为二者之间的分歧从未消除，虽然新的信仰将南方和北方表面上统一了起来，但是二者之间的那种区别依然是根深蒂固的，这也为后来阿拉伯帝国的分崩离析埋下了伏笔。

南北阿拉伯人的真正区别在于：[①]

（1）南部的人多定居，有较高的文化；北方人则逐水草而居，居无定所。

（2）南北居民语言悬殊。

（3）思想文化差异。

谱系学家又把现存的阿拉伯人再分为两个种族：地道的阿拉伯人和归化的阿拉伯人。在谱系学家看来，地道的阿拉伯人是指盖哈丹（Joktan）[②]的子孙也门人而言的，他们是本地的原住民；归化的阿拉伯人是指希贾兹人、纳季德人、奈伯特人、帕尔米拉人[③]而言的，他们是以实玛利[④]的后裔阿德南（'Adnān）的子孙，被称为阿德南人或尼萨尔人（Adnanites），他们是来到阿拉伯半岛的移民。[⑤]

---

① ［埃及］艾哈迈德·爱敏：《阿拉伯－伊斯兰文化史（第一册 黎明时期）》，商务印书馆 1982 年版，第 5 页。

② 即《旧约》上的约坍。

③ 即台德穆尔人。

④ 即伊斯梅尔。

⑤ ［美］菲利普·希提：《阿拉伯通史》，马坚译，新世界出版社 2008 年版，第 28 页。

导致伍麦叶王朝灭亡的原因

1. 派系斗争

伍麦叶时期的阿拉伯帝国分化为两大派系：一个派系是以盖斯人为中心的北方阿拉伯人，另一个派系是以也门人为中心的南方阿拉伯人。南、北阿拉伯人的矛盾和斗争导致伍麦叶王朝的崩溃。南、北阿拉伯人的矛盾最终爆发，演变为内战，内战的导火索据说是一个北方人从一个也门人的庄园里偷了一个西瓜。这种看似鸡毛蒜皮的小事却成为阿拉伯人很多流血冲突的导火索，这几乎成了阿拉伯人的一种传统。比如，在西班牙的穆尔西亚（Murcia），南、北阿拉伯人间也发生过流血冲突，起因是一个穆达尔人（Mudar）从一个也门人的果园里捡了一片葡萄叶。[①]再追溯到贾希利亚时代，如达西斯战争、白苏斯战争、布阿斯战争，这些冲突的模式大致都是相似的，私人的恩怨冲突演变为部族间的战争。

2. 接班人制度混乱

总的来说，伍麦叶哈里发是世袭制的，十四位哈里发中有四位是直接将王位传给儿子的，他们是穆阿威叶一世、叶齐德一世、马尔旺一世、阿卜杜勒·马利克。穆阿威叶和叶齐德都只设立一位王储即接班人，且王储顺利继承王位。但是马尔旺和阿卜杜勒·马利克在设立第一王储的基础上又增设了第二王储，第一王储继位后马上想废掉第二王储，但有人成功了，有人失败了。马尔旺选择阿卜杜勒·马利克做第一王储，又选择另一个儿子阿卜杜勒·阿齐兹

---

① ［美］菲利普·希提：《阿拉伯通史》，马坚译，新世界出版社 2008 年版，第 257 页。

做第二王储。阿卜杜勒·马利克当上哈里发后，他的弟弟阿卜杜勒·阿齐兹就变成了第一王储。阿卜杜勒·马利克想废掉他弟弟改立自己的儿子瓦利德为第一王储。阿卜杜勒·马利克成功废掉了自己的弟弟，但同时他也向自己的父亲一样，立苏莱曼为第二王储。瓦利德当上哈里发后，也想学习自己父亲的做法，废掉自己的兄弟苏莱曼的第一王储，让自己的儿子来当，但是他失败了，苏莱曼继承了王位。从以上史实可以看出，王储的数目不确定，王储的继承顺序也不确定，能否成功继承哈里发职位要靠政治斗争，斗争胜利则上位，斗争失败则下台。没有明确的接班人制度、统治阶级内部持续的政治斗争这些因素都无法保证伍麦叶政权的稳定和持续。

3. 阿里派的反对

阿里派从来没有承认过伍麦叶人的合法性，一直在进行着各种反对运动。

4. 阿巴斯家族的反对

阿巴斯家族的人也是哈希姆家族的后裔，他们也要求哈里发的位子归他们所有。因为他们是先知的近亲，比伍麦叶家族和先知的关系更近。

5. 波斯马瓦里的反对

波斯人有着更古老、更发达的文明，这一点波斯人自己是清楚的，阿拉伯人也是承认的。但伍麦叶王朝的统治阶级是一个封闭的系统，只承认阿拉伯血统，只有阿拉伯血统的人才能进入统治阶层，而身为马瓦里的波斯人是绝无可能进入这一系统的，不管你有多么高超的治世之才，且马瓦里人在社会地位上要低于阿拉伯统治者，不时地缴纳人头税和土地税，所有这些都让波斯人感到愤懑。

阿巴斯人和阿里派人敏感地觉察到了这一点，他们在波斯地区开展了长达 30 年左右的秘密宣传策反活动，他们标榜平等。阿里派人和阿巴斯人反对伍麦叶人的号召在波斯这片土地特别是呼罗珊地区得到了彻底的响应。

有的历史学家认为革命者不但包括阿拉伯人和波斯人，还有中亚人，比如粟特人（Sogdians）和布哈拉人（Bukharans）。伍麦叶时期的呼罗珊地区要比今天的大不少：今天的呼罗珊指的是伊朗的东北地区，伍麦叶时期的呼罗珊除了今伊朗的东北地区外，还包括阿富汗的部分地区和中亚的部分地区。当然，历史上波斯帝国的疆域要比今日伊朗的领土大出不少，包括今中亚的部分地区。所以伍麦叶时期的呼罗珊人不但有波斯人，还有中亚人，且反对伍麦叶王朝的革命起义是 747 年爆发在一座中亚城市——波斯帝国故都木鹿的，也就是今天土库曼斯坦的马雷。所以中亚人在革命中也是发挥了一定作用的。无独有偶，与伍麦叶王朝发生革命前后脚，唐朝发生了安史之乱，安禄山和史思明有着中亚粟特和突厥背景，安禄山利用遍布唐朝的粟特商人网络谋划叛乱。阿拉伯帝国内的中亚粟特人密谋推翻伍麦叶人，唐帝国内的中亚粟特人要推翻李氏王朝。据推测，两方面的叛军可能彼此知情。[①] 前者成功了，后者失败了。

当阿里派、呼罗珊人、阿巴斯人这三股势力拧成一股绳的时候，伍麦叶王朝的命运就岌岌可危了。在取得阿里派的领导权之后，阿巴斯人逐渐在这个联盟中占据了领导地位。领导人是艾布·阿巴斯（Abu al-'Abbās），他是阿巴斯的玄孙，阿巴斯是先知的叔父。公元 747 年 6 月 9 日，策划已久的革命爆发了，阿巴斯人

---

① ［美］白桂思：《丝绸之路上的帝国——青铜时代至今的中央欧亚史》，付马译，中信出版集团 2020 年版，第 144—147 页。

在呼罗珊的代理人是艾布·穆斯林（Abu Muslim），一个出身卑微、波斯血统、被释放的奴隶，高举黑旗。黑旗本是先知的军旗，此时作为阿巴斯人的标志，对抗伍麦叶的白旗。中国史书将伍麦叶王朝称为白衣大食，称阿巴斯王朝为黑衣大食。艾布·穆斯林率军攻入呼罗珊的省会木鹿。伍麦叶王朝呼罗珊省总督向哈里发马尔旺二世求援，但是马尔旺二世自己忙于应付沙姆地区的叛乱，没时间理会远在波斯发生的起义。

起义军先是攻克了木鹿，后又攻克了内沙布尔（Nishapur），之后又攻克了伊拉克的首府——库法。749 年 10 月 30 日，艾布·阿巴斯在库法举行公众的效忠宣誓礼，成为阿巴斯王朝的第一位哈里发。接下来，艾布·穆斯林率领呼罗珊军队长驱直入，占领了一座又一座城市。他们没有遇到什么抵抗，这些城市大多是自动开门投降的，只有大马士革是在围攻了几天之后投降的。伍麦叶王朝最后一位哈里发马尔旺二世御驾亲征，但在底格里斯河（Tigris）东岸被起义军击败，后一路向西逃到了埃及，在一座基督教堂外被杀。

伍麦叶王朝灭亡的意义在于："纯粹的阿拉伯时代已成过去，帝国第一个纯粹阿拉伯人的统治迅速地结束了。阿巴斯人把自己的政府叫作道莱。伊拉克人感觉到自己已经摆脱了叙利亚人的统治，顺民们已从奴役中解放出来，在波斯边境上的库法城已经变成新的首都，呼罗珊人已经变成了哈里发的护卫。波斯人占据了政府中最重要的职位，从哈里发帝国各民族人民中选拔出来的官员，代替了原来的阿拉比亚贵族。"①

① ［美］菲利普·希提：《阿拉伯通史》，马坚译，新世界出版社 2008 年版，第 261 页。

阿巴斯时期

伍麦叶王朝灭亡后，阿拉伯历史进入阿巴斯时期，这一阶段被阿拉伯人看作自己历史的黄金时代。在那个时代，世界上的时间是以巴格达时钟为准的，这是历史学家对这一时代的高度概括。在当时的亚洲，东方有唐帝国，西方有阿巴斯帝国。唐朝从 618 年到 907 年，国祚 289 年；阿巴斯王朝从 750 年到 1258 年，国祚 508 年。唐朝政权建立 132 年后，阿巴斯王朝建立，之后的 157 年间，双方同时并存于世。唐朝灭亡后，阿巴斯王朝又延续了 351 年。

阿巴斯王朝第一任哈里发
——艾布·阿巴斯

阿巴斯王朝从公元750年到公元1258年，超过500年的历史，阿拉伯文明开始进入黄金时期。阿巴斯王朝的第一任哈里发是艾布·阿巴斯。一般的历史学家都称呼他为“屠夫”（Al-Saffāḥ），指责他屠杀伍麦叶贵族，但也有历史学家为其正名，说“屠夫”指的并不是他，而是另有其人。艾布·阿巴斯的后代一直世袭哈里发的职位，有时候他们牢牢掌握大权，但有时候大权也会旁落。

挖坟鞭尸

伍麦叶王朝最后一位哈里发马尔旺二世死后，阿巴斯人还不肯善罢甘休，他们对伍麦叶统治贵族进行了大屠杀。屠杀是由阿卜杜拉·本·阿里（‘Abd Allah ibn ‘Alī）策划的，他为伍麦叶人精心准备了一场鸿门宴。公元750年6月25日，阿卜杜拉·本·阿里邀请伍麦叶家族中的80个人前去赴宴。宴会期间，阿卜杜拉命士兵将这80人悉数杀死，然后将皮垫子盖在死者的尸体和奄奄一息者的躯体上。阿卜杜拉和他的将官们在呻吟的伴奏下，在充满着浓烈血腥气味的宴会厅继续吃喝。没有来参加宴会而逃过一劫的伍麦叶贵族每天都过着胆战心惊的生活，因为阿巴斯人就是要将伍麦叶人斩草除根，他们在帝国内派出了很多耳目打探漏网之鱼。阿巴斯人不但要杀死每一个活着的伍麦叶贵族，已经死去的他们也不放过。在大马士革等地的伍麦叶哈里发陵墓被阿卜杜拉破坏，哈里发苏莱曼的尸体被挖掘出来，哈里发希沙姆的尸体被挖掘出来鞭尸后焚烧。阿拉伯人其葬礼皆为土葬，且仪式从简，死去的人被白布包裹。沙漠地区气候炎热，尸体停放过久会生瘟疫，故死后迅速入土为安。在阿巴斯初年这场大规模挖掘伍麦叶哈里发坟墓的行动中，欧麦尔二世的陵墓没有遭到破坏，因为在阿巴斯人看来，他是伍麦叶王朝唯一的一个配称为哈里发的元首，其他的都被当作国王看待。[①]

一个新的王朝取代了旧的王朝，新的王朝会有新的气象，新王朝的统治者非常明白旧王朝毁灭的原因和症结所在。新王朝曾经大肆宣传、攻击旧王朝的致命缺陷，他们自己当然不会犯同样的错误，他们会把自己所攻击的变成自己的优势。伍麦叶人太世俗了，他们都是国王，根本不是哈里发，这是阿巴斯人对伍麦叶人发动的宣传攻势。阿巴斯人极力标榜自己的神权性质，让民众认为这是正道的回归。阿巴斯人非常明白正道在阿拉伯帝国中对于哈里发的重要性，每当重大节日和主麻日，阿巴斯哈里发都穿上先知的斗篷。阿巴斯人聘请学者做顾问，处理大小事务都按照正道的原则来办理。阿巴斯人还善于使用宣传手段来确立自己统治地位的合法性，他们宣称政权当永远保持在阿巴斯人的手中，直到他们最后把它交给救世主为止。后来又大肆宣传这样一种理论：哈里发政权如果被破坏，世界的秩序就要紊乱。[②]通过这些做法，阿巴斯哈里发在民

---

① ［美］菲利普·希提：《阿拉伯通史》，马坚译，新世界出版社 2008 年版，第 260—261 页。

② ［美］菲利普·希提：《阿拉伯通史》，马坚译，新世界出版社 2008 年版，第 262—263 页。

众当中的威信也越来越高了。

伍麦叶王朝是纯粹阿拉伯人的王朝，因为统治阶级都是阿拉伯人，外族人很难进入。到了阿巴斯王朝，阿拉伯人和外族人的融合开始加快，统治阶级对更多的民族开放，更多的民族能够进入统治阶级，阿拉伯人和非阿拉伯人的这种民族对立的紧张感大大降低了。如果说伍麦叶王朝是一个封闭的、单一的王朝，那么阿巴斯王朝则是一个开放的、多元的、国际化的王朝。

推翻伍麦叶王朝的革命，它的性质是什么样的？不同的历史学家有不同的看法。

19 世纪的欧洲东方学者们认为：伍麦叶人同阿巴斯人之间的斗争，其本质是阿拉伯半岛的闪族人同波斯的雅利安人（Aryan）之间的种族斗争。这些学者将阿巴斯人的胜利看作波斯人对阿拉伯人的胜利，其目的在于建立一个披着波斯化新信仰外衣的新波斯帝国，以替代被推翻的阿拉伯王朝。这一观点受到了古比诺等人种族学说的影响。阿拉伯历史学家中也有人持类似观点，如 9 世纪的贾希兹（Al-Jāḥiẓ）[①]，他就说过："阿巴斯王朝是波斯人和呼罗珊人的，马尔旺家族的王朝是伍麦叶人和阿拉伯人的。"

但是伯纳德·刘易斯（Bernard Lewis）不同意这种观点，他认为："尽管种族仇恨是伍麦叶王朝被推翻的一个原因，但这并不是主要原因。尽管波斯人在推翻伍麦叶王朝的过程中出了大力气，波斯人也是胜利者阵营中的一员，但是这个胜利并没有被看作波斯人的胜利，而是仍然被看作阿拉伯人的胜利。伍麦叶人的失败也并没有被当作全体阿拉伯人的失败。革命军中有不少阿拉伯人，特别是被边

---

① 公元 775—868 年。

缘化的阿拉伯部落。马瓦里在革命过程中也发挥了重要作用，但是马瓦里并不都是波斯人，还有伊拉克人、叙利亚人、埃及人等。”

盟友？敌人？

阿巴斯王朝建立初期，全国还处在混乱的状态，很多地区不承认或是不完全承认阿巴斯哈里发的地位。例如：西班牙、北非、阿拉伯半岛东南部、信德等地都不完全承认新的哈里发。阿里派和阿巴斯人的联盟，在伍麦叶王朝灭亡后也迅速土崩瓦解，因为共同的敌人已经消失了，阿巴斯人得到了哈里发的大权，阿里派也就没有用处了。正所谓“飞鸟尽，良弓藏；狡兔死，走狗烹”。阿里派和阿巴斯人从最开始结盟对付伍麦叶人到后来的分崩离析、互相为敌，告诉了我们一个非常深刻的政治学原理：如果一个共同的敌人或目标消失了，那么结盟的两个原本道不同的集团或个人，很可能马上会变成相互敌对的势力。历史上有很多事实可以证明这一点。美国和苏联在二战时期一起和法西斯德国战斗，法西斯德国战败后，美国和苏联成了两强争霸，互相敌对，争夺世界的主导权，冷战随之而来。同样，回到最开始的主题，阿里派和阿巴斯人的政治主张也是不同的，但他们有一个共同的目标，那就是推翻伍麦叶人，于是两派结盟。人类历史上屡屡上演“没有永远的朋友，只有永远的利益”这幕大戏，志不同道不合的人是完全有可能为了一个共同的利益和目标合作结盟的，但是一旦这个共同利益消失，合作的伙伴有可能马上会变成竞争对手。

艾布·阿巴斯成为哈里发后不久就去世了，死时才三十几岁，死于天花。

阿巴斯帝国真正的奠基人——曼苏尔

艾布·阿巴斯的继任者是艾布·贾法尔，自称曼苏尔（Abu Ja'far al-Mansūr），他是阿巴斯王朝最伟大的哈里发，也是最不讲道义的哈里发。继承他的35位哈里发都是他的直系子孙。

阿巴斯王朝有几个关键的时间点，分别对应几位哈里发：王朝的奠基者是曼苏尔，王朝的中兴者是马蒙，王朝的衰落、开始走下坡路是从瓦西格（Hārūn al-Wāthiq billāh）之后开始的，王朝末代哈里发是穆斯台绥木（'Abdallāh al-Musta'ṣim billāh）。

曼苏尔虽然继承了哈里发的职位，但是威胁他宝座者还是大有人在的，一个是他的叔父阿卜杜拉，另一个是艾布·穆斯林。二人皆手握兵权，麾下拥有大军，这两个人都是曼苏尔的心腹大患。艾布·阿巴斯将哈里发的职位传给了自己的弟弟曼苏尔，阿卜杜拉对此事极为不满，因为他也想当哈里发，于是起兵与曼苏尔争夺哈里发的职位。曼苏尔这时用了一个"二虎相争"的计策。这个计策三国时期的曹操曾经用过，妄图让同为曹操心腹大患的刘备和吕布自相残杀，但这个计策失败了，刘备和吕布没打起来。曼苏尔的这个计策却成功了。曼苏尔命令艾布·穆斯林做统帅去平定阿卜杜拉的叛乱，让这两只老虎相互厮杀，哪一只死掉对于曼苏尔来说都是好事，最好是两只一起死掉，这是一笔稳赚不赔的买卖。754年，艾布·穆斯林带兵出征了，击败了阿卜杜拉，在今土耳其东南边的奈绥滨（Nusaybin）[①]活捉了阿卜杜拉。阿卜杜拉被囚禁7年，之后被送往一处崭新的住宅，但是这个房子是故意建在盐碱地上的。曼苏尔派人放水去淹新房的墙角，房屋倒塌，阿卜杜拉被压死在了里边。阿卜杜拉的威胁消失了，但实际上阿卜杜拉是死在艾布·穆斯林后边的。

艾布·穆斯林和怛罗斯之战

波斯呼罗珊人艾布·穆斯林，最初为奴隶，后来在伊拉克库法被阿巴斯家族的伊布拉欣（Ibrāhīm al-Imām）用400迪尔汉姆（Dirham）的价格买下，成为马瓦里，即释奴，在伊布拉欣手下工作。伊布拉欣是阿巴斯人的领袖，他指定了艾布·阿巴斯为自己的接班人。伊布拉欣很欣赏艾布·穆斯林的才干，派他到呼罗珊从事反对伍麦叶人的工作。艾布·穆斯林在呼罗珊的工作很成功，组织了军事力量。艾布·穆斯林是阿巴斯王朝的开国功臣，在推翻伍麦叶人的斗争中，他所率领的呼罗珊军队起了非常重要的作用。阿巴斯政权建立后，艾布·穆斯林任呼罗珊地区的总督，他以这里的军事力量为自己的坚强后盾，控制和影响着中亚的部分地区。早在伍麦叶时期，古太白就对中亚的部分地区进行了军事征服，但是军事征服并没能使阿拉伯人在当地立住脚，后来随着伍麦叶王朝内部局势动荡，阿拉伯人也无暇顾及中亚地区。阿巴斯王朝建立后，艾布·穆斯林开始以呼罗珊为根据地，向中亚地区扩展势力，但中亚地区已经有了一个强有力的存在，那就是唐朝。唐朝在很长的一段时期内在中亚都有很大的影响力，安西都护府是唐朝经略中亚的大

---

① 又称努赛宾，古称尼西比斯。

本营，中亚的诸多小国有很多依附于唐朝。当阿拉伯帝国的势力进入这片地区后，有的小国转而依附于阿拉伯帝国，有的继续依附于唐朝，向大唐朝贡，有的则周旋于两大势力之间。两大帝国都想将对方的势力赶出中亚，这就势必造成两个大国之间的冲突，而将局势推向战争的并不是两大帝国的元首，而是双方控制中亚的将领：阿巴斯王朝呼罗珊总督艾布·穆斯林和唐朝安西都护府节度使兼副大都护高仙芝。所谓将在外，君命有所不受，这句话所体现的就是在外征战的将领所拥有的自主权。不管在中国还是阿拉伯，那些戍边的军事将领、开疆拓土的战争机器，都有着不同程度的自主权。怛罗斯之战（Battle of Talas）正是这种自主权的体现。这一点又和伍麦叶时期阿拉伯人军事大扩张时候的情况类似——出征的军事将领比哈里发有着更强烈的征服新领土的愿望，将领们是军事行动的实际推动者和执行者。怛罗斯之战终于在唐帝国和阿拉伯帝国间打响了。怛罗斯位于今哈萨克斯坦（Kazakhstan）江布尔州（Jambyl Region）塔拉兹城（Taraz）附近。高仙芝率领唐军主动出击，去攻打那些不听大唐号令的中亚小国，巩固唐朝在中亚的势力。高仙芝先是和拔汗那国（Principality of Farghana）[①]一起进攻石国（Tashkent）[②]，石国投降，高仙芝做了一件事，那就是杀降。古人说“杀降不祥”，后边发生的事对于唐朝来说果然是不祥的。高仙芝的这种做法使得部分中亚国家开始亲近阿巴斯王朝。石国王子逃往康国（Kangju）[③]，并向阿巴斯王朝求援，阿巴斯王朝出兵了。

---

① 又称宁远国，即今天的费尔干纳。

② 今称塔什干。

③ 又称康居、康居国，今称撒马尔罕。

唐军大约 3 万人，是唐朝和中亚亲唐国家组成的联军；[①] 阿巴斯方面也是联军，由中亚亲阿方国家和阿巴斯组成的联军，大约 10 万人。[②] 唐军在与怛罗斯的阿拉伯守军作战时占据了优势，战斗持续了数日，唐军未能破城，这时阿拉伯援军到来，加上唐朝联军中的中亚国家葛罗禄（Karluks）部队叛变，唐军战败。高仙芝直接领导了这次远征并参加了战斗，艾布·穆斯林没有直接参加战斗，而是坐镇撒马尔罕指挥。怛罗斯城守军将领赛义德·本·侯麦德和阿拉伯援军将领齐亚德·本·萨里（Ziyād ibn Ṣāliḥ al-Ḥārithī）都是艾布·穆斯林的手下。

艾布·穆斯林是波斯血统，齐亚德是阿拉伯血统，一个波斯人领导一个阿拉伯人，这在伍麦叶时期是不可想象的事情，这也可以从一个侧面证明，伍麦叶时代挡在阿拉伯人和非阿拉伯人之前的那堵高墙坍塌了，非阿拉伯人也可以凭借自己的智慧和才能进入统治阶级。越来越多的非阿拉伯人开始为国家出力，建设国家，得益于此，阿拉伯历史的黄金时代很快便到来了。纵观阿巴斯王朝的历史，波斯人和突厥人等非阿拉伯血统的民族在这个阿拉伯王朝中所起的作用厥功至伟。再看阿巴斯文学史，你会怀疑自己看到的是一部波斯文学史，大量波斯血统的诗人、文学家活跃其中，纯粹阿拉伯血统的文学家凤毛麟角。

在怛罗斯之战中，大约有 1 万名唐军士兵被俘，这些俘虏被押送到撒马尔罕，有的被分配到阿巴斯的军队中，有的从事手工业劳

---

① 杨军、高厦:《怛罗斯之战：唐与阿拉伯帝国的交锋》，商务印书馆 2017 年版，第 126 页。

② 杨军、高厦:《怛罗斯之战：唐与阿拉伯帝国的交锋》，商务印书馆 2017 年版，第 138 页。

动，比如造纸工业。在唐军战俘中有若干懂得造纸术的工匠，中国造纸术的西传便始于这些人。先是在撒马尔罕开设造纸工厂，造纸术传入中亚；后来到了第五任哈里发哈伦·拉希德（Hārūn al-Rashīd）执政时期，在巴尔马克家族（Barmakids）的主张下，又在巴格达和大马士革分别开设了造纸厂，造纸术从中亚传入西亚；9世纪末，造纸术传入埃及，取代了莎草纸这种从古埃及法老时期就开始使用的技术；11世纪初到12世纪中叶，造纸术又传到利比亚和摩洛哥，进而传到了安达卢斯，在巴伦西亚（Valencia）开设了欧洲第一家造纸厂。后来造纸术又传到了法国，不过那是十字军从西亚带来的。①

唐军俘虏中除了有造纸工匠外，还有一人，名为杜环，他在十余年的时间里游历了中亚、西亚和北非，他将旅行途中所看到的风土人情写成了一本名为《经行记》的著作，但此书已经失传，只有书中的部分内容被记录在杜佑所编的《通典》中。杜佑是唐朝宰相，杜环是其同族侄子。

怛罗斯之战后不久，唐朝发生了安史之乱，国力由盛转衰，无力再控制和影响中亚。与此同时，随着阿巴斯王朝的强大，其在中亚的影响力越来越大。

艾布·穆斯林可以说是曼苏尔的功臣，他击败了曼苏尔的强劲对手阿卜杜拉，但是艾布·穆斯林并没有得到应有的回报。755年，在他击败阿卜杜拉返回呼罗珊省的途中，被召唤到哈里发的宫殿，在觐见哈里发的时候被杀。原因大概是他所管辖的呼罗珊省基

---

① 杨军、高厦:《怛罗斯之战：唐与阿拉伯帝国的交锋》，商务印书馆2017年版，第225—228页。

本上就是一个国中之国，自主程度太高。就这样，阿巴斯王朝开国的两大功臣阿卜杜拉和艾布·穆斯林都被除掉了，曼苏尔这下就放心了，再也没有人能威胁到他的地位了。

但是总有后来人，阿里长子哈桑的两个后人发动起义反对曼苏尔，曼苏尔也把他们给镇压了，此二人被斩首。但哈桑的另一个后人——伊德里斯（Idrīs I of Morocco）率领部分追随者经埃及逃到了摩洛哥，于788年创建了伊德里斯王朝（Idrisid dynasty）。[①]这是一个具有历史意义的事件，这个王朝延续了186年。创立者伊德里斯·本·阿卜杜拉被称为穆莱·伊德里斯，或老伊德里斯，或伊德里斯一世。“穆莱”（Moulay）是一个头衔，多用于称呼马格里布地区王朝的统治者。伊德里斯依靠北非柏柏尔人的力量建立了伊德里斯王朝。这个王朝定都于摩洛哥的非斯。而摩洛哥这片土地在很早就已经脱离了阿巴斯王朝的统治，获得了独立，之后在很长一段时期内都保持着独立的状态。摩洛哥作为一个独立国家而存在起始于伊德里斯王国。后伍麦叶王朝（Caliphate of Córdoba）最后消灭了伊德里斯王朝。

阿里派和阿巴斯人组成同盟灭亡了伍麦叶王朝，得到利益的却是阿巴斯人，哈里发的位置还是没有落到阿里后人的手中，所以阿里派也反对阿巴斯王朝的哈里发们。艾布·穆斯林死后，在呼罗珊又出现了以“为艾布·穆斯林复仇”为口号的起义，但也被镇压了。阿巴斯帝国建国初期，也是动乱不断，但都被镇压了，帝国的局势渐渐平稳了。只有两个地方还不听阿巴斯哈里发的号令：一个是北非，当时阿巴斯的势力只能到达凯鲁万；另一个是安达卢斯，

① 公元788—974年。

在阿卜杜·拉赫曼（‘Abd al-Raḥman I）的统治下，安达卢斯发展成后伍麦叶王朝。

局势稳定后，曼苏尔在巴格达（Baghdad）建了帝国的新首都。巴格达原是萨珊波斯帝国的一个小村庄，由于其地理位置便利，可作为优良的营地，又有底格里斯河，可以把帝国和遥远的中国联系起来，还可以把各种海产品和美索不达米亚、亚美尼亚及其周围的粮食运到这里。除了底格里斯河，这里还有幼发拉底河，可以把叙利亚及其四周的物产运到这里。这些地理因素是巴格达被选为新首都所在地的原因之一。还有一些原因是和预言有关的，有几位基督教僧侣对曼苏尔说，基督教古代文献上说，将会有一位伟大的国王在他们的修道院旁边建立一座新城。[①] 于是这些基督教僧侣修道院旁边的那片地方就变成了新首都巴格达的所在地。曼苏尔用了四年的时间，花费大约 488.3 万迪尔汉姆，雇用 10 万名左右的工匠来建设他的新首都。曼苏尔将新首都称为“和平城”。这个词的阿拉伯语写法有可能是不同的，在菲利普·希提的书中这个词的阿拉伯语是 Dar al-Salam，但在伯纳德·刘易斯的书中这个词的阿拉伯语被写成 Madinatu al-Salam。巴格达城是圆形的，故在有的史书中又称此城为“团城”，之所以采用这种形状，是因为：“受了哈立德·本·巴尔马克（Khālid ibn Barmak）的影响，在帕提亚（Parthian Empire）和萨珊波斯时代流行的中亚圆形皇宫—城市布局被拿来当作巴格达城的方案。巴格达城的形制主要模仿两座城市和建筑：一座是位于其东南 30 千米的萨珊波斯故都泰西封城；另

① R. Coke, *Baghdad*: *The City of Peace*, Thornton Butterworth Ltd, London, 1927, p. 32.

一座是位于中亚巴尔赫（Balkh）的佛寺纳缚僧伽蓝，这里是哈立德所出巴尔马克家族的故地，该建筑原本是一座萨珊波斯王宫。”①巴格达团城有四个大门，都是以地名命名的，位于东北的呼罗珊门，位于西北的大马士革门，位于西南的库法门，位于东南的巴士拉门。这些门的名称也清楚地说明了巴格达和这些地区的地理位置关系。团城内实际上是哈里发的皇宫，团城外是老百姓居住的地方，所以巴格达不但指团城，团城内外都叫巴格达。由于哈里发对于安全的重视，团城像一个坚固的堡垒，易守难攻。当然，哈里发也不是一直住在团城里，曼苏尔就没有一直住在这里，后来从团城搬了出去，住到了同样位于底格里斯河畔的永恒宫里。今天的团城旧址位于伊拉克首都巴格达的底格里斯河西岸。巴格达建成仅 40 年后，这座城市的人口据估计就超过了百万，有些历史学家说巴格达是世界上第一个人口超过百万的城市。当然，世界上很多国家的很多城市都在争夺这一光荣的称号。

“曼苏尔是一个又瘦又高的人，皮肤带黑色，胡须是稀疏的。他性格苛刻，态度严肃。他的政策继续成为历代继任者的指南针，正如穆阿威叶的政策，曾指导伍麦叶王朝历代的哈里发一样。”②从曼苏尔选择首都的初衷可以看出，这个帝国的统治者是重视商业的。阿拉伯帝国位于欧亚非大陆的交会之处，正可谓四通八达，这个帝国的贸易范围到达了北欧、俄罗斯、印度、中国。例如，在斯堪的纳维亚半岛（Scandinavian Peninsula），特别是瑞典

---

① ［美］白桂思：《丝绸之路上的帝国——青铜时代至今的中央欧亚史》，付马译，中信出版集团 2020 年版，第 24 页。

② ［美］菲利普 · 希提：《阿拉伯通史》，马坚译，新世界出版社 2008 年版，第 268 页。

(Sweden)，已经发现了几万枚阿拉伯的货币，这些货币的年代是公元 7 世纪末到 11 世纪初。在俄罗斯、芬兰和德国，也都发现了阿拉伯的古钱币。在瑞典，最古老的著名货币也是以第纳尔为重量单位的。在冰岛，古代文学中有许多阿拉伯语词汇。在伏尔加河流域，发现了货币残片，证实了文献中所记录的阿拉伯帝国曾经与波罗的海沿岸国家、里海地区、黑海地区、俄罗斯进行过广泛的贸易。

阿拉伯人从海路、陆路都可以到达中国，他们从中国进口香料、丝绸、丝绸制品、器皿、纸、墨、孔雀、骏马、鞍具、毛毯、肉桂、大黄。巴格达城中还有专门卖中国货的市场。巴格达的码头也停有中国来的大船。有一些阿拉伯商人从 8 世纪以来就在中国定居下来。

“新都的位置，给东方思想的传入大开方便之门，历代哈里发在这里建立了萨珊王朝式的政府。阿拉伯人受到了波斯的影响，哈里发的职位不过是伊朗专制的复活，已经与阿拉比亚的族长制大相径庭了。在那个时代，波斯头衔、波斯酒、波斯老婆、波斯情妇、波斯歌曲和波斯思想，逐渐占了上风。相传曼苏尔本人是首先采用波斯式高帽子的，他的臣民自然仿效了他。值得注意的是，波斯的影响，为一个以发展科学和学术研究为特点的新纪元铺平了道路。”①

“公元 775 年 10 月 7 日，曼苏尔在朝觐途中死于麦加附近。他已经是六十多岁的人了。在圣地附近，给他掘了一百个墓穴，但是他被秘密地葬在另外一个地方，任何敌人也不可能找到他的陵墓而

① ［美］菲利普·希提:《阿拉伯通史》，马坚译，新世界出版社 2008 年版，第 267 页。

加以发掘。”[1]曼苏尔故布疑冢，其原因也是容易理解的，因为阿巴斯贵族们挖了前朝哈里发的墓穴，还将已故哈里发的遗体拖出来凌辱，曼苏尔本人自然是害怕自己的尸身也遭受同样的对待。

巴尔马克家族和大臣职位

曼苏尔的继任者是马赫迪（Al-Mahdī），之后是马赫迪的大儿子哈迪（Al-Hādī），然后是小儿子哈伦。在曼苏尔时代，阿巴斯帝国出现了大臣（Wazīr）这一职务，从曼苏尔到哈伦时代，把持这一职位的是波斯血统的巴尔马克家族。这个家族显赫一时，从哈立德·本·巴尔马克到他的儿子叶海亚·本·哈立德（Yahyā ibn Khālid），再到他的两个孙子法德勒·本·叶海亚（Al-Fadl ibn Yahyā）和贾法尔·本·叶海亚（Ja'far ibn Yahyā），历经三代，由盛到衰。据说，哈立德最早为伍麦叶哈里发希沙姆·本·阿卜杜勒·马利克的私人奴隶卫队成员，后成为释奴，并被希沙姆委以官职。[2]这种私人奴隶卫队或称为私兵是后来马穆鲁克（Mamlūk）制度的前身。哈立德的儿子由艾布·阿巴斯的妻子哺乳；曼苏尔的女儿由哈立德的妻子哺乳。叶海亚是哈里发哈伦·拉希德的老师，贾法尔是哈里发马蒙的老师，可见哈里发家族和巴尔马克家族亲密的关系。但巴尔马克家族的衰落也是因为他们的权势过大，威胁到了哈里发。哈里发哈伦有个妹妹，哈伦特别喜欢这个妹妹，不让她嫁人，让贾法尔和她做名义上的夫妻，但后来哈伦得知贾法尔和他妹

---

① ［美］菲利普·希提：《阿拉伯通史》，马坚译，新世界出版社 2008 年版，第 268 页。

② ［美］白桂思：《丝绸之路上的帝国——青铜时代至今的中央欧亚史》，付马译，中信出版集团 2020 年版，第 148 页。

妹把孩子都生了，就杀了贾法尔，把叶海亚和法德勒关进了监狱，抄了他们的家，巴尔马克家族就衰落了。还有一种说法，那就是贾法尔被杀和哈里发职位的争夺有关。哈伦·拉希德确定要立艾敏（Al-Amīn）为哈里发后，剪除了巴尔马克家族的势力，因为贾法尔是马蒙的老师，巴尔马克家族和马蒙过从甚密，有巴尔马克家族支持的马蒙是对艾敏的一个巨大威胁，哈伦·拉希德要确定艾敏在哈里发的位子上坐得稳。失去巴尔马克家族这一臂膀的马蒙对艾敏的威胁就小得多了。

阿巴斯王朝历史上的众多事件和巴尔马克家族有关，且影响巨大，如巴格达城的圆形设计、在巴格达和大马士革开设造纸厂等。

在巴尔马克人担任大臣期间，大臣的权力极大，在哈里发同意的基础上，大臣有任命、撤换地方长官和法官的权力，大臣的职位可以世袭，大臣有权查抄地方犯罪官员的财产。后来，阿巴斯王朝专门设立了查抄局，用来抄没官员的财产。[①]

大臣是仅次于哈里发的位高权重的角色，一人之下，万人之上，这个职位实际上也是受了波斯传统的影响。在历史上，哈里发越是不理朝政，大臣的势力就越大。有些时候，大臣俨然成了哈里发的化身。

大臣的职权分为两类：一类享有无限权力，叫作“特付威德”（Al-Tafwīd），具有的权力无限大，执行哈里发的一切权力，王储的任命除外；另一种叫作“坦非兹”（Al-Tanfīdh），他们享有的权力有限，他们的义务是执行哈里发的一切命令，遵循他的各种指示。[②]

---

① ［美］菲利普·希提：《阿拉伯通史》，马坚译，新世界出版社 2008 年版，第 289 页。

② ［美］菲利普·希提：《阿拉伯通史》，马坚译，新世界出版社 2008 年版，第 290 页。

阿巴斯王朝的鼎盛时期

和阿拉伯历史上其他帝国一样，阿巴斯王朝在建国之后不久就进入了帝国的全盛时期。从第三位哈里发马赫迪到第八位哈里发穆尔台绥姆（Al-Mu'taṣim）这一时期，特别是在哈伦·拉希德和马蒙掌权的时候，阿巴斯王朝如日中天，鼎盛一时。

阿巴斯王朝的鼎盛时期大致在王朝的前 100 年里。这一阶段的哈里发们大多是赫赫有名的。

艾布·阿巴斯指定他的弟弟曼苏尔为继任者，曼苏尔指定自己的儿子马赫迪为接班人，马赫迪任命长子哈迪继位，哈迪任命弟弟哈伦·拉希德继位。哈伦·拉希德任命艾敏为第一顺位继承人，马蒙为第二顺位继承人。艾敏和马蒙为争夺哈里发的职位发生了内战，后艾敏被杀，马蒙成为哈里发。马蒙传位给自己的弟弟穆尔台绥姆，穆尔台绥姆传位给自己的儿子瓦西格。瓦西格不理朝政，被手下人架空，自此，"阿拉伯帝国作为一个政治实体已经名存实亡了"[①]。

哈里发未必是子承父业，有不少哈里发选择自己的亲属如弟弟而非儿子继任，不仅鼎盛时期是这样，之后很长一段时期也是这

① ［美］白桂思：《丝绸之路上的帝国——青铜时代至今的中央欧亚史》，付马译，中信出版集团 2020 年版，第 162 页。

样。如阿巴斯王朝前250年中的24位哈里发中，只有6人是子承父业的。鼎盛时期的哈里发们都有任命接班人的权力，但他们中的有些人也没有选择自己的儿子接班。进入衰落期后，哈里发渐渐丧失了直接任命接班人的权力，即使想任命自己的儿子做接班人也不可得，这也是子承父业较少的原因之一。

哈伦·拉希德的安排

在阿巴斯王朝时期，阿拉伯人对拜占庭帝国进行过两次远征，第一次是在马赫迪执政时期。马赫迪命哈伦和他哥哥哈迪一道攻打拜占庭帝国。拜占庭帝国女皇伊琳娜（Irene of Athens）战败后被迫求和，每年向阿巴斯帝国缴纳两次贡税。由于战功卓著，马赫迪封哈伦为第二顺位继承人，在第一顺位继承人哈迪之后。也是由于这次战争，哈伦获得了"拉希德"这一称号。"拉希德"这个阿拉伯语单词的意思是"正直的"，"哈伦·拉希德"的意思是"正直的哈伦"。哈伦这个名字也来源于一个先知，这个先知也被叫作亚伦。第二次远征发生在哈伦·拉希德执政时代，此时伊琳娜已不在位，皇帝换成了尼基弗鲁斯一世（Nikephoros Ⅰ），他打算废除在马赫迪时代签订的城下之盟，还要求阿巴斯王朝还钱，将前些年拜占庭所缴纳的贡税都退还给东罗马帝国。在这一背景下，哈伦·拉希德发动了对拜占庭的远征，远征以阿拉伯人的胜利而告终，战争双方签订和平条约，规定拜占庭除继续缴纳马赫迪时期的贡税外，拜占庭皇帝和皇室成员还需缴纳一种侮辱性的人头税。拜占庭帝国真可以说是赔了夫人又折兵。这一事件被一些历史学家看作阿巴斯王朝实力达到顶点的一个标志。

哈伦·拉希德不管在阿拉伯历史上还是在阿拉伯文学史上都

是一个知名度很高的人物，因为他还经常出现在《一千零一夜》的故事当中。在《一千零一夜》中，他的职业还是哈里发，经常微服私访、体察民情。他统治下的阿巴斯帝国和欧洲的查理曼（Charlemagne）[①]治下的法兰克王国保持着良好的外交关系，双方互通贸易，经常互派使团，两位君主还互赠礼物。这种关系也反映在艺术作品当中，比如朱利叶斯·柯克特（Julius Köckert）的油画《阿巴斯哈里发哈伦·拉希德和查理曼》（*Hārūn al-Rashīd receiving a delegation sent by Charlemagne at his court in Baghdad*）。[②]哈伦·拉希德的长子马蒙，次子艾敏，三子穆尔台绥姆，三个儿子先后当了哈里发，先是艾敏，然后是马蒙，最后是穆尔台绥姆。

马蒙是哈伦·拉希德的大儿子，马蒙的出生具有戏剧性。这和一个女人有关，她叫祖蓓妲（Zubaidah bint Ja'far），是曼苏尔的孙女，也是哈伦·拉希德的皇后，她要求哈伦·拉希德和厨房里一个最丑陋、最肮脏的女奴睡在一起，哈伦·拉希德照做了，马蒙就是这样来到人间的。马蒙的母亲是一个波斯女奴，名为马拉吉勒（Marājil），她的父亲是波斯造反势力的头领，造反失败后，她被俘为奴。马蒙出生后不久，他的母亲就去世了，他是被巴尔马克家族抚养长大的。[③]马蒙出生后的第二年，艾敏出生了，他的母亲是祖蓓妲。艾敏的血统就比马蒙高贵多了，父亲、母亲都来自阿巴斯家族，他自然成了继承哈里发职位的不二人选。马蒙为其父亲所嫌弃

---

① 也称查理大帝。

② ［英］吉姆·哈利利：《寻路者：阿拉伯科学的黄金时代》，李果译，中国画报出版社 2020 年版，第 3 页。

③ ［英］吉姆·哈利利：《寻路者：阿拉伯科学的黄金时代》，李果译，中国画报出版社 2020 年版，第 5 页。

吗？史书告诉我们不是这样的，很多史书告诉我们哈伦·拉希德喜爱马蒙而且和童年的马蒙一起玩耍，要不然马蒙也不可能成为第二顺位继承人。

一般认为马蒙比艾敏更有治国的才能，但哈伦·拉希德最后确定艾敏为哈里发的接班人，这其中祖蓓妲的意见发挥了很重要的作用。穆尔台绥姆被分封到阿巴斯帝国和拜占庭帝国的边界地区，镇守边疆；而马蒙被分封到波斯的呼罗珊地区，这一分封也是颇耐人寻味的。阿巴斯王朝的崛起在很大程度上依靠的是呼罗珊的武装力量，但成也萧何败也萧何，阿巴斯建国后的呼罗珊地区反政府活动猖獗。其实，呼罗珊地区反抗阿拉伯人政权的活动一直就很火热，伍麦叶末期呼罗珊人就反对阿拉伯人的统治，只不过这次反抗的潮流和阿巴斯人结合在了一起，为阿巴斯人所用，且帮助阿巴斯人获得了政权。阿巴斯王朝建立后，呼罗珊的反叛势力并没有消失，很快，呼罗珊人又开始反对阿巴斯的政权了，如马蒙的外祖父——乌斯塔德·西斯（Ustadh Sis），就是呼罗珊反叛势力的头领。

哈伦·拉希德执政末期，呼罗珊人不满政府的横征暴敛，又发生了叛乱，哈伦·拉希德在平叛的过程中染病身亡，去世时才四十几岁。这大概就是哈伦·拉希德将马蒙分封到呼罗珊的深意所在了。马蒙的能力很强，完全有能力驾驭呼罗珊这样一个不听话的地区，呼罗珊这个火药桶平静了，帝国的局势也就平稳了，艾敏哈里发的位子也就坐稳了。穆尔台绥姆镇守边疆，以防拜占庭这个外敌来犯；马蒙坐镇呼罗珊，镇压国内的反动势力。国内局势稳定，国外强敌不敢来犯，吾儿艾敏高枕无忧矣。不能不说哈伦·拉希德的安排真是煞费苦心，他作为一个父亲，希望自己二儿子的江山稳固，希望三个儿子精诚合作、各司其职，维护好阿巴斯人的天下。

正如当年朱元璋因宠爱朱标，爱屋及乌，立了朱标的儿子皇孙朱允炆为建文帝，将朱允炆的几个能征善战的叔叔——其中就有燕王朱棣——分封到边疆对抗蒙古人，以绝外患。在国内，朱元璋大肆屠杀擅长进攻的将领，只留下擅长防守的将领，保证没有人在国内造朱允炆的反，以绝内忧。朱元璋的安排也可谓煞费苦心，内忧外患已绝，朱允炆便可踏踏实实地当皇帝了。可事情没有按照朱元璋的安排发生，朱棣最后篡夺了天下。真乃是人算不如天算，阿拉伯的历史同样没有按照哈伦·拉希德安排的那样发生。马蒙确实有能力平定呼罗珊地区的动荡局势，他到呼罗珊后，平定叛乱，大幅削减赋税，在当地颇得人心。局势稳定后，马蒙便拥有了一个全国最能战斗的地区，他有了军事实力的潜在基础。艾敏成为哈里发，马蒙却拥有了致命的武装力量，历史又一次证明，枪杆子里出政权。历史为何惊人地相似？其实，我们看到的只是两位父亲，和这个世界上千千万万的父亲一样，他们都想给子孙铺平道路，希望子孙在自己的安排下顺风顺水，可是事物终究是不以人的意志为转移的。

艾敏和马蒙的兄弟之争

父辈们认为其安排可使继任者高枕无忧，但是继任者们可不这么认为，他们每天还是担惊受怕，想要确保自己的绝对安全。

建文帝登基后，这个皇帝做得也不安稳，整天担心他的那些皇叔，于是便有了“削藩”行动，他的那些皇叔一个接一个地相继被贬为庶人。朱棣在这个过程中看到了自己未来的下场，也在这个过程中为未来的军事行动下定了决心。

艾敏继位后从各个方面打压马蒙，或许他的头脑是很清楚的，他知道自己最大的竞争对手是谁。艾敏要求马蒙将呼罗珊的税收上缴，要掏空他的钱袋子；艾敏将一些马蒙手下的部将收归己用，挖他的人才；艾敏完全无视已故父亲的安排[①]，将自己的儿子定为接班人，实际上就是剥夺了马蒙的继承权。

艾敏和马蒙之间的矛盾终于发展到了兵戎相见的地步，哈里发继承权的变相被剥夺应该是二人刀兵相见的核心原因。

阿巴斯家族的人总是这么幸运，他们总能得到一位能征善战的波斯呼罗珊将领的协助。艾布·阿巴斯有艾布·穆斯林相助，马蒙有塔希尔·本·侯赛因（Ṭāhir ibn al-Ḥusayn）可以依靠。塔希尔率军在伊朗德黑兰附近打败艾敏军，之后马蒙军一路向西，将艾敏围困在巴格达城。艾敏和马蒙之间的战争使得巴格达城变为一片废墟。阿巴斯王朝是极其辉煌的，但是阿巴斯早期的建筑我们现在几乎看不到，频繁的战争所造成的破坏是一个重要的原因，但是那些宫殿的建筑材料也是一个极其重要的原因。比如，巴格达的宫殿基本都是用泥砖建造而成的，而非像古埃及、古罗马一样用天然的石头建造，因为巴格达没有采石场。今天我们还能看到古埃及的金字塔、卢克索神庙等古罗马遗址，因为那些都是用天然的石料建成的。事实证明，只有石头才能永恒。

马蒙占领了中亚、波斯等阿拉伯帝国的东部，但是半岛、叙利亚、埃及、北非还有大片的西部领土可以作为战略纵深和根据地来和马蒙周旋。凭借艾敏较为纯粹的阿拉伯人血统，理论上他在叙利亚、半岛也许可以获得不少响应。但是艾敏却将这一机会放弃了。最后，在臣子的劝说下，艾敏投降了，臣子之所以劝说艾敏投降多半是出于自身利益的考虑，他们觉得自己的财产比艾敏哈里发

---

① 哈伦·拉希德将马蒙定为第二顺位继承人，接艾敏的班。

的职位更重要。[1] 艾敏投降后，塔希尔将其斩首，头颅运回当时马蒙所在的呼罗珊首府——木鹿。关于艾敏的死亡，历史学界看法有争议，有的历史学家认为这是马蒙的意思，马蒙给塔希尔送去了一件领口封着的衬衣，暗示杀了艾敏。但有的史家认为这不是马蒙的意思，而是塔希尔自作主张。就像阿拉伯两次军事大扩张时期的将领所做的那样，阿巴斯王朝的艾布·穆斯林在怛罗斯战争中的表现也是自作主张的真实写照。马蒙得知艾敏被杀后痛哭流涕、悲痛不已。两种说法均有依据，都有道理。

马蒙是公认的有成就的哈里发，在马蒙统治时期，他推崇理性主义的穆尔太齐赖派（Muʿtazila）。史书记录过马蒙曾经梦见过古希腊哲人亚里士多德，在梦中亚里士多德对马蒙强调了理智和民主的重要性，这个梦是马蒙指导思想的真实写照。[2] 当时阿拉伯学界流行自由辩论的风潮，阿巴斯王朝的繁荣一直持续着，出现了“智慧宫”（Bayt al-Ḥikmah），将百年翻译运动（Graeco-Arabic translation movement）推向了高潮。这也是为阿拉伯史学家所津津乐道的，这一幕在世界文明史上也占有举足轻重的位置。

阿巴斯的哈里发们和伍麦叶哈里发们的血统是大不相同的。伍麦叶的哈里发绝大多数是纯种的阿拉伯人，只是到了后期才有了非纯粹阿拉伯血统的哈里发。但阿巴斯王朝的哈里发们绝大多数是混血儿，因为他们的母亲都是非阿拉伯人，其中有很多是女奴，这些女奴有柏柏尔人、波斯人、希腊人、阿比西尼亚人、斯拉夫人、突厥人、亚美尼亚人……只有 3 位哈里发的母亲是阿拉伯人，他们是

---

① ［英］吉姆·哈利利:《寻路者：阿拉伯科学的黄金时代》，李果译，中国画报出版社 2020 年版，第 13 页。

② Dimitri Gutas，*Greek Thught*，*Arabic Culture*，Routledge，1998，p. 98.

艾布·阿巴斯、马赫迪、艾敏。[①]

阿巴斯王朝在地理面积上并没有伍麦叶王朝大，却被称为阿拉伯历史的黄金时代，显然地理面积并不是衡量一个国家强盛与否的唯一标志。阿巴斯王朝被认为是阿拉伯历史的巅峰，其科技、文化的兴盛是一个非常重要的原因。那个时代涌现出一系列在各个领域做出了杰出贡献的学者，如法尔加尼（Al-Farghānī）[②]、法拉比（Al-Fārābī），还有安萨里（Al-Ghazālī），其重要著作有《哲学家的矛盾》(*The Incoherence of the Philosophers*）[③]。比斯塔米（Bāyazīd Bisṭāmī），历史上第一位苏菲派（Sufism）神秘主义大师，来自波斯的呼罗珊，将印度瑜伽的修行方法和学说引入苏菲派的修行中。

百年翻译运动的代表人物——侯奈因·本·伊斯哈格

哈里发马蒙于830年在巴格达建立了智慧宫，这是一个集图书馆、科研机构、翻译机构于一身的多功能职能部门，阿巴斯王朝著名的百年翻译运动就是以智慧宫为核心来进行的。这并不是“智慧宫”这个专有名词第一次出现在阿拉伯人的历史上，早在伍麦叶第一位哈里发穆阿威叶时期，穆阿威叶的图书馆就被命名为“智慧宫”。穆阿威叶的智慧宫和马蒙的智慧宫是同一个阿拉伯语单词。[④]需要指出的是，百年翻译运动在智慧宫建立以前就已经开始了，并

---

① ［美］菲利普·希提：《阿拉伯通史》，马坚译，新世界出版社2008年版，第301页。

② 也被译为法干尼、法甘哈尼。

③ 或被译为《哲学家的毁灭》《哲学家的崩溃》。

④ S. E. Al-Djazairi, *The Golden Age and Decline of Islamic Civilisation*, Bayt Al-Hikma Press, Manchester, 2006, p. 187.

非建立智慧宫后才开始的。从750年开始，阿巴斯王朝就已经有了翻译活动，之后延续了100年左右，所以被称作百年翻译运动。智慧宫建立以前，翻译运动是自发的、分散的、独立的，译者们有文化，掌握两门或更多门语言，有条件从事翻译工作。智慧宫建立以后，翻译运动是有组织的、集中的，主要在智慧宫中进行。叙利亚人在翻译运动中做出了巨大的贡献，因为当时很多精通希腊语的译者都是说古叙利亚语即阿拉马语的，所以他们先将希腊语著作译为阿拉马语，再由他人译为阿拉伯语。

百年翻译运动所涉及的学科门类众多，占星术、天文学、炼金术、化学、医学、神学、数学、几何学、哲学、文学、地理学、历史学……其中有些门类我们今天并不把它看作科学，如占星术、炼金术等，但是要知道天文学就是起源于占星术的，化学也是从炼金术里来的。天文学在其中占有极其重要的地位，古希腊人托勒密的《天文大集》(*Almagest*)被译为阿拉伯语，古印度人婆罗门笈多的《悉檀多》(*Brāhmasphuṭasiddhānta*)或称《婆罗摩历算书》，也被译为阿拉伯语，阿拉伯语名音译为《信德罕德》(*Zīj al-Sindhind*)。在马蒙时代还建造了阿拉伯世界的第一座天文台——巴格达天文台。

在阿巴斯王朝，学者们的地位是很高的。比如，学者侯奈因·本·伊斯哈格(Ḥunayn ibn Isḥāq)，此人是当时著名的翻译家，是百年翻译运动中的代表人物，阿拉伯人管他叫“翻译家的长老”。此人是景教教徒，始终没有改宗。他翻译过柏拉图和亚里士多德的作品，还翻译过盖伦的医学著作。侯奈因的职业是医生，他的医德非常高，下面的故事可以证明这一点。

侯奈因·本·伊斯哈格曾是哈里发穆台瓦基勒的御医。有一次，哈里发出重金要他配一服毒药去杀死哈里发的政敌，但是侯奈因拒绝了，于是哈里发把他关了起来，并且以死亡来威胁他。侯奈因没有害怕，他告诉哈里发，自己只会治病救人，不会用毒害人。这时哈里发给了双方一个台阶下，告诉侯奈因这只是在考验他。

侯奈因・本・伊斯哈格的儿子也是著名的翻译家，名为伊斯哈格・本・侯奈因（Isḥāq ibn Ḥunayn）。父子的名字很像，所以时常会被搞混。

史料记载侯奈因每天都到公共浴室去洗澡、吃喝、休息。要知道，他可是阿巴斯王朝的一流学者，学术成果价值很高，但若果真如史料记载那样，他每天在澡堂里度过悠闲的时光，哪有时间搞科研呢？原来，秘密在于他从事翻译工作所获得的报酬根本不是一般人能比的。他所翻译的名著，哈里发马蒙根据译稿的重量，以等量的黄金报酬给他。相比金钱，马蒙似乎更热爱学问，“马蒙常常要求战败的外族统治者用他们的藏书而非金币作为向他投降的条件”。[①] 学者侯奈因这种悠闲的生活状态在当时是不是阿巴斯学者的一种普遍状态呢？肯定不是的，他的生活状态不具备普遍性，并不是所有翻译家的译稿都可以获得等重的黄金的，侯奈因的案例是一个极少数的个例，不具有普遍性。如果你认为所有阿巴斯智慧宫的翻译家的译作都能获得等重的黄金作为报酬，那就大错特错了。侯奈因也不是一个人在战斗，他雇用了成群的学生、译者和抄写员为其工作。[②] 他丰厚的报酬足够支付这些人的酬劳，这也解释了他为什么可以每天在澡堂度过悠闲的时光。他曾经可能只是一个学

---

① ［英］吉姆・哈利利：《寻路者：阿拉伯科学的黄金时代》，李果译，中国画报出版社 2020 年版，第 82 页。

② ［英］吉姆・哈利利：《寻路者：阿拉伯科学的黄金时代》，李果译，中国画报出版社 2020 年版，第 44 页。

者，但是随着收入的增加、资本的积累、雇用人数的增加，他已经变成了一个组织者、一个要求署名的老板。

阿巴斯王朝最高统治者对翻译、学术活动的支持是百年翻译运动发展的一个重要原因。马蒙建立智慧宫，让这种翻译活动系统化、规模化，马蒙还曾派出大队人马前往君士坦丁堡向拜占庭皇帝索取希腊文献。经济是社会发展的基础，百年翻译运动同样如此，若没有哈里发、王公贵族、富商巨贾们对这一事业的慷慨解囊，翻译运动也不会进行得如此热火朝天。中国造纸术生产出来的纸张在阿拉伯世界的普及也是这个运动蓬勃发展的一大便利条件。怛罗斯一战所俘虏的中国造纸工匠把造纸术传到了阿拉伯世界，用中国技术生产出的物美价廉的纸张取代了羊皮卷、莎草纸等原有的文字载体，降低了科学文化活动的成本，用同样的钱可以生产出更多的书卷，助力了知识的推广和传播。需求也是推动百年翻译运动的核心因素之一。伍麦叶时期被翻译过来的外文文献凤毛麟角，主要是萨珊王朝关于财政和行政管理事务的文献。[①] 伍麦叶时期的阿拉伯人占据了大片领土，如何收税、如何管理是一个急需解决的问题，所以萨珊王朝在财政和管理上的经验正是阿拉伯人所需要的。阿拉伯人在和基督教徒、犹太教徒辩论神学问题的时候，缺少推理和辩论的技巧，而基督教徒、犹太教徒的这些推理和辩论技巧正是来源于古希腊亚里士多德、柏拉图等人的著作。想要在论战中占据上风，学习古希腊哲学家的著作成了一种迫切的需要，翻译他们的著作也就成了一种必需。总之，哈里发的支持，权贵阶层的鼓励与提倡、

---

① M. Sprengling：*From Persian to Arabic*，American Journal of Semitic Languages and Literatures，56/2，1939，pp. 175—224.

翻译工作的高额经济回报，以及中国纸这些新技术的刺激，政治、经济、宗教等方面的实际需要，这些因素的共同作用造就了百年翻译运动的蓬勃发展。

阿巴斯王朝之所以著名，是因为在那个时代，阿拉伯发生了重大的智力觉醒，这件事被认为是世界思想史和文化史上最有意义的事件之一。“这个觉醒，在很大程度上，是由于外来的影响。其中有印度、波斯、叙利亚的成分，但主要是希腊的影响，影响的途径是翻译，从波斯语、梵语（Sanskrit）、叙利亚语和希腊语，译成阿拉伯语……希腊人花了好几百年才发展起来的东西，阿拉伯学者在几十年内就把它完全消化了。”①

阿拉伯人在消化吸收古希腊文明的基础上蓬勃发展起来，后来，这种在阿拉伯人理解下的希腊文化重新回到了欧洲，成为欧洲文艺复兴的火种。

伊本·穆格法与《卡里莱和笛木乃》

阿巴斯王朝除了受希腊文明影响颇深外，也深受波斯文明的影响。波斯的影响主要体现在艺术和文学上，阿拉伯的诗歌、散文都深受波斯风格的影响，精彩的比喻、华丽的辞藻，这些都是波斯文学的特点，而波斯在科学和哲学方面的影响则远不及希腊。《卡里莱和笛木乃》（*Kalīla wa-Dimna*）就是从波斯传入阿拉伯的一部著名文学作品，阿拉伯语版本是从古波斯的帕莱威语翻译过来的，波斯的版本又是从古印度的梵语翻译而来的。如今，印度和波斯的版本

---

① ［美］菲利普·希提:《阿拉伯通史》，马坚译，新世界出版社 2008 年版，第 278 页。

都已经失传了，所以流传至今的阿拉伯语版本就显得弥足珍贵。除了阿拉伯语版本,《卡里莱和笛木乃》中的部分内容也被记录在《五卷书》(*Panchatantra*) 当中，且内容是经过改编的，和《卡里莱和笛木乃》中的内容不太一样。《卡里莱和笛木乃》在世界上有数十种译本，这些译本都是以阿拉伯语版为蓝本的。这本书的宗旨是通过寓言的方式将统御之术传授给统治阶级。

此书阿拉伯语版的作者为伊本·穆格法（Ibn al-Muqaffa'），此人原为拜火教徒（Majūs），后皈依，但最终还是因信仰受质疑而被处以火刑，罪名是伪信罪。被判处这一罪名的人是伪信者，阿拉伯语音译为“穆纳菲格”(Munāfiq)。除了《卡里莱和笛木乃》，伊本·穆格法还翻译了《波斯诸王的历史》(*Khwaday-Namag*)，大历史学家塔巴里就是以这本书为蓝本编纂了《帝王与先知史》(*History of the Prophets and Kings*)。伊本·穆格法还翻译了《阿依拿玛》(*Ayyn Nāmah*)，这部书记载了波斯的风俗习惯与法律。他还译过马兹达教派（Mazdakism）的宗教书籍《王冠》(*Al-Tāj*)。除此之外，伊本·穆格法还擅写散文，他写的散文开创了一个新的时代，被称为阿拉伯散文的鼻祖。

拉齐和阿巴斯王朝的医学、化学

据说，先知曾经说：学问有两类，一类是教义学，一类是医学。这就可以解释为什么阿巴斯王朝的医学比较发达了。阿拉伯地区气候炎热，眼部疾病常发，阿拉伯医生很早就对眼睛的各种疾病有所研究。比如，伊本·马塞维（Ibn Māsawaih）就写过一篇最古老的眼科论文《眼的失调》(*Kitāb 'an Daghl al-'ayn*)；还有侯奈因·本·伊斯哈格所著的《眼科十论》(*Book of the Ten Treatises of the*

Eye），被认为是眼科最古老的教科书。这些医学家同时也是名医，很多人也是哈里发的御用医生，他们从哈里发那里获得的报酬也是惊人的。

阿巴斯的医生还要经过考试，就好像今天想当医生就得去参加考试取得医师从业资格证一样，得持证上岗。阿巴斯王朝之所以这样做，是因为有一个庸医把人给治死了。所有的医生都得参加考试，证明自己不是一个庸医，如果通不过考试，就无法营业。除了医生，阿巴斯王朝的药剂师同样要参加考试，持证上岗。

巴格达医院是阿拉伯世界第一家医院，是哈里发哈伦·拉希德下令仿照波斯医院的模式建立的。

拉齐的全名为艾布·伯克尔·穆罕默德·本·叶海亚·本·齐克里耶·拉齐（Abū Bakr Muḥammad bin Yahyā bin Zakariyyā' al-Rāzī）①，西方人习惯称其为拉齐斯。他出生在今天伊朗首都德黑兰附近的赖伊。他曾师从犹太人学者阿里·本·萨尔（'Alī ibn Sahl Rabban al-Ṭabarī）。阿里是犹太人，后皈依，编写了第一部阿拉伯文的医学百科全书。阿里的父亲是信奉犹太教的犹太天文学家和医生萨尔·拉班·塔巴里（Sahl Rabban al-Ṭabarī）。②拉齐是巴格达大医院的院长，为了给医院选择一个新地址，他把几条肉分别挂在本城的各地区，看哪个地区的肉条腐烂的迹象最少就知道哪个地区的气候最适合于卫生，就选哪个地区做医院的新地址。他的著作，有130种是比较大的，有28种是比较小的；在这些著作中，有12种是关于炼金术的。中世纪的炼金术是今天化学的雏形。他的

---

① 公元865—925年。

② ［英］吉姆·哈利利:《寻路者：阿拉伯科学的黄金时代》，李果译，中国画报出版社2020年版，第53页。

许多关于炼金术的主要著作中，有一篇论文叫作《秘典》(*Secret of Secrets*)，后被译成拉丁语，成为化学知识的一个主要来源。拉齐在《秘典》中将矿物质分为 6 类——挥发类、金属类、石头类、矾类、硼烷类和盐类，这一分类法和门捷列夫的元素周期表背后的分类原则一致。[①] 拉齐写过一部医学书籍，书名叫作《曼苏尔医书》(*Kitāb al-Mansūr fī al-ibb*)，这部书共计 10 册，15 世纪 80 年代被译成拉丁语。他所著的论文《天花和麻疹》(*On Smallpox and Measles*) 是这一领域最早讨论这一问题的论文，文中有关于天花病的首次临床记录，这篇论文先后被译为拉丁语和其他欧洲语言。拉齐最重要的著作要算是《医学集成》(*Al- Ḥāwī*)，这是一部医学的百科全书，内容博大精深，这部书囊括了希腊、波斯、印度的医学遗产，比如借鉴了古希腊希波克拉底和盖伦的著作，并在这些遗产的基础上有所创新。这部书在问世之后的几百年内对西方有着很大的影响。对照组实验是当今医学界经常采用的实验研究方法，拉齐早在他那个年代就应用上了这个方法。拉齐晚年双目失明。

阿巴斯王朝的化学研究或炼金术研究已经开始摆脱古希腊所采用的哲学和形而上学的方式，而是采用现代科学经常使用的方式——实验。现代西方语言中所使用的很多化学方面的专有名词都是从阿拉伯语翻译来的，如碱、蒸馏器、酒精……肥皂是当时阿拉伯化学技术水平的一个体现，肥皂并不是阿拉伯人的发明，但是当时阿拉伯地区制造的肥皂驰名海外，出口到世界上很多地方。

---

① ［英］吉姆 · 哈利利:《寻路者：阿拉伯科学的黄金时代》，李果译，中国画报出版社 2020 年版，第 78 页。

阿拉伯科学登峰造极的象征——伊本·西那

伊本·西那（Ibn Sīna）全名为艾布·阿里·侯赛因·本·阿卜杜拉·本·哈桑·本·阿里·本·西那，人们一般称呼他为伊本·西那。伊本·西那是从阿拉伯语翻译过来的，如果从拉丁语翻译过来，那么此人名为阿维森纳（Avicenna）。阿拉伯人称他为“领导长老”（Leading Master）。伊本·西那不但是医学家，也是天文学家、哲学家、光学家……是阿拉伯科学登峰造极的象征，是阿拉伯科学的化身。[①]他生于中亚的布哈拉附近，为当时萨曼王朝的国王治疗疾病，是萨曼王朝的宫廷御医，并在萨曼王朝的宫廷图书馆中饱览群书。他的医学著作中最为重要的是《医典》（*The Canon of Medicine*），此书为医学中的集大成者，作者在此书中将印度、波斯、希腊已有的医学成果融会贯通后再加以发展。写成后很长一段时期内，该书是欧洲、亚洲很多地区的教学用书和参考书，取代了之前占据统治地位的盖伦和希波克拉底两位希腊医学家的著作。哲学方面的代表著作则是《治愈之书》（*The Book of Healing*），他在书中调和了两种哲学思想，最终形成了自己的思想流派。在光学方面，伊本·西那认为光是由粒子构成的，牛顿在自己学术生涯的晚期也认为光是有粒子性的，爱因斯坦用光电效应的研究证明了光的这种粒子特性，并因此获得了1921年的诺贝尔奖。由此可见，伊本·西那的洞见着实不凡。[②]他在天文学、占星学、化学方面亦有

---

① ［美］菲利普·希提：《阿拉伯通史》，马坚译，新世界出版社2008年版，第332页。

② H. J. J. Winter, *The Optical Researches of Ibn al-Haitham*, Centaurus, 3, 1954, p. 196.

建树。虽然他出生的地方今天不是阿拉伯地区，他本人也非阿拉伯血统，但他的著作绝大部分是用阿拉伯语写成的，少数用波斯语写就，因此将他称为阿拉伯科学的代表。伊本·西那的影响力是巨大的，今天的人们依然没有忘记他，1980年，联合国教科文组织的成员国共同纪念了伊本·西那诞辰1000周年，月球上还有一个火山口是以伊本·西那的名字命名的。

花拉子密、伊本·西那、比鲁尼，这些黄金时代的著名学者都是出生在古代的花拉子模地区，也就是今天中亚的乌兹别克斯坦。比鲁尼和伊本·西那是同时代的人，二人间还有过书信往来，讨论科学中的各种问题。他们讨论的都是什么问题呢？天体为何不落向地球或从地球旁飘过、事物是否由原子组成、光的性质、光和热量的关系、平行宇宙……[①] 这其中的很多问题直到近代才为现代科学所解释清楚。像伊本·西那这样的非阿拉伯人学者所创造的成果，到底是算作阿拉伯科学的一部分，还是非阿拉伯科学的一部分，这件事情在某些地区和国家的人看来是有争议的。尤其是伊朗和中亚地区的人们，在他们看来，阿巴斯黄金时代的学者们有很多从人种上说是波斯人和中亚人，并非阿拉伯人，所以这些学者所创造的成就自然也就是伊朗的或中亚各国各民族的。但是这些学者著书立说所使用的语言文字又都是阿拉伯语，从这个角度将他们的成就划归阿拉伯科学的范畴似乎也无可厚非。在某些民族主义者看来，这些学者成就的归属确实至关重要。

---

① H. M. Said and A. Z. Khan, *Al-Biruni: His Times, Life and Works*, Renaissance Publishing House, Delhi, 1990, p. 105.

阿拉伯世界的史家二司马

中国古代史学家里两位司马氏地位颇高，《史记》的作者司马迁，《资治通鉴》的作者司马光。如果说阿拉伯古代史学界也有二司马的话，那一定是塔巴里和马斯欧迪（Al-Mas'ūdī）。

塔巴里全名为艾布·贾法尔·穆罕默德·本·贾里里·本·叶齐德·塔巴里（Abū Ja'far Muḥammad ibn Jarīr ibn Yazīd al-Ṭabarī），中文又可译作泰伯里、塔百里、拓友黎。塔巴里生于伊朗的塔巴里斯坦，今天里海南岸地区，在巴格达去世。塔巴里这个名字就来源于他的故乡塔巴里斯坦。在阿拉伯历史中，很多人都以故乡的地名为自己命名，比如凯鲁万尼，此人故乡为凯鲁万；巴格达迪，此人故乡是巴格达……就是把普通名词——故乡的名称变成从属名词，即形容词。将故乡的地名放在名字后面这种做法有可能是因为重名的人物太多，故以地名加以区分。这种在人名中加入地名的做法和中国古代的人名命名有相似之处，如柳宗元是河东人，故也被称为柳河东。

塔巴里去过埃及、叙利亚、伊拉克和波斯，他从这些地方的学者处和图书馆收集了大量资料，后定居巴格达，完成史学巨著《历代帝王与先知史》，按照编年史的排列顺序讲述从蒙昧时代到 915 年的历史。该书的特点是史料丰富，后来的阿拉伯史学家多以此书为重要参考。但也有学者认为该书未标明史料之出处与可信程度。塔巴里除了是历史学家外，还是经注家，他写的经注对后世的影响也颇大，后来的经注都从《塔巴里经注》（*Tafsīr al-Ṭabarī*）中汲取资料。

马斯欧迪，又可译作麦斯欧迪、马苏第、麻素提，其原名为艾布·哈桑·阿里·本·侯赛因·本·阿里·马斯欧迪（Abū al-

Ḥasan ʻAlī ibn al-Ḥusayn ibn ʻAlī al-Masʻūdī），被称为阿拉伯的希罗多德。马斯欧迪生于巴格达，在埃及去世，游历过斯里兰卡、印度、波斯、叙利亚、埃及等地。此人著作颇丰，写过《过去时代的历史》（*Akhbār zmān*）等，但由于天灾人祸、战乱频仍，他流传后世的著作只有两部：一部是《提醒与监督》（*Al-Tanbīh wa Al-Ashrāf*），内容包括历史、哲学、地质学、植物学、动物学等；另一部著作是更为有名的《黄金草原和珠玑宝藏》（*Meadows of Gold and Mines of Gems*），简称《黄金草原》（*The Meadows of Gold*）。《黄金草原》是第一部以纪事本末体书写历史的阿拉伯史书，书中记录了作者游历地区的地理、历史情况。现存的《黄金草原》仅仅是一个纲要，原书的内容要多得多，现存的内容不及原书的十分之一。[①] 后来著名的历史学家伊本·赫乐敦（Ibn Khaldūn）也以这种体例撰写历史。"在这部巨著中，马斯欧迪一开头就说，现在的干旱地区是过去的海，现在的海是过去的干旱地区，这都是自然界作用的结果。"[②]可以说马斯欧迪是站在整个时间的长河中来观察历史的，正如中国古语所云"不谋万世者，不足谋一时；不谋全局者，不足谋一域"。

穆尔太齐赖学派

穆尔太齐赖学派中涌现出很多知名人物，比如贾希兹，他有黑人的血统，是研究亚里士多德的专家，著有《动物书》（*Kitāb al-Ḥayawān*）、《吝人列传》（*Kitāb al-Bukhalāʻ*）等著作。《动物书》涉及

---

① ［古阿拉伯］马苏第：《黄金草原》，耿昇译，中国藏学出版社 2013 年版，第 1 页。

② ［美］菲利普·希提：《阿拉伯通史》，马坚译，新世界出版社 2008 年版，第 354 页。

动物学、神学和民间传说，和亚里士多德在《动物志》(*History of Animals*) 中的论调相似，但是贾希兹的《动物书》在亚里士多德研究的基础上提出了一种进化论的概念，比如认为某些动物身上相似的特征证明这些动物有着一个相同的祖先。《吝人列传》中则记载了很多吝啬之人的故事。"贾希兹"是一个称号，这个称号的意思是"金鱼眼"，说明这个人的眼睛像金鱼那样突出。此人相貌丑陋，哈里发马蒙本来听说此人博学多识，本想要聘用他做王子的老师，但是见面后因其貌丑便不想聘用他了。还有一种说法是，马蒙本来已经聘用他为王子的老师，贾希兹也做了一段时间这个工作，但是王子实在是厌恶他的长相，于是马蒙解雇了他。

肯迪也是穆尔太齐赖学派的一员，他被称为"阿拉伯人中的哲学家"，因为他是纯粹的阿拉伯血统，全名为艾布·优素福·叶尔孤白·本·伊斯哈格·萨巴赫·肯迪 (Abu Yūsuf Ya'qūb ibn 'Isḥāq aṣ-Ṣabbāḥ al-Kindī)，生于库法，在巴格达去世。他的父亲伊斯哈格曾任库法总督。他的名字来源于他的部落——肯德部落，这个部落祖籍也门。他也是研究亚里士多德的专家。肯迪本人的特长是将其他翻译家翻译过来的希腊哲学著作加以研究。除了哲学家的身份外，他还是占星术家、炼金术家、密码学家、数学家、光学家、音乐理论家。他和数学家花拉子密[①]一样，是将印度数字引入阿拉伯世界的关键人物。

马蒙和之后的两位哈里发继续支持穆尔太齐赖学派，但穆台瓦基勒执政后穆尔太齐赖学派遭到了抛弃，反而成为遭受打击的异端。

---

① 花拉子密的名字来自他的故乡中亚花拉子模，数学家、天文学家、地理学家，早年为琐罗亚斯德教徒，后改宗。著有《代数学》等著作。今英语"代数学"(algebra) 即来源于阿拉伯语"代数学"(al-jebr)。

阿巴斯王朝的衰落

阿巴斯王朝在短短的百年之内就达到了繁荣的顶峰，黄金时代降临得如此神速，但是阿巴斯人也无法摆脱历史的规律——当帝国的发展到达顶点后，盛极必衰，就开始进入了衰落阶段，尽管这一阶段是如此漫长，长达400年之久。

随着阿巴斯王朝的衰落，哈里发在政治和军事上的权力越来越弱，他们手上唯一掌握的权力就只剩下宗教的权力了，于是他们就越来越重视自己的宗教地位，通过各种方式来加强自己宗教上的地位和权力。所以在后世看来，阿巴斯王朝的哈里发都有非常浓重的宗教色彩。在阿巴斯王朝初期，哈里发为了显示自己不同于伍麦叶王朝哈里发的世俗，也用宗教装饰自己；而在阿巴斯王朝后期，哈里发依然用宗教装饰自己，而且装饰得越发浓重，那则是因为在阿巴斯王朝后期，哈里发的政治、军事大权旁落，手里只有宗教的权力，必须牢牢抓紧自己手里这根救命稻草。

禁卫军统治时期（833—945年）

在这一时期，禁卫军逐渐掌握了帝国的实权，对哈里发随意废立，禁卫军大多数时候是突厥人占统治地位。关于禁卫军的血统，白桂思认为除了突厥人外，其中也有为数不少的粟特人。关于名称，白桂思称这些禁卫军为私兵或柘羯。[1]这种奴隶私兵制度又被称为古拉姆制度。这一时期又可分为两个阶段，第一阶段是萨马腊时期，第二阶段是巴格达时期。

第一阶段：萨马腊时期（836—892年）

从第八位哈里发穆尔台绥姆开始，阿巴斯王朝的哈里发渐渐丧失了军政大权，真正的权力被突厥人或波斯人掌握。

穆尔台绥姆本人有突厥血统，他的母亲是突厥人，他开始重用突厥人，他组织中亚的突厥人形成一支禁卫军，人数每年不断扩大，目的是和当时占统治地位的呼罗珊波斯人抗衡。最终，突厥人的势力压过了波斯人，但是突厥人的军队对哈里发本人和帝国也构成了威胁。突厥禁卫军驻扎在巴格达，他们经常骚扰当地百姓，百姓怨声载道。于是，哈里发将首都迁往巴格达以北大约100千米的萨马腊。“萨马腊”原本是一个亚述语的单词，阿巴斯哈里发把这个名字阿拉伯化了。“萨”是阿拉伯语动词“高兴”的音译（有可能是被动动词），“马”是阿拉伯语通用关系代词“某人”的音译，“腊”是阿拉伯语动词“看见”的音译。“萨”是动词，“马腊”连在一起是主语，阿拉伯语名字的意思是“谁看见了都高兴”。阿拉伯语的动词句就是这样，动词在前，主语在后。巴格达居民是这样理解这个名字的：他们看见突厥军队迁走了很高兴。白桂思则认为，穆尔台绥姆迁都表面看是为了避免其禁卫军与巴格达当地势力发生冲突，实际上很可能是为了让自己从当地的政治谋杀和社会动

① ［美］白桂思：《丝绸之路上的帝国——青铜时代至今的中央欧亚史》，付马译，中信出版集团2020年版，第162页。

乱中脱身。[①] 这座城市作为阿巴斯王朝的首都 56 年，有 8 位哈里发在这里执政过。他们是穆尔台绥姆、瓦西格、穆台瓦基勒、孟台绥尔、穆斯台因、穆尔台兹、穆海台迪、穆尔台米德，也就是阿巴斯哈里发中的第 8 位到第 15 位。

哈里发变成了禁卫军的囚徒，禁卫军甚至能够暗杀哈里发，比如第 10 位哈里发穆台瓦基勒就是被禁卫军暗杀的。这也是一个标志，标志着阿巴斯王朝真正的衰落开始了。穆台瓦基勒死后，这些禁卫军随意废立哈里发。有的史书将 861 年看作禁卫军时代的开端，这一说法也不无道理，因为在这一年，禁卫军暗杀了穆台瓦基勒，真正掌握了权力，开始能够随意废立哈里发。如将 833 年视为禁卫军时代的开端，是将禁卫军的发展阶段也囊括了进去。833 年穆尔台绥姆上任，他是禁卫军制度的始作俑者，从他开创禁卫军制度开始，一直到禁卫军有能力任意废立哈里发，这中间经过了 28 年。从 833 年到 861 年，这 28 年可以被看作禁卫军权力扩张的时期。所以，我们不妨将禁卫军时代再做细分：第一个阶段是禁卫军发展时期，从 833 年到 861 年，为期 28 年；第二个阶段是禁卫军霸权时期，从 861 年到 945 年，为期 84 年，称霸的标志就是可以任意废立哈里发。

在穆尔台米德时代，发生了僧祇奴起义[②]，他们是从东非被运来的黑奴，阿巴斯王朝用他们开采幼发拉底河下游的硝石矿。起义的领袖叫作阿里·本·穆罕默德（‘Alī Ibn Muḥammad），被人称为“僧祇奴的伙伴”（Ṣāḥib Al-Zanj），他自称阿里派的人。阿

① ［美］白桂思：《丝绸之路上的帝国——青铜时代至今的中央欧亚史》，付马译，中信出版集团 2020 年版，第 162 页。

② 也被译为津芝。

里自称救世主，将黑奴们的力量集合了起来。阿巴斯王朝派军队镇压起义，但是黑奴们一次又一次地击败了阿巴斯的军队。起义进行了 14 年，过程非常血腥，死了很多人，有人推测死亡人数超过 50 万。根据马斯欧迪的记载，黑奴们的首领信奉哈瓦利吉派的教义，将所有阿巴斯军队中的战俘和非战斗人员都处死了。还有史料记载，在一次战斗之后，阿巴斯军队中死者众多，而且都被砍了头，黑奴将这些头颅扔进一条运河，流到巴士拉，让死者的亲属去认领。僧祇奴起义无疑是阿巴斯帝国衰弱的又一重要推手。僧祇奴起义有 14 年之久，起义过后，阿巴斯帝国内边远地区政权独立的步伐更是一发而不可收拾，其对阿巴斯国力的削弱可见一斑。

第二阶段：巴格达时期（892—945 年）

从哈里发穆尔台米德（Al-Muʻtaḍid）开始，首都又从萨马腊迁回到巴格达，但是禁卫军掌权的情况并没有改变，哈里发的命运还是很悲惨，被废黜的、被杀害的、被处死的、被挖眼的、变成乞丐的……在这一时期，阿拉伯世界出现了三位哈里发同时存在的局面，一个是阿巴斯的哈里发，一个是西班牙后伍麦叶的哈里发，一个是埃及法蒂玛王朝的哈里发。三个哈里发相互敌对，互不承认对方。其间还出现过太监专权、太后专权的现象。

这一时期的阿巴斯哈里发有穆尔台米德、穆克台菲、穆格台迪尔、嘎希尔、拉迪、穆台基、穆斯台克菲，从第 16 位到第 22 位。

禁卫军掌权的时代一直持续到布韦希人出现为止。

布韦希人统治时期（945—1055 年）

布韦希政权的建立者是艾哈迈德·本·布韦希（Aḥmad ibn

Buwayh)，他的父亲自称萨珊波斯帝国的后裔。有历史学家认为这完全是牵强附会。他们来自里海南部的山区，曾经为萨曼王朝效力。艾哈迈德和他的兄弟们先后占领了波斯的一些地区，然后向巴格达挺进。在布韦希人向巴格达进军的路上，禁卫军势力逃跑了，布韦希人掌控了巴格达和哈里发。哈里发穆斯台克菲迎接了艾哈迈德，任命他为“艾米尔中的艾米尔”（Amīr al-Umarā'），有的史书译为“大元帅”，这就意味着艾哈迈德成为帝国实际的统治者。

大元帅这个职位早在禁卫军时期就已经确立了，当时的人们都清楚，谁当上了大元帅谁就成了实际上的最高统治者。

艾哈迈德·本·布韦希除了从哈里发那里获得了大元帅的称号外，还获得了“穆耳兹·道莱”（Mu'izz al-Dawla）的称号，可译为“国家支持者”。这也开创了布韦希王朝的一个惯例，艾哈迈德的继任者都被称为“国家某某某”。比如，耳玛德·道莱（'Imād al-Dawla），意为国家支柱；鲁克努·道莱（Rukn al-Dawla），意为国家栋梁；阿杜德·道莱（'Aḍud al-Dawla），意为国家臂膀；沙拉夫·道莱（Sharaf al-Dawla），意为国家光荣……这些“国家某某某”要求在主麻日祈祷词中将自己的名字和哈里发的名字并列，还把自己的名字铸在钱币上。

布韦希人统治时期在位的阿巴斯哈里发是从第22位到第26位的穆斯台克菲、穆帖仪、塔伊耳、嘎迪尔、嘎义木。

塞尔柱人统治时期（1055—1194年）

这个王朝也是以这群人的首领命名的，此人名叫塞尔柱（Seljuk Beg），是土库曼乌古斯人的首领。乌古斯人是突厥人的一个部落，有九个支系，故称为九姓乌古斯。塞尔柱的孙子叫突格里勒（Tughril），此人和兄弟一道，先后夺取了中亚和波斯的一系列城市，最后来到巴格达。布韦希人的首领白萨西里望风而逃，投奔埃及的法蒂玛王朝去了，布韦希人统治的时代结束了。哈里发噶义木出城迎接突格里勒，并正式封他为素丹，还任命其为摄政王。有的史书上说这是素丹这一称呼在历史上第一次被使用。这里似乎有争议。突格里勒于1055年赶走布韦希人，被哈里发授予素丹称号，但早在997年，加兹尼王朝的马哈茂德就已自称素丹。二者的区别在于：马哈茂德是自称的素丹，阿巴斯哈里发是否承认不得而知；突格里勒的素丹称号是阿巴斯哈里发所授，中央政府封的，具有政治合法性。或许这是有些史书将突格里勒视为历史上第一个素丹的原因。

突格里勒成为摄政王后，仍然到帝国的北方征战，布韦希人趁机打回巴格达，强迫阿巴斯哈里发将先知的遗物——斗篷和手杖都送到法蒂玛王朝哈里发手中，因为这些东西是哈里发职位的象征，以此来加强法蒂玛王朝哈里发的合法性，削弱阿巴斯哈里发的合法性，毕竟当时有三个哈里发，一个在巴格达，一个在埃及，一个在西班牙。突格里勒返回巴格达，击败了布韦希人，解散了布韦希人的军队，布韦希人从此退出了历史舞台。

塞尔柱人东征西讨，占领了拜占庭帝国的亚美尼亚省，为小亚细亚的突厥化打下了基础。塞尔柱王朝版图最大的时候，西起耶路撒冷，东到喀什。

在阿尔普·阿尔斯兰和他的儿子马利克沙一世统治期间，塞尔柱王朝到达顶峰。当然这一功劳也不能少了尼扎姆·穆勒克，他是当时帝国的实际管理者，他的很多政策对后世有着巨大影响。例如，他资助兴建了很多学校，这些学校都以他的名字命名为“尼扎米亚”。这种教育制度在当时的阿拉伯世界推广开来，促进了阿拉伯世界的文化繁荣。

塞尔柱人掌权的时期，正是十字军东征的时候，被十字军攻击的地区，会派遣代表团到巴格达请求哈里发和塞尔柱素丹的援助，但是哈里发和素丹通常只是做表面文章，口头表示同情、支持，但没有实质性的行动。

抗击十字军的英雄是埃及的萨拉丁，他当时在埃及取代了法蒂玛王朝。

塞尔柱人统治时期的阿巴斯哈里发有从第 26 位到第 34 位的嘎义木、穆格台迪、穆斯台兹希尔、穆斯台尔什德、赖世德、穆格台菲、穆斯覃吉德、穆斯台兑耳、纳赛尔。他们中出现了阿巴斯王朝历史上在位时间最长的一位哈里发——纳赛尔，从 1180 年到 1225 年，共 45 年。

塞尔柱人最后被花拉子模的突厥人击败，塞尔柱人统治时代结束。

和阿巴斯并立的若干政权

伍麦叶王朝是阿拉伯帝国历史上地理面积最大的时代，阿巴斯王朝虽然被称为阿拉伯人历史上的“黄金时代”，但是领土面积不如伍麦叶时期大。领土面积确实是一个国家成为大国的判断标准，历史上那些大的帝国无一不是“巨无霸”，如大英帝国、蒙古帝国……地理面积大，意味着有足够的战略纵深，很难为其他国家、民族所征服。如果地理面积过小，则没有足够的战略纵深，一旦发生战争，退无可退。当然，判断一个国家强大与否，地理面积只是一方面，科技、经济、军事、政治都是重要的衡量指标。

上文提到的伊德里斯王朝，很早就将摩洛哥等地从阿巴斯帝国中分离了出去，变成了一个独立的王国。随着时间的推移，阿巴斯王朝的领土范围越来越小，帝国内各地出现了一些半独立或独立性质的政权，有的还尊奉阿巴斯哈里发的号令，在周五的礼拜中为阿巴斯哈里发祈福，把阿巴斯哈里发的名字刻在钱币上；有的则完全不听巴格达的命令了。到王朝末期，阿巴斯哈里发能够控制的仅有巴格达及其周边地区。

下面我们就来清点一下这些和阿巴斯并立的政权。这些政权的排列顺序是先以地理位置来排列的，从阿拉伯的西部地区到阿拉伯的东部地区，从最西边的安达卢斯、摩洛哥到最东边的波斯、中亚。然后是以时间顺序，在相同地区各政权出现的时间先后来排列的。

后伍麦叶王朝（756—1031 年）

后伍麦叶王朝的建立者是阿卜杜勒·拉合曼·本·穆阿威叶，此人本是伍麦叶王朝贵族的后裔，是第 10 位哈里发希沙姆的孙子。在阿巴斯王朝建国初期，发生了针对伍麦叶王朝贵族的大屠杀，时年 20 岁的阿卜杜勒·拉合曼凭借智慧逃过了大屠杀。在他逃亡期间，有一个故事能够说明这一点。有一次，他躲在底格里斯河岸边的一个游牧人的帐篷里，阿巴斯人突然出现，阿卜杜勒·拉合曼和他 13 岁的弟弟跳到河中逃命，阿巴斯人对两兄弟喊话，说对两兄弟进行特赦。弟弟相信了，游回了岸边，结果被杀害，阿卜杜勒·拉合曼一直游到了对岸。后来他又到了巴勒斯坦、埃及、北非，在摩洛哥，他找到了他的舅舅们，得到了保护。这也说明他的逃亡并不是无目的地到处流浪，而是就要到摩洛哥来找他的娘家人寻求庇护。最后，阿卜杜勒·拉合曼越海来到安达卢斯，也就是今天的伊比利亚半岛的绝大部分，即今天的西班牙所在的位置。

当时安达卢斯的很多统治者都还是伍麦叶王朝的旧部，他们是在伍麦叶王朝时期被派来安达卢斯平定柏柏尔人叛乱的。叛乱被平定后，伍麦叶军队将士被分封土地，在安达卢斯定居下来，成了大地主。伍麦叶王朝灭亡后，他们都还是拥护伍麦叶王朝的，他们是阿卜杜勒·拉合曼成功夺取安达卢斯政权的基础。他很快成为当地总督强有力的竞争者，总督一度想拉拢他，但失败了。阿卜杜勒·拉合曼获得了很多地区的支持，他和总督最终兵戎相见，他获胜了。后伍麦叶王朝的国旗是绿色旗帜。和总督决战的时候，阿卜杜勒·拉合曼军中一位将领把绿色的头巾绑在矛头上，这就是绿旗的由来。

阿卜杜勒·拉合曼统治安达卢斯后，当地局势并不稳定，时常有暴动、叛乱发生，因为当地的矛盾错综复杂，比如北方阿拉伯人和南方阿拉伯人之间的矛盾、柏柏尔人和阿拉伯人之间的矛盾、阿巴斯王朝在背后支持的颠覆活动等。阿卜杜勒·拉合曼击败安达卢斯总督后，成为新的总督，并没有自称哈里发，而是被称为艾米尔（Amīr），但安达卢斯已经脱离了阿巴斯王朝的掌控，成为一个独立的省份。后来直到929年阿卜杜勒·拉合曼三世（'Abd al-Rahmān Ⅲ）在位期间，他才自称哈里发，他在位期间也是后伍麦叶王朝最鼎盛的时期。阿卜杜勒·拉合曼三世刚继位的时候，王国的版图已经缩小到了只有首都科尔多瓦和周边地区。阿卜杜勒·拉合曼三世经过多年的征战，又将版图重新扩大了，所以他被看作后伍麦叶王朝的中兴之主。

穆拉比特王朝（1090—1147年）

随着后伍麦叶王朝的衰落，西班牙出现了各种各样的小王国。后来，北非的柏柏尔人强大起来，占领了西班牙的南部，这些柏柏尔人被称为穆拉比特人（Al-Murābiṭūn），今天摩洛哥的马拉喀什（Marrakesh）就是他们建成的，这是有史以来柏柏尔人第一次在世界舞台上扮演主角。这个柏柏尔人的王朝被称为穆拉比特王朝。

摩洛哥的马拉喀什城，是由柏柏尔人优素福·本·塔什芬建立的，作为穆拉比特王朝的首都，他本人也是这个柏柏尔王朝的建立者。优素福属桑哈贾部落（Ṣanhājah）的莱姆图奈部族（Lamtūnah），他们是虔诚的苦行者。穆拉比特王朝，在中国古代的文献如宋朝的《岭外代答》《诸番志》和元朝的《异域志》中又被译作木兰皮国。“穆拉比特”一名来自阿拉伯语，意为武僧或是来自拉巴特（Rabāṭ）即小堡垒的人。在这个王朝的鼎盛时期，其势力范围包括现今的摩洛哥、西撒哈拉、毛里塔尼亚、直布罗陀、阿尔及利亚的特莱姆森（Tlemcen），南面囊括大部分的塞内加尔及马里，北面则包括大部分的西班牙及葡萄牙。马拉喀什这个名字来源于柏柏尔语单词 Amurakush。柏柏尔人使用单词 Tamurt 或 Amur 表示国度或土地。从马拉喀什成为穆拉比特王朝首都到近代法国成为摩洛哥保护国，摩洛哥地区都被称为马拉喀什。这种情况直到今天的一些语言中还存在着，如波斯语将摩洛哥称为 Murakush，西班牙语将摩洛哥称为 Marruecos，英语将摩洛哥称为 Morocco。

穆拉比特王朝最终被穆瓦希德王朝取代。

穆瓦希德王朝（1121—1269 年）

这个王朝是摩洛哥历史上版图最大的王朝，极盛时期的版图包括摩洛哥、阿尔及利亚沿海地区、突尼斯、利比亚沿海地区、西班牙南部。

穆瓦希德王朝起源于一个政治宗教运动，运动的领导人是穆罕默德·本·图马特（Ibn Tūmart），他本人过着一种苦行僧的生活，在摩洛哥做宣传工作。穆罕默德·本·图马特的继任者是阿卜杜勒·穆敏（‘Abd al-Mu’min ibn ‘Alī），他是这个王朝的奠基者，于 1147 年攻占马拉喀什，灭亡穆拉比特王朝。王国开始定都马拉喀什，后来迁都到西班牙的塞维利亚（Seville）。在艾布·叶尔孤白·优素福（Abū Ya‘qūb Yūsuf）和艾布·优素福·叶尔孤白·曼苏尔（Abū Yūsuf Ya‘qūb ibn Yūsuf ibn Abd al-Mu’min al-Manṣūr）执政时期，王国各个方面发展到巅峰。像伊本·图斐利（Ibn

Ṭufail)、伊本·鲁世德（Ibn Rushd，Averroes）等著名的学者都在当时的马拉喀什王宫任职。

在抗击十字军的战争中，穆瓦希德王朝也出过力，当时萨拉丁写信给穆瓦希德王朝的国王艾布·优素福·叶尔孤白·曼苏尔，请求他出兵，并送给他很多礼物。后来，艾布·优素福派出了180艘运兵船。

穆瓦希德王朝在一次决定性战役中失败，退出了西班牙，西班牙又变成了群雄割据的局面。

奈斯尔王朝（1232—1492年）

在这些割据的群雄中，最有势力的是奈斯尔人（Nasrids）。他们留下的最有名的古迹是位于格拉纳达（Granada）的红宫，或称为阿尔罕布拉宫（Alhambra）。之所以叫作红宫，是因为宫墙上涂了红色灰泥。这座宫殿的建立者是国王伊本·艾哈迈尔（Muhammad I of Granada，Ibn al-Aḥmar），意为红人之子。需要指出的是，红宫的红和红人之子的红没有关系。奈斯尔王朝（Nasrid Kingdom of Granada）是阿拉伯人在西班牙最后的辉煌。

1492年，基督教的卡斯提尔王国（Kingdom of Castile）进攻格拉纳达，末代素丹投降，奈斯尔王朝[①]灭亡，基督教重新收复了伊比利亚半岛。

---

① 又被称为格拉纳达酋长国（Emirate of Granada）。

安达卢斯阿拉伯文明的影响

在文学方面，安达卢斯的阿拉伯文学影响了欧洲的文学。比如，西班牙著名作家塞万提斯的《堂吉诃德》，书中第九章提到：作者在托莱多（Toledo）市场上买到一捆阿拉伯语的旧书，请人翻译出来，书名就是《堂吉诃德》。塞万提斯在这里想表达的是，西班牙语的《堂吉诃德》的原型就是一本阿拉伯语的《堂吉诃德》。所以我们才说塞万提斯的这本世界名著深受安达卢斯阿拉伯文学的影响。

伊本·宰敦（Ibn Zaydūn）①，某些评论家认为此人是安达卢斯最伟大的诗人。他的祖先是麦加的古莱氏贵族。他迷恋后伍麦叶哈里发穆斯台克菲（Muhammad Ⅲ of Córdoba）的女儿——韦兰妲（Wallādah bint al-Mustakfī），为韦兰妲作了很多的情诗。他在宫廷里担任国务大臣兼军队总司令，因此获得一个称号叫作文武大臣（Dhū al-wizāratayni）。

史学方面涌现出了震古烁今的学者。伊本·赫勒敦②，原名阿卜杜勒·拉合曼·本·赫勒敦，人们都称他为伊本·赫勒敦。伊本·赫勒敦出生于突尼斯，家族原是也门哈德拉毛（Hadhramaut）的肯德部落，公元8世纪，家族随着阿拉伯征服运动从也门迁移到西班牙。关于其家族血统，上述说法是主流，但也有学者质疑，如传记学家穆罕默德·伊南（Muḥammad ʻAbdullāh ʻEnān），他认为伊本·赫勒敦并非纯种阿拉伯人，而是伊比利亚、阿拉伯和柏柏尔的混血，为提高自己的社会地位而杜撰自己的纯种阿拉伯血统。13

---

① 1003—1071年。

② 1332—1406年。

世纪中叶，受安达卢斯的收复失地运动（Reconquista）的影响，伊本·赫勒敦家族整体迁居北非。他本人在北非和西班牙的多个地方生活过，比如摩洛哥的非斯、西班牙的格拉纳达、阿尔及利亚的特雷姆森、埃及的开罗、叙利亚大马士革……他最为著名的历史学著作是《阿拉伯人、波斯人、柏柏尔人历史的殷鉴和原委》（*Kitāb al-Ibar*）。这部书分为三部分：第一部分是《绪论》（*Muqaddimah of Ibn Khaldūn*），《绪论》让伊本·赫勒敦享誉世界，因为他在《绪论》里首次提出了一种历史发展的理论，书中表述了民族盛衰的规律。他被认为是社会科学的真正奠基人，因此，他被认为是世界上最伟大的历史学家之一。第二部分是正文，论述阿拉伯人及其邻居各民族的历史。第三部分是附录，记录了柏柏尔人和北非各王朝的历史梗概。作者在第一部分中充满了批判的思想，但是在正文中却找不到这种思想。但瑕不掩瑜，这部书依然是一部鸿篇巨著，在世界史学界占有重要的地位。全书分为七本出版，在第七本的结尾，有一篇自传，是研究伊本·赫勒敦生平事迹的最好资料。

伊本·白图泰（Ibn Baṭṭūṭah）[①]，被誉为中世纪阿拉伯世界最有名的旅行家，他是摩洛哥人，全名是穆罕默德·本·阿卜杜拉·本·白图泰，1304 年生于丹吉尔，1377 年在马拉喀什去世。14 世纪 30—50 年代，他曾 4 次到麦加朝觐，曾游历了整个中东，以及非洲中部、君士坦丁堡、斯里兰卡、孟加拉、马尔代夫群岛和中国。中世纪阿拉伯人的地理学说是地圆说，而非地方说，地圆说在 1410 年被翻译成拉丁语，哥伦布就是读了这本拉丁语的著作才相信地球是圆的。在阿拉伯人之前，其实古希腊人也早就知道地球

① 1304—1377 年。

是圆的。还有古埃及的象形文字，被英国的托马斯·杨（Thomas Young）和法国的商博良（Jean-François Champollion）破译，比他俩早 1000 年左右有一个名为伊本·瓦哈什叶的人在《古代字母与象形字母释义》（*Kitāb Shawq al-Mustahām fī Ma'rifat rumūz al-Aqlām*）中解读了象形符号的意义和象形文字与阿拉伯语的对应写法、读音。[①] 在哥白尼之前，巴格达的天文学家西基兹（Al-Sijzī）就已经提出了日心说，当时还是地心说占统治地位，包括比鲁尼在内的很多大学者都支持地心说。当然最早提出日心说的是古希腊的阿里斯塔克，他说恒星如太阳均保持静止，而地球则绕太阳做圆周运动。[②]

在数学方面，安达卢斯给欧洲留下的遗产也是异常丰富的。很多现在英语中的数学术语都来源于阿拉伯语，比如代数、不尽根、三角正弦函数、零……零这个符号和概念并不是阿拉伯人发明的，阿拉伯人将其和阿拉伯数字一道传入欧洲，对于欧洲数学的发展影响很大。

安达卢斯的医学和阿巴斯帝国的一样发达。当 14 世纪中叶黑死病肆虐欧洲的时候，欧洲人只能听天由命。而格拉纳达的医生则正确地意识到这种病是通过接触来传染的，病人的物品都可以传染疾病，证据就是接触的人就患病，不接触的则安然无恙。[③] 宰

① ［英］吉姆·哈利利：《寻路者：阿拉伯科学的黄金时代》，李果译，中国画报出版社 2020 年版，第 113 页。

② Rudolf von Erhardt and Erika von Erhardt-Siebold, *Archimedes'Sand Reckoner*: *Aristarchos and Copernicus*, Isis, 33/5, 1942, pp. 578—602.

③ ［美］菲利普·希提：《阿拉伯通史》，马坚译，新世界出版社 2008 年版，第 524—525 页。

赫拉维（Al-Zahrāwī）是安达卢斯的著名医学家，著有《医学方法论》（*Kitāb al-Taṣrīf*）。[①] 这是一部医学和手术的百科全书，其中记载了很多在手术中会用到的器械的使用方法，如注射器。此书写于1000年左右，其重要性可媲美拉齐的《医学集成》和伊本·西那的《医典》。

伊本·鲁世德[②]，西方人称其为阿威罗伊，是一位天文学家、医学家、亚里士多德著作的注释家。他的《医学通则》（*Colliget*）非常有名，书中阐述了天花这种病一辈子得过一次后就不会再得了。但伊本·鲁世德最出名的地方不在于医学，而在于哲学。比如,《矛盾的矛盾》（*The Incoherence of the Incoherence*）这本书是驳斥安萨里理论的。安萨里可是教义学的权威，伊本·鲁世德敢于反对他，这使得伊本·鲁世德名声大噪，也使得他受人非难。伊本·鲁世德的理性思想对欧洲有着重要影响，但在中世纪，他对阿拉伯世界的影响微乎其微，因为当时统治阿拉伯世界的是以安萨里为代表的保守主义思想。伊本·鲁世德是一个理性主义者，他的作品经改动后也成为欧洲某些大学的教科书。菲利普·希提称伊本·鲁世德是“用阿拉伯语写作的伟大的哲学家中最后的一位”。[③]

艾格莱布王朝（800—909年）

艾格莱布王朝的建立者叫作伊布拉欣·本·艾格莱布，王朝的名称是以建立者的名字命名的。伊布拉欣原是阿巴斯帝国的官员，

---

① 也被译为《医学宝鉴》，英语的书名也被写作 *The Method of Medicine*。

② 1126—1198年。

③ [美] 菲利普·希提:《阿拉伯通史》，马坚译，新世界出版社2008年版，第531页。

哈里发哈伦·拉希德任命他到易弗里基叶地区[①]当总督。他到了当地后就变成了土皇帝，虽然他的头衔还是总督[②]，但是他已经不听阿巴斯帝国的号令了，他也不把哈里发的名字铸在钱币上。这个王朝的首都是突尼斯的凯鲁万。这个王朝的海上力量特别强大，曾一度控制地中海，还曾入侵意大利、法国、科西嘉岛（Corsica）的沿海地区，曾占领过西西里岛（Sicily）、马耳他岛（Malta）、撒丁岛（Sardinia）、克里特岛（Crete），他们以这些岛屿为基地，袭击欧洲大陆的沿海地区。早在伍麦叶哈里发穆阿威叶一世时期，阿拉伯人就发起了对西西里岛的进攻。当时伍麦叶人消灭了拜占庭的海军力量，开始称霸地中海东部。对西西里岛的进攻获得了成功，阿拉伯人得到了丰厚的战利品，但当时并没有占领西西里岛。西西里岛原本属于拜占庭帝国，随着时间的推移，当地人民不满拜占庭帝国的统治，起义反抗，他们向艾格莱布王朝求援。这样，艾格莱布王朝就名正言顺地出兵西西里岛。军队到达后，鼠疫在军中蔓延，减员很严重。安达卢斯的阿拉伯军队来援助艾格莱布人，他们合兵一处，先攻克了巴勒莫（Palermo），又占领了墨西拿（Messina）、锡拉库扎（Syracuse），然后占领了埃特纳火山（Mount Etna）周边地区和陶尔米纳（Taormina）。西西里岛的最高领导是艾米尔，是艾格莱布王朝任命的，艾格莱布王朝的国王伊布拉欣二世（Ibrahim Ⅱ of Ifriqiya）还来到西西里岛并死在了这里、埋在了这里。后来此岛落入法蒂玛人之手，之后西西里岛艾米尔脱离法蒂玛哈里发独立，转而承认阿巴斯哈里发的宗主权，后法蒂玛人夺回该

---

① 柏柏尔人的东部地区，即利比亚和突尼斯。

② 艾米尔。

岛统治权。算起来，西西里岛在阿拉伯人的统治下接近 200 年。接着诺曼人（Normans）又控制了这里。占领西西里岛后，阿拉伯人以这里为根据地，向意大利本土进攻，一些沿海城市被相继攻克，如东海岸的巴里（Bari）和威尼斯（Venice），西海岸的那不勒斯（Naples），就连罗马也受到了威胁。意大利的地图像一只靴子，攻守双方争夺的焦点集中在靴子的脚尖部分，即靠近西西里岛的南部地区。在希腊的雅典还出土过有阿拉伯文的文物，证明希腊曾经有阿拉伯人的定居点。

凯鲁万清真寺（Great Mosque of Kairouan）也可算是艾格莱布王朝的遗产，因为它在艾格莱布时代被扩建，带有艾格莱布时代的烙印。这个清真寺只有一个巨大的方形宣礼塔，北非很多宏伟的清真寺也都是这种风格，如摩洛哥的哈桑二世清真寺（Hassan Ⅱ Mosque）、阿尔及利亚的阿尔及尔大清真寺（Great Mosque of Algiers）……安达卢斯的科尔多瓦大清真寺（Mosque-Cathedral of Córdoba）也是这种风格。科尔多瓦大清真寺原址上最早是一座罗马神庙，后来变成了西哥特式教堂。阿拉伯人入主西班牙后，教堂的一半变为清真寺，另一半还是教堂。784 年阿卜杜勒・拉合曼一世买下另一半教堂，改建为科尔多瓦大清真寺。其主体建筑是在 793 年安达卢斯艾米尔希沙姆一世（Hishām I of Córdoba）时期完成的。收复失地运动成功后，科尔多瓦大清真寺又被改建为天主教教堂。北非清真寺的这种建筑风格最早是从叙利亚传过来的，大马士革的伍麦叶清真寺就是这种风格的原型。只有一座巨大的方形宣礼塔是这些清真寺最显著的共同特征。

终结艾格莱布王朝的是埃及的法蒂玛人。

图伦王朝（868—905 年）

图伦王朝（Tulunids）的建立者是艾哈迈德·本·图伦（Aḥmad ibn Ṭūlūn），他是一个突厥人，得到哈里发马蒙的赏识，马蒙任命他当埃及的总督助理。不久，他就宣布埃及独立。从此，埃及就脱离了阿巴斯王朝，在中世纪一直保持着独立的地位。图伦王朝的建立让埃及进入一个强大繁荣的时期。

图伦王朝还占领了叙利亚，上次埃及统治叙利亚还要追溯到法老时代，埃及这一占领叙利亚就占了几个世纪。近代，埃及和叙利亚曾宣布合并，组成阿拉伯联合共和国（United Arab Republic）。历史告诉我们，埃及人和叙利亚人早就在一个国家共事过，而且还不止一次，时间也非常长。但是近代的这个实验很快就以失败而告终，今天的埃及和叙利亚是两个独立的国家。

艾哈迈德·本·图伦的儿子叫作胡马赖韦（Khumārawayh ibn Aḥmad ibn Ṭūlūn），他接了他父亲的班，但他是个败家子，把其父攒下的基业败得差不多了。后来又维持了 3 任统治者——查伊什·本·胡玛赖韦（Abu al-Asākir Jaysh ibn Khumārawayh）、哈伦·本·胡玛赖韦（Hārūn ibn Khumārawayh）、舍伊班·本·艾哈迈德·本·图伦（Shayban ibn Aḥmad ibn Ṭūlūn），图伦王朝便灭亡了。

图伦王朝的时间虽然短暂，但意义重大，埃及从阿巴斯帝国的一个省变为一个独立的帝国，图伦王朝是这个转变的开始。

伊赫什德王朝（935—969 年）

取代图伦王朝的是伊赫什德王朝（Ikhshidid dynasty），但是在这两个王朝交接的空当，阿巴斯的哈里发曾经短暂地重新掌握了埃及的主权，为期 30 年。

伊赫什德王朝的建立者是穆罕默德·本·突格只（Muḥammad ibn Ṭughj al-Ikhshīd），他有一个阿巴斯哈里发封的头衔，叫作“伊赫什德”（Al-Ikhshīd），这是古波斯王侯的称号。伊赫什德王朝半独立于哈里发存在着，它占领了叙利亚和巴勒斯坦，还有麦加和麦地那所在的希贾兹地区。

伊赫什德死后，他的两个儿子先后继位，他二人执政时期发生了我们所熟悉的场面。那场面在明朝是经常上演的，国家实际的权力掌握在一个太监手中，这个太监是一个来自阿比西尼亚的黑人，名为艾布勒·米斯克·卡夫尔（Abū al-Misk Kāfūr）。这个太监并不是祸国殃民的那种，而是匡扶国家社稷的那种，因为在他的领导下，伊赫什德王朝成功抵挡了哈木丹尼王朝（Hamdanid dynasty），保卫了埃及和叙利亚。大诗人穆泰纳比的诗中也写过这个人物。这是太监第一次在阿拉伯人的历史上掌握国家大权，以后这种情况还会有。当时埃及经常发生地震，有地震局的官员就拍这个太监的马屁，说埃及之所以地震是因为埃及这块土地快活得手舞足蹈，快活的原因是有您这么一位英明的统治者。太监很受用，就赏了那人一千个第纳尔。

伊赫什德王朝最后亡于法蒂玛王朝之手。

法蒂玛王朝（909—1171 年）

法蒂玛王朝于 909 年在突尼斯建立，王朝的建立者是赛义德·本·侯赛因。有的历史学家认为他是先知女儿法蒂玛的后代，有的历史学家否认他有先知家族的血统，否认的历史学家把这个王朝称为欧柏德王朝。欧柏德在阿拉伯语中意为小仆人，因为赛义德又被称为伊玛目欧柏德拉·马赫迪（'Ubayd Allāh al-Mahdī）。1011年以前，赛义德的血统问题没有人质疑，那一年，阿巴斯哈里发嘎迪尔发表了一个宣言，宣称法蒂玛哈里发的血统有问题，由此争论才开始。阿巴斯哈里发所说的也许有真凭实据，但目的肯定在于破坏法蒂玛哈里发的合法性。

法蒂玛王朝不断扩大自己的领土范围，从阿尔及利亚到利比亚，再到埃及。他们占领埃及后，于969年在福斯塔特旁边建立了一个新首都，即现在的开罗。开罗的阿拉伯语是"嘎希尔"，意思是征服者，这个词源于火星这个词汇。火星在阿拉伯语里被称为天上的征服者，后来威尼斯人把这个词误译成了Cairo。开罗城建成后规模迅速扩大，重要性迅速上升，很快就成了可以和巴格达相媲美的文化、学术中心。巴格达有马蒙建立的智慧宫（Bayt al-Ḥikmah），开罗有哈基姆建立的智慧殿堂（Dār al- Ḥikmah）。Bayt一词在阿拉伯语中意为房子，Dār一词在阿拉伯语中意为富丽堂皇的房子，从命名就可以看出法蒂玛人想要超越阿巴斯人的意图。后来巴格达随着阿巴斯王朝逐渐衰落下去，阿拉伯的文化中心转移到开罗、撒马尔罕、布哈拉、科尔多瓦等地。随着蒙古人的西征，布哈拉、撒马尔罕等阿拉伯东部世界的文化学术中心也衰落了下去；随着基督教势力在伊比利亚半岛的反扑，科尔多瓦的明灯也逐渐熄灭了，但是开罗这个灯塔在阿尤布人（Ayyubids）和马穆鲁克人的守护下一直闪耀着，没有受到十字军和蒙古人的干扰。法蒂玛人在开罗修建了爱资哈尔清真寺（Al-Azhar Mosque），先知的女儿法蒂玛的称号是阿尔扎哈拉（Al-Zahrā'），所以这座清真寺被命名为爱资哈尔，因为"扎哈拉"和"爱资哈尔"在阿拉伯语中是两个基本字母相同的派生词。今天开罗的爱资哈尔大学是历史最悠久的大学之一，其历史可以追溯到法蒂玛时期。清真寺本身既是一个宗教场所也是一个教育、学术机构，大的清真寺里都会有学校传授知识，也会有图书馆等学术配套设施。

法蒂玛王朝的鼎盛时期出现在第 5 位哈里发艾布·曼苏尔·尼萨尔·阿齐兹·比拉（Abū Mansūr Nizār al-'Azīz bi-llāh）执政的时代。尼萨尔是他的真名；艾布·曼苏尔，即曼苏尔之父，这是阿拉伯人的习惯用法，用大儿子的名字称呼父亲，他的大儿子叫曼苏尔；阿齐兹·比拉是他宗教上的一种称号。艾布·曼苏尔、尼萨尔、阿齐兹·比拉，这三个称呼都是指的一个人。法蒂玛哈里发都是这样，都有这 3 个称呼。这种对于哈里发的称呼和中国古代帝王的叫法有相似之处。比如清朝的乾隆，真名是爱新觉罗·弘历，乾隆是年号，庙号高宗。乾隆皇帝、弘历、清高宗，这三个称呼指的也都是一个人。艾布·曼苏尔执政时期，帝国的版图西起大西洋沿岸，东到伊拉克摩苏尔（Mosul），在也门、麦加、大马士革，每周五集体礼拜的时候都要念诵法蒂玛哈里发的名字。艾布·曼苏尔成了阿巴斯王朝哈里发强有力的竞争对手，阿巴斯哈里发在他的面前黯然失色。艾布·曼苏尔也有意愿消灭阿巴斯和西班牙的哈里发，但是这个愿望最终没有实现。

艾布·曼苏尔的继任者是他的儿子艾布·阿里·曼苏尔·哈基姆·比安穆尔拉，他下令拆除耶路撒冷的圣墓教堂（Church of the Holy Sepulchre），这也是十字军东征的原因之一。

从艾布·曼苏尔之后，法蒂玛王朝就开始走下坡路，原因是他们效仿了阿巴斯哈里发的做法，大量引进奴隶组成禁卫军，最后这些奴隶禁卫军掌握了国家实权，并建立了独立的王朝。

法蒂玛王朝的一位哈里发——艾布·塔米姆·穆伊德·穆斯坦绥尔·比拉（Abū Tamīm Maʿad al-Mustanṣir bi-llāh），做了60年的哈里发，是阿拉伯世界各王朝中时间最长的。

灭亡法蒂玛王朝的是萨拉丁，他所建立的是阿尤布王朝（Ayyubid dynasty）。

法蒂玛王朝和之前的伊赫什德王朝、图伦王朝时代被看作埃及阿拉伯－波斯化的时代，之后的阿尤布王朝、马穆鲁克王朝（Mamluk Sultanate）则被看作埃及波斯－突厥化的时期。

阿尤布王朝（1171—1341年）

阿尤布王朝的名称来源于阿尤布家族，这是一个库尔德人（Kurds）的家族。王朝鼎盛时期的领土包括突尼斯和利比亚的沿海地带、埃及、沙姆、美索不达米亚北部、阿拉伯半岛西部。王朝的建立者是萨拉丁，他1169年成为埃及总督。1171年法蒂玛王朝末代哈里发死后，萨拉丁终结了法蒂玛王朝，建立了阿尤布王朝。萨拉丁也是该王朝最为著名素丹，他之所以有名是因为他是抵抗十字军的英雄。

萨拉丁和十字军东征

在历史学家们看来，十字军东征有以下原因：（1）条顿人的迁徙和战争改变了欧洲大陆的版图；（2）法蒂玛王朝的哈里发哈基姆·比安穆尔拉下令拆毁耶路撒冷的圣墓教堂；（3）基督教朝圣者经过小亚细亚（Asia Minor）[①]时，总是遭受百般刁难；（4）拜占庭

① 也被称为安纳托利亚（Anatolia）。

帝国皇帝向基督教皇呼吁发动战争，因为塞尔柱人威胁着拜占庭帝国；（5）教皇想利用拜占庭皇帝呼吁的机会将希腊教会和罗马教会联合起来。

十字军东征的开端是在 1095 年 11 月 26 日，教皇乌尔班二世（Pope Urban Ⅱ）在法国发表演说，鼓励基督教徒们“走上通往圣墓的道路，从邪恶种族的手中将圣墓夺回来”。这个演讲的号召力非常大，1097 年春天，有 15 万人响应这个号召，在君士坦丁堡集合。这些人大半是法兰克人（Franks）和诺曼人，他们胸前都佩戴一个十字徽章，所以叫十字军。就这样，十字军的第一次东征开始了。

史学界将十字军东征分为几次，一说 7 次，一说 8 次，一说 9 次。也有学者认为无法将十字军东征分为确切的几次，而是应该分为 3 个阶段，这 3 个阶段是：“第一是征服时期，延长到 1114 年，这年摩苏尔的艾塔伯克·赞吉（‘Imād al-Dīn Zankī）收复了鲁哈（Edessa）；第二是反攻时期，从赞吉开始，到萨拉丁的辉煌胜利而达到最高峰；第三是零星的内战时期，在这个时期，叙利亚–埃及的阿尤布人和埃及的马穆鲁克人大显身手，从这个时期到 1291 年结束，当年十字军丧失了他们在叙利亚大陆上最后的据点。”①

十字军主要进攻和占领的地区位于沙姆，他们在沙姆先后建立了 4 个国家：安条克公国（Principality of Antioch）、的黎波里公国（County of Tripoli）、鲁哈国（County of Edessa）和耶路撒冷王国

① ［美］菲利普·希提：《阿拉伯通史》，马坚译，新世界出版社 2008 年版，第 581 页。

（Kingdom of Jerusalem）。鲁哈国位于叙利亚和伊拉克中间。其他的三个都位于地中海的东岸，被夹在西边的地中海和东边广袤的阿拉伯地区之间，战略纵深极其有限，寿命也都不长。整个鲁哈国，以及安条克公国的一部分先后被攻克，这些国家的元首都被俘虏，缴纳赎金之后被释放。耶路撒冷王国最难攻克，维持时间较长。

早在阿尤布王朝建立前，位于叙利亚和伊拉克北部的赞吉王朝（Zengid dynasty）就是抵抗十字军东征的主力，其国王努尔丁·赞吉（Nūr al-Dīn Zankī）便是收复失地的功臣之一。他有一位副手叫作谢尔库赫（Asad al-Dīn Shīrkūh），是萨拉丁的叔父，当时出兵埃及攻击法蒂玛王朝成功，成为埃及总督，但两个月后便过世。萨拉丁继承了谢尔库赫的职位，从此走上历史舞台。

萨拉丁是一个称号，他的本名为优素福，但我们现在都称他为萨拉丁，他 1138 年出生于伊拉克的提克里特（Tikrit），父母都是库尔德人，早年在大马士革求学。萨拉丁的敌人不但是十字军，还有阿萨辛人（Assassins）。萨拉丁在位期间曾遭到阿萨辛人的两次暗杀，但阿萨辛人都失败了。萨拉丁决心消灭这个组织，曾经包围了山老（Shaykh al-Jabal）的大本营。山老向萨拉丁保证不再进行暗杀他的活动后，萨拉丁解除了包围。这一方面体现了萨拉丁的宽容，另一方面体现出萨拉丁是一位杰出的政治家，因为阿萨辛派是可以与之合作并为自己所用的。后来阿萨辛派刺杀了耶路撒冷王国的国王蒙费拉（Conrad of Montferrat），有学者认为此举是为了帮助萨拉丁。关于萨拉丁与阿萨辛派的和解，还有一种说法：当萨拉丁派兵包围山老在叙利亚迈斯亚夫（Masyaf）的大本营时，十字军再次东征进攻阿尤布王朝的消息传来，于是萨拉丁退兵；随后在萨拉丁亲戚的斡旋下，萨拉丁与阿萨辛人结盟共同抵抗十字军。还有人说萨拉丁之所以退兵，是因为其亲戚从中调解，达成了停战协议。

在萨拉丁的带领下，阿尤布人夺回了大多数被十字军占领的城市，只有一小部分还在十字军的控制下。哈丁战役（Battle of Hattin）后，耶路撒冷重新被夺回，对欧洲的震动很大。当时欧洲最强大的3个国家是英格兰、德意志和法兰西，英格兰的狮心王查理一世（Richard Ⅰ of England）、德意志皇帝红胡子腓特烈（Frederick Ⅰ）、法兰西国王菲利普·奥古斯都（Philip Ⅱ of France）联合派出军队，这是第3次十字军东征。德意志皇帝出师未捷身先死，在行军的过程中淹死在了小亚细亚的一条河里，于是他的军队大部分撤退了。这次双方争夺的焦点是阿卡这座城市，十字军包围此地，守军投降。十字军答应释放俘虏，条件是缴纳赎金并送还圣十字架，后十字军食言杀害了这些战俘。同样是对待战俘，萨拉丁则宽容得多，萨拉丁之前在哈丁战役夺取耶路撒冷时，也要求战俘交付赎金，对于无力缴纳赎金的战俘，应其弟弟和主教的请求，分两批先后释放了。[①]对待十字军战俘和阿萨辛人的做法，都可体现出萨拉丁宽容的一面。

阿卡城最终被十字军占领，取代了耶路撒冷之前的领导地位，成为欧洲人在地中海东岸的大本营。随后进入了一段和平时期，双方经常进行和平谈判。1192年，双方最终缔结了和平条约，条约规定：沿海地区归欧洲人管理，内地归当地人管理，欧洲人到圣城——耶路撒冷朝拜，不受干涉。和平条约缔结之后不久，1193年，萨拉丁在大马士革得了伤寒病去世，终年55岁。他的陵墓在

---

① ［美］菲利普·希提：《阿拉伯通史》，马坚译，新世界出版社2008年版，第594页。

大马士革伍麦叶清真寺附近，今天是一个圣地。

萨拉丁并不爱财，他把得来的财宝大都分给了手下人，比如，推翻法蒂玛王朝之后，他把法蒂玛王朝堆积如山的财宝分给了他的家臣和军队，自己什么也没留。萨拉丁去世的时候，他的遗产只有47个迪尔汉姆和1个第纳尔。他在阿拉伯人民心目中的地位很高，是人民所敬仰的人物。今天一些阿拉伯国家的国徽上还有象征萨拉丁的萨拉丁之鹰，如埃及、伊拉克、也门、巴勒斯坦等。

十字军东征给交战双方造成了巨大的人力、物力、财力的损失，十字军东征最终并没能夺回圣地，也没能征服新世界，以失败而告终。但事物总是有两面性的，有消极的一面便有积极的一面，十字军战争在一定程度上促进了欧洲和东方世界的文学交流，有学者认为薄伽丘的《十日谈》、乔叟的《坎特伯雷故事集》等都受了阿拉伯文学中《天方夜谭》等作品的影响，而这些阿拉伯文学作品是十字军战士从东方世界带回欧洲的。

萨拉丁去世以后，他的继任者们将他建立起来的帝国瓜分了：他的儿子艾福德勒·本·萨拉丁（Al-Afḍal ibn Salāḥ al-Dīn）在大马士革称王，阿齐兹·伊玛德丁·奥斯曼（Al- 'Azīz 'Imād al-Dīn 'Uthmān）在开罗称王，扎希尔（Al-Zāhir Ghāzī）在阿勒颇（Aleppo）称王，萨拉丁的弟弟阿德勒·赛弗丁·艾哈迈德（Al-'Ādil I）在卡拉克（Al-Karak）等地称王。阿德勒最终占领了埃及和一部分叙利亚，他笑到了最后。在阿尤布王朝内部持续纷争这段时期，萨拉丁所收复的城市又都落入了欧洲人之手，比如贝鲁特（Beirut）、太巴列（Tiberias）、耶路撒冷……但欧洲人内部也不团结，他们之间也经常互相倾轧。

阿德勒去世后，他的儿子卡米勒（Al-Kāmil）继承了阿尤布王朝素丹的职位。当时十字军已经在埃及登陆，并且占领了蒂姆亚特城（Damietta）。十字军之所以将矛头对准埃及，是因为他们发现中东世界的中心已经转移到了开罗，只有征服了埃及，他们才能进入红海，继而分享印度洋巨大的商业利益。卡米勒肃清了埃及的十字军，但是欧洲人获得了自由通行到红海的权利。

耶路撒冷一直在欧洲人的手中，一直到萨列哈（Al-Ṣāliḥ Ayyūb）在位期间，依靠一支花拉子模突厥人的力量，耶路撒冷才又被重新收复。

萨列哈去世后，皇后掌权，立了一个年幼的素丹，实权掌握在奴隶阿依贝克（Aybak）手中，此人是马穆鲁克王朝的奠基人。

哈木丹尼王朝（929—991 年）

哈木丹人（Hamdanids）建立了哈木丹尼王朝，哈木丹人的祖先是哈木丹·本·哈木墩（Hamdān ibn Hamdūn al-Taghlibī）。王国位于美索不达米亚平原的北部，首都是摩苏尔[①]。第一任元首是塞弗·道莱（Sayf al-Dawla al-Ḥamdānī），这是一个阿拉伯语称号，意为国家宝剑。塞弗·道莱曾和穆泰纳比关系很好，穆泰纳比先在哈木丹尼王朝宫廷里服务，后来又投奔到伊赫什德王朝的宫廷。塞弗·道莱在位 20 年，每年都和拜占庭帝国交战。哈木丹人最后投降了法蒂玛人。

塔希尔王朝（822—872 年）

塔希尔王朝（Tahirid dynasty）的建立者名叫塔希尔·本·侯

---

① 有的书译作毛绥勒。

赛因，此人原是哈里发马蒙手下的大将，并深受马蒙的信任，因为他指挥军队战胜了艾敏。塔希尔是波斯呼罗珊人，只有一只眼睛，是一位独眼将军。820年，由于塔希尔在阿巴斯帝国内战即马蒙和艾敏的战争[①]中立下了汗马功劳，马蒙任命他为帝国内巴格达以东全部领土的总督，成为帝国半壁江山的统治者。巴格达以东的领土以呼罗珊为中心，后来，塔希尔将中心转移到木鹿。在822年，即塔希尔去世前，他在每周五主麻日的祷告词中删掉了哈里发的名字，此举被认为是他独立的标志。且他在当地铸币，将自己的名字刻在钱币上。塔希尔死后，他的继任者名义上还是哈里发的诸侯，但实际上已经处于独立的状态。塔希尔王朝后来被萨法尔王朝（Saffarid dynasty）取代。

萨法尔王朝（867—1002年）

王朝的建立者是波斯血统的叶尔孤白·本·莱伊斯·萨法尔（Ya'qūb ibn al-Layth al-Ṣaffār）。“萨法尔”（Al-Ṣaffār）是个绰号，是阿拉伯语的音译，意为“铜匠”。叶尔孤白本来就是一名铜匠，他在锡斯坦生活，因参与镇压锡斯坦哈瓦利吉派起义有功，得到当地总督的赏识，总督任命他当军队的司令。后来叶尔孤白推翻了任命自己的总督，自己当了锡斯坦的总督。867年自立为艾米尔，定都阿富汗的扎兰季（Zaranj）。波斯中部和东南部、阿富汗、印度的外围地区都是该国的势力范围。消灭塔希尔王朝后，该国迁都内沙布尔（Nishapur）。叶尔孤白野心越发膨胀，妄图推翻阿巴斯哈里发，进军巴格达，被阿巴斯军队击败。

---

① 也称为“第二次阿巴斯革命”。

萨法尔王朝以军事立国，国家收入多用于军事开销，而维持庞大的军事开支需要政权有雄厚的财力。萨法尔王朝的统治者对他治下的百姓强取豪夺，强行没收富人的财产，或是以貌似合理的借口没收百姓的财物，对百姓课以重税，以此来维持长期对外征战的巨额军费。[①] 其行政制度仿效塔希尔王朝，官员多为波斯人。王朝鼓励使用波斯语，涌现出一些著名的波斯诗人。900 年被萨曼王朝击败后一蹶不振，1002 年被加兹尼王朝取代。

萨曼王朝（874—999 年）

极盛时期的萨曼王朝，其版图包括哈萨克斯坦南部、乌兹别克斯坦大部[②]、土库曼斯坦中西部、吉尔吉斯斯坦西部、塔吉克斯坦中部和西部、伊朗中部和西部、阿富汗全境，巴基斯坦西南部，定都布哈拉。之所以称为萨曼王朝，是因为王朝的统治阶级是萨曼人，他们的祖先叫作萨曼·胡达（Sāmān Khūdā），这群人原是巴里黑的拜火教贵族。这个王朝的奠基人是萨曼的孙子——纳赛尔·本·艾哈迈德（Naṣr I ibn Aḥmad），王朝的建立者是纳赛尔的弟弟——伊斯梅尔·萨曼尼（Ismā'īl Sāmāni），伊斯梅尔在 900 年的时候从萨法尔人手中抢走了呼罗珊。在塔希尔王朝时期，萨曼人还在当一个省的副总督。这个王朝表面上效忠阿巴斯的哈里发，但实际上是独立的。

在萨曼王朝时代，中亚重要的城市如布哈拉和撒马尔罕，当时成为重要的学术和艺术中心，连巴格达都相形见绌。比如，著

---

① 王治来:《中亚通史·古代卷（下）》，新疆人民出版社 2004 年版，第 7 页。

② 除西部少数领土。

名的医学家拉齐有一本医书叫作《曼苏尔医书》。之所以命名为曼苏尔，是因为萨曼王朝第二位统治者的侄子曼苏尔·本·伊斯哈格（Mansūr ibn Isḥāq）资助了拉齐。另一位大名鼎鼎的医学家伊本·西那，他年轻的时候，治好了国王努哈·本·曼苏尔（Nūḥ Ⅱ）的病，于是国王允许他进入萨曼王宫的图书馆博览群书，伊本·西那从中获得了无穷无尽的知识。从宫廷图书馆中结出的果实就是伊本·西那的处女作，他将这本书献给国王努哈·本·曼苏尔。比鲁尼出生在萨曼王朝治下的花拉子模地区，后由于战争，他来到萨曼王朝的首都布哈拉，受到王朝统治者努哈·本·曼苏尔的保护，后来他还在拉齐的故乡赖伊生活过几年。比鲁尼写过《古代诸国编年史》《马苏德天文学、地理学、工程学原理》《城市坐标的确定》《印度史》。

萨曼王朝最终被突厥人灭亡。萨曼人在国家事务中大量使用突厥奴隶，后来这些突厥奴隶夺取了权力。突厥人建立了各种汗国，这是中亚的突厥人第一次在中东世界的事务中占据了重要的地位。还有一件事值得一提，那就是塔吉克民族形成于萨曼王朝统治时期。

加兹尼王朝（977—1186 年）

加兹尼王朝又被译作哥疾宁王朝，“哥疾宁”一词语出《元史》，但元朝时加兹尼王朝已经灭亡。也有史书译作伽色尼王朝，“伽色尼“一词语出《魏书》和《北史》，《魏书》记录的是 4 世纪末到 6 世纪中的北魏王朝历史，《北史》记录的是北魏到隋朝的历史。从 386 年到 618 年，那时候还没有加兹尼王国，所以伽色尼王朝并非加兹尼王朝，伽色尼王朝指的是中亚昭武九姓的史国，或称羯霜那。伽色尼这个地方在今乌兹别克斯坦的沙赫里萨布兹（Shahrisabz）。

加兹尼（Ghazni）是一个地名，在今天的阿富汗东部，接近巴基斯坦边境，也是加兹尼王国的首都。王国的统治阶级是波斯化的突厥人，这些突厥人来自中亚，但在语言、文化等方面已彻底波斯化。加兹尼王朝的建立标志着突厥人在和波斯人争夺中东地区领导权上的胜利。王朝的奠基人是突厥人阿尔普特勤（Alp-Tegin），他原来是萨曼王朝的护卫，后来升为警卫队队长，又当了呼罗珊的总督，后失宠，逃到萨曼王朝东方边境地带，于加兹尼建立政权，962 年后基本不承认萨曼王朝的宗主权。977 年，其女婿苏布克特勤（Sabuktigin）正式建立加兹尼王朝。加兹尼王国极盛时期的版图包括阿富汗、呼罗珊、一部分巴基斯坦、一小块印度、一部分中亚地区。这个王国最著名的国王即素丹是马哈茂德，他推翻了萨曼王朝，被人称为“厄齐”（Al-Ghāzī），意为征伐者，因为他在位的 24 年对古印度发动了 17 次进攻。伟大的波斯诗人菲尔多西（Ferdowsi）把自己的得意之作《列王记》（*Shahnameh*）送给马哈茂德。马哈茂德赏赐其 6 万迪尔汉姆，因为全诗有六万行，但是菲尔多西想要的是 6 万第纳尔，于是菲尔多西就写诗咒骂马哈茂德。马哈茂德还是历史上第一位以“素丹”头衔自称的统治者。苏布克特勤在位时被称为艾米尔，到了 997 年马哈茂德上任时就变成素丹了。“素丹”这个头衔被中世纪中东国家的君主广泛使用，今天还有国家在使用这一称呼，如阿曼，不过写为“苏丹”。马哈茂德死后，王朝开始衰落，原因是内战和塞尔柱人的崛起，体现在 30 年内换了 9 位素丹。1040 年，在丹丹纳干战役（Battle of Dandanaqan）败给塞尔柱人后，王朝逐渐失去对波斯和中亚领土的控制，收缩到阿富汗和巴基斯坦。直到 1059 年伊布拉欣·本·马斯欧德（Ibrahim of Ghazna）时代，国家开始复兴。12 世纪初，王国又陷入内战，导火索是接班人问题，王朝一蹶不振，最后灭于阿富汗的古尔人（Ghurids）之手。

阿巴斯崩溃时期（1194—1258年）

这一时期有4位哈里发在位，分别是从第34位到第37位的纳赛尔、扎希尔·比安穆尔拉（Al-Zāhir bi-Amr Allāh）、曼苏尔·穆斯坦绥尔（Al-Mustanṣir Ⅰ）、穆斯塔尔绥姆（Al-Musta'ṣim）。阿巴斯王朝从兴起到结束，前后一共经历了37位哈里发。

花拉子模的突厥人击败塞尔柱人后，控制了阿巴斯王朝一个时期。后来蒙古人来了，旭烈兀（Hulagu Khan）所率领的蒙古人击败了花拉子模的突厥人，最后来到巴格达。阿巴斯王朝最后一位哈里发虽然投降但仍被杀害，阿巴斯王朝灭亡。巴格达被屠城，并遭到极大的破坏，大量宝贵文献被毁。城中的部分人得以幸免，这是旭烈兀的配偶脱古思可敦（Doquz Khatun）劝说的结果。旭烈兀对巴格达的破坏与屠杀激怒了钦察汗国或称金帐汗国（Golden Horde）的别儿哥（Berke Khan）。别儿哥与马穆鲁克素丹结盟，一起对抗旭烈兀的伊儿汗国（Ilkhanate）。伊儿汗国的对策则是与东罗马帝国结盟。在其他方面别儿哥和旭烈兀也有矛盾，在蒙古大汗继承权问题上，别儿哥支持阿里不哥，旭烈兀支持忽必烈。别儿哥的钦察汗国和旭烈兀的伊儿汗国还在高加索地区发生了战争。这些问题使得旭烈兀再也没有精力扩大西征进入埃及了。

随着最后一位阿拉伯人哈里发的死亡，阿拉伯人哈里发帝国的历史也就结束了。阿巴斯末代哈里发的死法存在争议，有的史书记载末代哈里发被裹在毛毯中被马踩死，蒙古人杀死所敬重的敌军重要人物时，用这种方法。被用这种方法处死的人，可以去往长生天处，而被斩首见血者，则不为长生天所接纳。《马可波罗游记》所记载的则有所不同，末代哈里发藏匿了钱财，没有悉数上交。旭烈兀命将其和那些钱财关在一起，不给饮水食物，将其渴死饿死，让其明白钱财吃不了喝不了。

蒙古人杀死了阿巴斯王朝最后一位哈里发和他的亲属，但还是有人幸免于难，这个人是阿巴斯末代哈里发的叔父，他被埃及马穆鲁克王朝的统治者尊为哈里发。后来奥斯曼人灭亡了马穆鲁克王朝，把此人的后代穆台瓦基勒三世（Al-Mutawakkil Ⅲ）请到君士坦丁堡当哈里发。后来穆台瓦基勒三世又回到了开罗，1543 年在开罗去世，阿拉伯人最后的一个哈里发才真正地从这个世界上消失了。但哈里发并没有消失，只不过当哈里发的不是阿拉伯人了，而是奥斯曼人。

马穆鲁克王朝（1250—1517年）

马穆鲁克是一个阿拉伯语的音译词，原本的意思是被拥有的东西，后变成了一个专有名词，专门用来指代奴隶。这些奴隶组成禁卫军，后来掌握了政权，成为埃及历史上的一个时期。马穆鲁克王朝就是由一群奴隶在埃及的领土上组建起来的一个军事寡头政权。

马穆鲁克王朝得以建立，和一个女人有关，这个女人是阿尤布王朝倒数第二位素丹萨列哈的皇后——舍哲尔·杜尔（Shajar al-Durr）。1248年，法王路易九世（Louis Ⅸ of France）领导了第7次十字军东征，萨列哈御驾亲征，死于行军途中。其随军出征的爱妾舍哲尔·杜尔和众臣商议后秘不发丧，人们以为素丹还活着，舍哲尔·杜尔成为实际统帅，最终击败了十字军，俘虏了路易九世。经过战争考验后，舍哲尔·杜尔大权在握，自称埃及女王，变成了阿尤布王朝的女素丹。在北非和西亚阿拉伯人的历史上，素丹这个职位由一位女性来担任，这还是第一次，也是唯一的一次。此处有争议，舍哲尔·杜尔到底算是阿尤布王朝素丹，还是马穆鲁克王朝素丹，抑或根本不算素丹，不同学者对这一问题有分歧。虽然她只统治了80天，但在这80天里，她用自己的名义铸造货币，规定周五聚礼日的祈祷词中除念巴格达哈里发名字外还念自己的名字，释放了法王路易九世和十字军战俘。但在当时女人当最高元首还是面临各方面巨大的压力，于是后来她和易兹丁·阿依贝克结婚了。易兹丁·阿依贝克成为素丹，此人是马穆鲁克王朝第1位素丹，舍哲尔·杜尔退位。但舍哲尔·杜尔后来又暗杀了易兹丁·阿依贝克，因为这个男人打算和另一个女人结婚。舍哲尔·杜尔后来也被杀害，杀害她的人是易兹丁·阿依贝克的前妻。

历史学家一般将马穆鲁克王朝分为两个阶段：河洲系马穆鲁克（Bahri dynasty）[①]，碉堡系马穆鲁克（Burji dynasty）[②]。也有学者将两个阶段当作单独的两个王朝处理。实际上两个阶段既有联系又有区别。

河洲系马穆鲁克原来是阿尤布王朝素丹萨列哈买来做禁卫军的奴隶，这位素丹将这些人安置在尼罗河中的罗得岛上，所以他们被称为河洲系。伯海里是阿拉伯语的音译，本来的意思是大海，有时候大的江河也被称为伯海里，埃及人就把尼罗河叫作海即伯海里，毕竟尼罗河是世界第一长河。中国也有用海来指代其他水系的传统，如北京的北海、后海都是湖泊。河洲系马穆鲁克多是突厥人和蒙古人。河洲系马穆鲁克面对的主要威胁是十字军和伊儿汗国。十字军和伊儿汗国时而单独行动，时而联合入侵马穆鲁克王朝，三方势力的主战场在埃及和沙姆地区。

碉堡系马穆鲁克比河洲系马穆鲁克出现得要晚，这些奴隶是河洲系的素丹盖拉温（Qalāwūn）引进的，他们大多是高加索山以北的切尔克斯人（Circassians）。马穆鲁克王朝和钦察汗国结盟后，定期到钦察汗国购买奴隶加入禁卫军，因此这些人得以来到埃及。他们驻扎在开罗城堡的碉楼里，所以叫作碉堡系，此为意译。阿拉伯

---

① 也称伯海里系马穆鲁克，1250—1390年。

② 也称布尔吉系马穆鲁克，1382—1517年。

语音译则是布尔吉，布尔吉有塔、碉堡之意。碉堡系的素丹王位不是世袭的，一般来说都是政治斗争的胜利者居之。

这两个系统有个共同点，那就是素丹权力争夺异常激烈，很多素丹都是年纪轻轻遭横死，各素丹平均在位年数不足 6 年。

这个政权所做的举足轻重、足以影响历史走向的一件事，就是阻止了蒙古人的西征步伐，阻止了蒙古人进入埃及的野心，保护了埃及的历史遗产，使得埃及没有像伊拉克和叙利亚那样遭到蒙古人的破坏，让埃及的文明能够一衣带水、一脉相承。马穆鲁克王朝是中世纪阿拉伯王朝中的最后一个，之后建立的就是奥斯曼帝国了。

阻止蒙古人西进的主要功臣是河洲系马穆鲁克王朝第 3 位素丹古突兹（Qutuz）和第 4 位素丹拜博尔斯（Baibars），他俩一起在耶路撒冷北部大败蒙古人的军队，使得蒙古人进入埃及的野心破灭。当时古突兹是素丹，拜博尔斯是他手下的将领。1259 年蒙古大汗蒙哥在重庆合川钓鱼城被南宋军队用远距离武器打成重伤，不治身亡[①]。正在沙姆地区西征的旭烈兀带领蒙古军主力开始东返，要去参加蒙古人的忽里台大会（Kurultai），参与蒙古大汗的推选。旭烈兀在东返途中得知其兄长忽必烈与他二人同父同母的弟弟阿里不哥都分别自称大汗，对大汗之位展开争夺，遂停止东返，留在西亚，宣布支持忽必烈。旭烈兀开始东返后，只留下大将怯的不花继续在西亚征战。此时的蒙古人又与沙姆地区的基督教国家交恶，失去了他们的支持。马穆鲁克人利用这一天赐良机于 1260 年在巴勒斯坦北部和蒙古人进行了艾因扎鲁特战役（Battle of ‘Ayn Jālūt），怯的不花阵亡，蒙古人战败，停止了进入非洲的步伐。有学者认为

---

① 或曰病死、被气死、落水死。

这一战意义重大，这场战役终结了蒙古人向西方的扩张。拜博尔斯在战斗中表现突出，他进而向古突兹请求叙利亚阿勒颇的封地，被古突兹拒绝。于是在大军班师回埃及的路上，拜博尔斯刺杀了古突兹，自立为第 4 任素丹。拜博尔斯生于俄罗斯，后在克里米亚被蒙古人抓获，作为奴隶被卖到叙利亚，后又被贩卖至埃及，成为阿尤布王朝素丹萨列哈的侍卫，后来又变成马穆鲁克领袖易兹丁・阿依贝克手下的将领。后触怒易兹丁・阿依贝克，逃亡至叙利亚，直到第 3 任素丹古突兹上台后恢复其军职。拜博尔斯还是继萨拉丁之后又一位著名的十字军抵抗者。和萨拉丁不同的是，他对十字军并没有多少仁慈。在一次战役中，十字军同意投降，但条件是拜博尔斯不能杀害投降了的 2000 名骑士，拜博尔斯答应了，但转过脸来他就在一座小山上将这 2000 名骑士全部杀害了。摧毁安条克公国后，他也屠杀了战败的十字军，一共屠杀了 1.6 万人。拜博尔斯还很喜欢摧毁基督教堂，被他摧毁的教堂在拿萨勒（Nazareth）、安条克……他还在抵抗第 7 次十字军东征的战役中擒获了法国国王路易九世。拜博尔斯的外交水平也很高，他统治下的马穆鲁克王朝和拜占庭帝国、西西里岛、西班牙、钦察汗国的关系都很好。拜博尔斯还将阿巴斯王朝末代哈里发的亲属接到开罗，哈里发这一职位在埃及又延续了下来。虽然哈里发手中已无实权，但其尊贵的血统为拜博尔斯的统治披上了合法性的外衣，人们也承认了这种合法性。以他为原型的文学作品《拜博尔斯传奇》（*Sīrat al-Ẓāhir Baibars*）在阿拉伯世界无人不知无人不晓，和《安塔拉传奇》（*Sīrat ʻAntarah ibn Shaddād*）并列为阿拉伯文学史上两大经典作品。这两部传奇成为说书人脍炙人口的素材。

河洲系马穆鲁克素丹中，排在拜博尔斯后面名气第二大的是钦察人（Kipchaks）盖拉温，钦察人也是中亚的一个突厥民族。盖拉温的外号是埃勒菲（Al-Alfi），这是一个阿拉伯语的音译，意思是一千。因为他原来也是奴隶，被人用1000第纳尔的价格买下，埃勒菲是说明他的身价很高。他30岁的时候才被卖到埃及，因此阿拉伯语说得不好。盖拉温原是拜博尔斯的部下，当年二人一起从埃及逃亡到大马士革。他把拜博尔斯的儿子废黜后自己当上了素丹，他可以说是河洲系马穆鲁克的列王之父，因为他的儿子、孙子、玄孙、玄孙的儿子都当了河洲系马穆鲁克的素丹。河洲系马穆鲁克素丹从第8位到第24位，有3位是他的奴隶将领，其余的都是盖拉温的后代。他在位期间从钦察汗国购买大量切尔克斯人，把他们作为奴隶充斥到马穆鲁克军队当中，后来这些人变成了碉堡系马穆鲁克的基础。

河洲系马穆鲁克的素丹多为突厥人，碉堡系马穆鲁克的素丹绝大多数是来自北高加索一带的切尔克斯人，或译为切尔克西亚人、赛加西亚人，只有两个不是，这两个是希腊人。统治阶级内部进行着无休止的阴谋和暗杀，碉堡系时期被认为是叙利亚－埃及历史上最黑暗的年代。在这些素丹当中，有的嗜酒如命，是醉鬼；有的连阿拉伯语都不会说；有的自己得了病，太医治不好就把太医杀了；有的是文盲，大字不识一个；有的囤积居奇，大发横财……总之，在碉堡系时期，埃及－叙利亚人民的生活苦不堪言，经常发生饥荒和大范围的传染病。在这一时代，两地的人口估计减少了三分之二。国家的经济也被搞得每况愈下，一方面是由于统治者的无能和腐败；另一方面是由于外部因素，那就是瓦斯科·达·伽马发现了绕非洲最南端好望角的新航线，贸易商道逐渐抛弃了埃及和叙利亚的各个港口，国家的税收也就减少了。同时，碉堡系马穆鲁克还要面对周边邻国虎视眈眈的敌人，一个是蒙古人帖木儿，他是继成吉思汗和旭烈兀之后又一位强有力的统治者；另一个是安纳托利亚的奥斯曼人。

帖木儿自称是成吉思汗的后代，其祖先与成吉思汗同宗，有的学者支持这种说法。也有学者认为他的祖先是成吉思汗儿子的大臣，其血统应为突厥人，而非蒙古人，之所以说自己和成吉思汗沾亲带故是为了自己政权的合法性。不管帖木儿是否和成吉思汗有血缘关系，历史都证明这种做法是很有效的，能显著提高自己身份的合法性。

帖木儿是一个跛脚之人，被称为跛子帖木儿，有人说他是刚开始起兵到锡斯坦作战时被打伤的。也有人有不同说法，伊本·阿拉伯沙（Aḥmad ibn Arabshāh）写过关于帖木儿的传记，他说帖木儿实际上是一个鞋匠的儿子，绿林出身，有一次他去偷羊，腿被人家砍伤了[①]，从此变成了跛脚，就有了瘸子的外号。人们也称他为驸马帖木儿，因为他娶了东察合台汗国（Moghulistan）公主为妻。1380年，帖木儿带领他的蒙古部落，开始连续征战，先后征服了阿富汗、波斯、伊拉克、俄罗斯的一部分、印度北部、叙利亚北部、小亚细亚。他走到哪里，就把杀戮和死亡带到哪里。在萨拉丁的故乡提克里特，他把战死者的头骨垒起来形成一个金字塔。在印度德里，他的军队屠杀居民8万人。在叙利亚北部的阿勒颇，帖木儿批准军士抢劫3天，将居民2万多人的头骨堆积成小山，脸一律朝外，阿勒颇很多珍贵的古迹如学校和清真寺都被夷为平地。在大马士革，著名的伍麦叶清真寺也被蒙古人烧毁了，只留

① 一说中箭。

下了残垣断壁。在安卡拉战役（Battle of Ankara）中，帖木儿的军队击败了奥斯曼人的军队，俘虏了奥斯曼帝国第4任素丹巴耶奇德一世（Bayezid I），奥斯曼人在亚洲的领土全部失去了。巴耶奇德被俘后，他的儿子们争夺王位，割据一方，奥斯曼帝国开始了内乱。本来被奥斯曼帝国围困首都君士坦丁堡的拜占庭帝国也松了一口气，其国祚又延续了半个世纪，直到1453年奥斯曼帝国素丹穆罕默德二世（Mehmed Ⅱ）攻克君士坦丁堡，末代皇帝君士坦丁十一世（Constantine Ⅺ Palaiologos）阵亡，拜占庭帝国灭亡。巴耶奇德1402年被俘，1403年便去世了，有文献说他是在狱中自杀的，也有说是自然死亡的。在碉堡系马穆鲁克第1位素丹贝尔古格（Barquq）当政时期，帖木儿派使者访问马穆鲁克王国，贝尔古格把来访的使者们全都杀了。著名的学者伊本·赫勒敦还曾跟随碉堡马穆鲁克系第2位素丹法拉吉（Al-Nasir Faraj）到叙利亚去和帖木儿谈判。1404年，帖木儿在进军明朝的途中死亡，他的坟墓在撒马尔罕。

帖木儿的儿子和继任者是沙哈鲁（Shāh Rukh），沙哈鲁统治了42年，是帖木儿帝国文化大繁荣时期。沙哈鲁死后，帖木儿王朝的统治阶级内部开始相互倾轧。这给奥斯曼人的崛起和波斯帝国的复兴提供了良机。

波斯的萨法维王朝（Safavid dynasty）是土著波斯人所创建的王朝。萨法维王朝的奠基人是伊斯梅尔·萨法维（Ismail I），他自称第7位伊玛目穆萨·卡齐姆（Mūsā al-Kāẓim）的后人，还自称是萨珊王朝的后裔。伊斯梅尔和奥斯曼人打过一仗，他失败了，因为土耳其人的武器更先进。土耳其人的军队当时已经装备了大炮、滑膛枪和其他远距离火器，他们也正是依靠这些火器攻破了君士坦丁堡坚固的城墙。这使得他们在和波斯人、马穆鲁克人的战斗中占尽了优势，波斯人和马穆鲁克人用的还是刀剑和弓箭等冷兵器。马穆鲁克人最开始想和土耳其人谈判，但土耳其人不想谈，杀了使者。最终双方在叙利亚开战，马穆鲁克人由于军队陈腐的理论，还认为个人的勇气在战争中是决定性的因素，所以大败。土耳其人占领叙利亚后，受到当地人民的欢迎，马穆鲁克人的残暴统治在当地很不得人心。从那个时候起，土耳其人统治了叙利亚 400 年。

占领叙利亚后，土耳其人继续向南进入埃及，马穆鲁克最后一任素丹突曼贝二世（Tuman bay Ⅱ）率军抵抗土耳其人，但最终失败。马穆鲁克王朝灭亡，埃及和麦加、麦地那一道划入奥斯曼人的版图，开罗丧失了中心的地位，将这个地位让给了君士坦丁堡，中心也由埃及转到土耳其。随着好望角新航道和美洲新大陆的发现，地中海东部地区变成了无人问津的偏僻所在，中心自然也离开了这个地方。

土耳其人也带走了哈里发的名号，从此，哈里发从阿拉伯人的头上转移到了土耳其人的头上。土耳其人刚开始这样做的时候，国际上是不承认的，之后世界各国逐渐接受了这一事实。

马穆鲁克时期，有一些文化、文学、科学方面的事情值得一提，因为这些事情对世界历史产生了重要的影响。例如，艾哈迈德·本·马吉德（Aḥmad ibn Mājid），原籍那季德，据说他在 1498 年给葡萄牙人瓦斯科·达·伽马领航，从非洲航行到印度。再如，太极艾丁·艾哈迈德·本·太一米叶（Ibn Taymiyyah），教义学家，他的主张后来为沙特的瓦哈比教派（Wahhabism）所采用。还有穆罕默德·本·赛义德·本·哈马德·蒲绥里（Al-Būṣīrī），柏柏尔人，祖籍马格里布地区，生于埃及，自幼酷爱诗歌，自学成才，他写的颂诗得到拜博尔斯的欣赏，遂召其在马穆鲁克宫廷中任职。他还是著名诗篇《先知的斗篷》(*Qasīdat al-Burda*)[①]的作者。他本来瘫痪，半身不遂，卧床不起。他便祈祷，赞美，期盼痊愈。后来突然痊愈。他说梦见先知来看他，把斗篷盖在他的身上，醒来的时候觉得全身轻松、行动自如，竟完全好了。《先知的斗篷》记载、歌颂的就是这件事情。除此之外，诗歌中还歌颂了先知本人的高贵本质以及其功德，赞扬了先知家属的贡献。当时正值十字军东征，这首诗歌流传极广。该诗歌被翻译成 10 多种文字，世界上用各种语言写成的关于这首诗歌的注释接近 100 种。《一千零一夜》也是在这一时期定型的，书中所出现的骑士形象，就是活脱脱马穆鲁克王朝骑士的样子，阿巴斯王朝是没有这种骑士的。书中的市场和市集，简直就是埃及开罗汗哈利利市场（Sūq Khān al-Khalīlī）的再现。书中所描绘的风土人情，就是马穆鲁克王朝开罗社会环境的真实反映。

① 或译《衮衣颂》《天方诗经》。

参考书目

阿拉伯文著作

<<الموسوعة العربية العالمية>>، مؤسسة أعمال الموسوعة للنشر والتوزيع بالرياض، سنة 1999م.

البغدادي، <<خزانة الأدب>>، المطبعة السلفية، سنة 1929م.

تحقيق مصطفي السقا وآخرين، ط. مصطفي البابي الحلبي، <<سيرة ابن هشام>>، سنة 1936م.

د. شوقي ضيف، <<العصر الجاهلي>>، الطبعة الثامنة، دار المعارف.

د. ناصر الدين الأسد، <<مصادر الشعر الجاهلي وقيمتها التاريخية>>، دار الجيل ببيروت، سنة 1988م

د. عز الدين إسماعيل، <<المصادر الأدبية واللغوية>>، ص66، 82، دار النهضة العربية ببيروت.

الزوزني، <<شرح المعلقات العشر>>، ط. دار مكتبة الحياة ببيروت.

كمال قندوزي، <<أصحاب الفيل>>، المكتبة الخضراء الجزائرية للطباعة والنشر والتوزيع، سنة 2013م

阿拉伯文期刊

فالتر براونة: الوجودية في الجاهلية، مجلة المعرفة السورية، ع (4)، 1963م.

英文著作

1. Aisha Khan, *Avicenna*, The Rosen Publishing Group, New York, 2006.

2. Albert Hourani, *A History of the Arab Peoples*, Faber and Faber, 2005.

3. Bradley Steffens, *Ibn al-Haytham: First Scientist*, Morgan Reynolds Publishing, 2005.

4. C. C. Torrey, *The Jewish Foundation of Islam*, New York, 1933.

5. D. C. Lindberg, *Theories of Vision from al-Kindi to Kepler*, University of Chicago Press, 1976.

6. De Lacy O'Leary, *How Greek Science Passed on to the Arabs*, Routledge & Kegan Paul, 1949.

7. Dimitri Gutas, *Greek Thught, Arabic Culture*, Routledge, 1998.

8. E. J. Holmyard, *Makers of Chemistry*, Clarendon Press, 1931.

9. G. Sarton, *Introduction to the History of Science*, Carnegie Institution of Washington, 1927.

10. George Makdisi, *The Rise of Colleges: Institutions of Learning in Islam and the West*, 11.Edinburgh University Press, 1981.

11. H. M. Said and A. Z. Khan, *Al-Biruni: His Times, Life and Works*, Renaissance Publishing House, Delhi, 1990.

12. Ivan Van Sertima, *Golden Age of the Moor*, Transaction Publishers, 1991.

13. J. L. Berggren, *Episodes in the Mathematics of Medieval Islam*, Springer-Verlag, 2000.

14. J. R. Partington, *A History of Greek Fire and Gunpowder*, Johns Hopkins University Press, 1998.

15. Lenn E. Goodman, *Avicenna*, Cornell University Press, 2006.

16. Lynn Thorndike, *Arabic Occult Science of the Ninth Century*, Kessinger Publishing, 2005.

17. Lynn Thorndike, *History of Magic and Experimental Science*, Columbia University Press, 1923.

18. Neugebauer, *The Exact Sciences in Antiquity*, Dover Publications, 1969.

19. Peter Adamson, *Al-Kindi, Great Medieval Thinkers*, Oxford University Press, 2006.

20. Peter E. Pormann and Emilie Savage-Smith, *Medieval Islamic Medicine*, Edinburgh University Press, 2007.

21. R. Coke, *Baghdad: The City of Peace*, Thornton Butterworth Ltd, London, 1927.

22. R. N. Fryn, *The Cambridge History of Iran, Iran Volume 4, The Period from the Arab Invasion to the Saljuqs*, Harvard University Published by the Cambridge University Press Bentley House, 1975.

23. Roshdi Rashed, *The Development of Arabic Mathematics: Between Arithmetic and Algebra*, Kluwer Academic Publishers, 1994.

24. S. E. Al-Djazairi, *The Golden Age and Decline of Islamic Civilisation*, Bayt Al-Hikma Press, Manchester, 2006.

25. Seyyed Hossein Nasr and Oliver Leaman (eds.), *History of Islamic Philosophy*, Routledge, 1996.

英文期刊

1. Alfred L. Ivry, "Al-Kindi and the Mu'tazila: A Philosophical and Political Reevaluation" , *Oriens*, 25, 1976.

2. David Lindberg, "Alhazen's Theory of Vision and its Reception in the West" , *Isis*, 58/3, 1967.

3. David Pingree, "Classical and Byzantine Astrology in Sasanian Persia" , *Dumbarton Oaks Papers*, 43, 1989.

4. E. J. Holmyard, "A Critical Examination of Berthelot's Work

upon Arabic Chemistry" , *Isis*, 6/4, 1924.

5. F. Jamil. Ragep, "Freeing Astronomy from Philosophy: An Aspect of Islamic Influence on Science" , *Osiris*, 16, 2001.

6. George F. Hourani, "The Early Growth of the Secular Sciences in Andalusia" , *Studia Islamica*, 32, 1970.

7. H. J. J. Winter, "The Optical Researches of Ibn al-Haitham" , *Centaurus*, 3, 1954.

8. J. M. Stillman, "Falsifications in the History of Early Chemistry" , *Scientific Monthly*, 14/6, 1922.

9. Jacob Lassner, "Massignon and Baghdad: The Complexities of Growth in an Imperial City" , *Journal of the Economic and Social History of the Orient*, 9/1-2, 1966.

10. John A. Nawas, "A Reexamination of Three Current Explanations for Al-Ma'mun's Introduction of the Mihna'" , *International Journal of Middle East Studies*, 26/4, 1994.

11. M. Sprengling, "From Persian to Arabic" , *American Journal of Semitic Languages and Literatures*, 56/2, 1939.

12. Martin Levey, "Mediaeval Arabic Bookmaking and its Relation to Early Chemistry and Pharmacology" , *Transactions of the American Philosophical Society, new series*, 52/4, 1962.

13. Nader El-Bizri, "A Philosophical Perspective on Alhazen's Optics" , *Arabic Sciences and Philosophy*, 15/2, 2005.

14. Nader El-Bizri, "In Defence of the Sovereignty of Philosophy: Al-Baghdadi's Critique of Ibn al-Haytham's Geometrisation of Place" , *Arabic Sciences and Philosophy*, 17/1, 2007.

15. Osman Bakar, "The History and Philosophy of Islamic

Science” , *Islamic Texts Society*, 1999.

16. Richard Walzer, “The Rise of Islamic Philosophy” , *Oriens*, 3/1, 1950.

17. Roshdi Rashed, “A Pioneer of Anaclastics: Ibn Sahl on Burning Mirrors and Lenses” , *Isis*, 81/3, September 1990.

18. Roshdi Rashed, “The Celestial Kinematics of Ibn al-Haytham” , *Arabic Sciences and Philosophy*, 17, 2007.

19. Rudolf von Erhardt and Erika von Erhardt-Siebold, “Archimedes’Sand Reckoner: Aristarchos and Copernicus” , *Isis*, 33/5, 1942.

中文著作

1. [埃及] 艾哈迈德 · 爱敏:《阿拉伯—伊斯兰文化史(1—8)》，纳忠等译，商务印书馆 2019 年版。

2. [美] 白桂思:《丝绸之路上的帝国——青铜时代至今的中央欧亚史》，付马译，中信出版集团 2020 年版。

3. 开罗艾因 · 夏姆斯大学、北京语言文化大学编:《阿拉伯古代诗文选》，北京语言文化大学出版社 1997 年版。

4. [美] 伯纳德 · 刘易斯:《历史上的阿拉伯人》，马肇椿、马贤译，华文出版社 2015 年版。

5. [美] 菲利普 · 希提:《阿拉伯通史》，马坚译，新世界出版社 2008 年版。

6. 冯亚琳、张法、张旭春主编:《中外文化(第 7 辑)》，重庆出版社 2016 年版。

7. 冯友兰:《中国哲学史》，北京大学出版社 2013 年版。

8. 哈全安：《中东国家史（1—8）》，天津人民出版社 2021 年版。

9. 哈全安：《中东史（1—3）》，上海社会科学院出版社 2019 年版。

10. [英] H. A. R. 基布：《阿拉伯文学简史》，陆孝修、姚俊德译，人民文学出版社 1980 年版。

11. [英] 吉姆·哈利利：《寻路者：阿拉伯科学的黄金时代》，李果译，中国画报出版社 2020 年版。

12. 冀开运、邢文海：《伊朗史话》，中国书籍出版社 2020 年版。

13. 江永红：《中国疫苗百年纪实》，人民出版社 2020 年版。

14. 林川、彭程主编：《中国在"一带一路"沿线国家投资安全研究》，中国财富出版社 2019 年版。

15. [美] 罗宾·多克：《伊斯兰世界帝国》，王宇洁、李晓曈译，商务印书馆 2015 年版。

16. 罗文青、杨红主编：《国际旅游文化研究》，世界图书出版公司 2016 年版。

17. [古阿拉伯] 马苏第：《黄金草原》，耿昇译，中国藏学出版社 2013 年版。

18. 马祖毅：《中国翻译史》，湖北教育出版社 1999 年版。

19. [美] 麦克·哈特：《影响人类历史进程的 100 名人排行榜》，海南出版社 2014 年版。

20. 纳忠：《阿拉伯通史》，商务印书馆 1997 年版。

21. 潘雷、闵敏主编：《新编阿拉伯语阅读 2——天方遗产录（北非）》，世界图书出版公司 2020 年版。

22. 潘雷、闵敏主编:《新编阿拉伯语阅读 3——天方遗产录(沙姆)》，世界图书出版公司 2021 年版。

23. 齐明敏、薛庆国、张洪仪、陈冬云编:《阿拉伯文学选集》，外语教学与研究出版社 2004 年版。

24. 任继愈主编:《宗教大词典》，上海辞书出版社 1998 年版。

25. [英] 萨利·杜根、戴维·杜根:《剧变：英国工业革命》，孟新译，中国科学技术出版社 2018 年版。

26. 王治来:《中亚通史·古代卷(下)》，新疆人民出版社 2004 年版。

27. [阿拉伯] 乌姆鲁勒·盖斯等著:《阿拉伯古代诗选》，仲跻昆译，人民文学出版社 2001 年版。

28. [阿拉伯] 乌姆鲁勒·盖斯:《悬诗》，王复、陆孝修译，五洲传播出版社 2015 年版。

29. 吴昊、塞勒玛主编:《高级阿拉伯语精读》，世界图书出版公司 2014 年版。

30. [美] 菲利普·希提:《阿拉伯简史》，马坚译，商务印书馆 2016 年版。

31. 肖凌:《阿拉伯固有文化》，社会科学文献出版社 2017 年版。

32. 杨军、高厦:《怛罗斯之战：唐与阿拉伯帝国的交锋》，商务印书馆 2017 年版。

33. 杨军、张士东:《阿拉伯人》，东方出版社 2008 年版。

34. 杨连恺、林松、李佩伦编:《古兰经故事》，外国文学出版社 1997 年版。

35. 郅溥浩:《解读天方文学——郅溥浩阿拉伯文学论文集》，宁夏人民出版社 2007 年版。

36. 仲跻昆:《阿拉伯文学通史(上卷)》,译林出版社 2010 年版。

中文期刊

1. 马雍:《萨曼王朝与中国的交往》,《学习与思考》1983 年第 5 期。

2. 牟仲清:《试论中亚塔吉克民族的形成》,《丝绸之路》2012 年第 6 期。

3. 许序雅:《萨曼王朝的税收和货币述论》,《浙江师大学报》1997 年第 5 期。

4. 许序雅:《萨曼王朝统治体系论稿——萨曼王朝研究之六》,《贵州师范大学学报(社会科学版)》1994 年第 1 期。

5. 许序雅:《萨曼王朝政治制度论稿》,《贵州师范大学学报(社会科学版)》1990 年第 4 期。

6. 张金龙:《隋代虞弘族属及其祆教信仰管窥》,《文史哲》2016 年第 2 期。

7. 赵永伦:《论萨法尔王朝与阿拔斯王朝的关系》,《贵州民族研究》2007 年第 1 期。

8. 赵永伦:《萨法尔王朝的兴亡》,《西域研究》2007 年第 4 期。

9. 周寂沫:《从欧元与美元的博弈看欧元危机》,《社会科学辑刊》2010 年第 4 期。

网页

世界人口网,https://www.renkou.org.cn/world/general/2019/165327.html。

附录：专有名词对照表

序号	中文	英文	阿拉伯文
1	阿巴斯	al-'Abbās ibn 'Abd al-Muṭṭalib	العباس بن عبد المطلب
2	阿巴斯家族的伊布拉欣	Ibrāhīm al-Imām	إبراهيم الإمام
3	阿巴斯时代，阿巴斯王朝	Abbasid Caliphate	العصر العباسي، الدولة العباسية
4	阿比德·本·艾布拉斯	'Abīd ibn al-Abraṣ	عبيد بن الأبرص
5	阿比西尼亚	Abyssinia	الحبشة
6	阿卜杜·高迪·本·欧麦尔·巴格达迪	'Abd al-Qādir ibn 'Umar al-Baghdadi	عبد القادر بن عمر البغدادي
7	阿卜杜·拉赫曼	'Abd al-Raḥman I	عبد الرحمن الداخل، عبد الرحمن الأول
8	阿卜杜·木塔里布	'Abd al-Muṭṭalib	عبد المطلب بن هاشم
9	阿卜杜·夏姆斯	'Abd Shams ibn 'Abd Manāf	عبد شمس بن عبد مناف
10	阿卜杜拉	'Abd Allāh ibn 'Abd al-Muṭṭalib	عبد الله بن عبد المطلب

续表

序号	中文	英文	阿拉伯文
11	阿卜杜拉·本·阿里	‘Abd Allah ibn ‘Alī	عبد الله بن علي بن عبد الله
12	阿卜杜拉·本·祖拜尔	‘Abd Allāh ibn al-Zubayr	عبد الله بن الزبير
13	阿卜杜勒·阿齐兹·本·马尔旺	‘Abd al-‘Azīz ibn Marwān	عبد العزيز بن مروان
14	阿卜杜勒·拉合曼三世	‘Abd al-Rahmān III	عبد الرحمن الثالث
15	阿卜杜勒·马吉德二世	Abdulmejid II	عبد المجيد الثاني
16	阿卜杜勒·马利克	‘Abd al-Malik ibn Marwān	عبد الملك بن مروان
17	阿卜杜勒·穆敏	‘Abd al-Mu’min ibn ‘Alī	عبد المؤمن بن علي
18	阿布斯部落	Banu ‘Abs	بنو عبس
19	阿德勒·赛弗丁·艾哈迈德	Al-‘Ādil I	العادل سيف الدين أحمد
20	阿德南	‘Adnān	عدنان
21	阿德南人，尼萨尔人	Adnanites	العدنانيون، العرب العاربة العدنانية، أعراب البادية
22	阿杜德·道莱，国家臂膀	‘Aḍud al-Dawla	عضد الدولة البويهي
23	阿尔普·阿尔斯兰	Alp Arslan	ألب أرسلان
24	阿拉伯人的日子	Ayyām al-‘Arab	أيام العرب
25	阿拉伯世界的东部	Mashriq	المشرق العربي

续表

序号	中文	英文	阿拉伯文
26	阿里・本・艾布・塔里布	ʻAlī ibn Abī Ṭālib	علي بن أبي طالب
27	阿里・本・穆罕默德	ʻAlī Ibn Muḥammad	علي بن محمد
28	阿里・本・萨尔	ʼAlī ibn Sahl Rabban al-Ṭabarī	أبو الحسن علي بن سهل ربن الطبري، ابن ربن الطبري
29	阿玛齐格人	Imazighen	الأمازيغ
30	阿穆尔	ʻAmr ibn al-ʻĀṣ	عمرو بن العاص
31	阿穆尔・本・库勒苏姆	ʻAmr ibn Kulthūm	عمرو بن كلثوم
32	阿齐兹・伊玛德丁・奥斯曼	Al- ʻAzīz ʻImād al-Dīn ʻUthmān	العزيز عماد الدين عثمان
33	阿萨辛人	Assassins	الحشاشون
34	阿诗玛	Asmā' bint Abi Bakr	أسماء بنت أبي بكر
35	阿舒拉节	ʻĀshūrā'	عاشوراء
36	阿雅什	Abu Sālim al-ʻAyyāshī	أبو سالم العياشي
37	阿伊莎・本特・艾布・伯克尔	ʻĀ'isha bint Abī Bakr	عائشة بنت أبي بكر
38	阿依贝克，易兹丁・阿依贝克	Aybak, ʻIzz al-Dīn Aybak	المعز عز الدين أيبك
39	阿尤布人	Ayyubids	الأيوبيون
40	阿尤布王朝	Ayyubid dynasty	الدولة الأيوبية
41	埃布拉	al-Ghubrā'	الغبراء

续表

序号	中文	英文	阿拉伯文
42	埃尔萨	Al-A'shā	الأعشى
43	埃勒菲	Al-Alfi	الألفي
44	艾布・阿巴斯	Abu al-'Abbās	أبو العباس
45	艾布・伯克尔	Abū Bakr	أبو بكر الصديق
46	艾布・伯克尔・穆罕默德・本・叶海亚・本・齐克里耶・拉齐，拉齐	Abū Bakr Muḥammad bin Yahyā bin Zakariyyā' al-Rāzī, Abū Bakr al-Rāzī	أبو بَكر مُحَمَّد بن يَحْيَى بن زَكَرِيّا الرَّازِيّ، أبو بكر الرازي
47	艾布・盖斯・本・阿卜杜・穆纳夫・本・扎赫拉	Abū Qays ibn 'Abd Manāf ibn Zahrah	أبو قيس بن عبد مناف بن زهرة
48	艾布・贾法尔・本・努哈斯	Abū Ja'far bin al-Nuḥās	أبو جعفر بن النحاس
49	艾布・贾法尔・穆罕默德・本・贾里里・本・叶齐德・塔巴里	Abū Ja'far Muḥammad ibn Jarīr ibn Yazīd al-Ṭabarī	أبو جعفر محمد بن جرير بن يزيد بن كثير بن غالب الطبري
50	艾布・曼苏尔・尼萨尔・阿齐兹・比拉	Abū Mansūr Nizār al-'Azīz bi-llāh	العزيز بالله الفاطمي، أبو منصور نزار العزيز بالله
51	艾布・穆萨・艾诗尔里	Abū Mūsa al-Ash'arī	أبو موسى الأشعري
52	艾布・穆斯林	Abu Muslim	أبو مسلم الخراساني
53	艾布・苏富扬	Abū Sufyān ibn Ḥarb	أبو سفيان بن حرب

续表

序号	中文	英文	阿拉伯文
54	艾布·塔里布	Abū Ṭālib ibn ʿAbd al-Muṭṭalib	أبو طالب بن عبد المطلب
55	艾布·塔米姆·穆伊德·穆斯坦绥尔·比拉	Abū Tamīm Maʿad al-Mustanṣir bi-llāh	المستنصر بالله الفاطمي
56	艾布·叶尔孤白·优素福	Abū Yaʿqūb Yūsuf	أبو يعقوب يوسف بن عبد المؤمن
57	艾布·优素福·叶尔孤白·曼苏尔	Abū Yūsuf Yaʿqūb ibn Yūsuf ibn Abd al-Mu'min al-Manṣūr, Jacob Almanzor, Moulay Yacoub	أبو يوسف يعقوب بن يوسف المنصور، يعقوب المنصور، مولاي يعقوب
58	艾布·载德·古尔西	Abū Zayd al-Qurashī	أبو زيد القرشي
59	艾布勒·米斯克·卡夫尔	Abū al-Misk Kāfūr	أبو المسك كافور الإخشيدي
60	艾福德勒·本·萨拉丁	Al-Afḍal ibn Salāḥ al-Dīn	الأفضل بن صلاح الدين
61	艾格莱布王朝	Aghlabids	الأغالبة، بنو الأغلب
62	艾格莱布王朝的国王伊布拉欣二世	Ibrahim II of Ifriqiya	أبو إسحاق إبراهيم بن أحمد، أبو إسحاق إبراهيم الثاني، إبراهيم الثاني
63	艾哈迈德·贝克·那伊布·安萨里	Aḥmad Bak al-Nā'ib al-Ansāri	أحمد بك النائب الأنصاري
64	艾哈迈德·本·布韦希	Aḥmad ibn Buwayh, Aḥmad ibn Buya	أحمد بن بويه

续表

序号	中文	英文	阿拉伯文
65	艾哈迈德・本・马吉德	Aḥmad ibn Mājid	أحمد بن ماجد
66	艾哈迈德・本・图伦	Aḥmad ibn Ṭūlūn	أبو العباس أحمد بن طولون
67	艾哈迈德・绍基	Aḥmad Shawqī	أحمد شوقي
68	艾赫塔勒	Al-Akhtal al-Taghlibī	الأخطل التغلبي
69	艾勒布特根	Alp-Tegin	ألب تكين، ألب تجين، ألب تيكين
70	艾米尔中的艾米尔，大元帅	Amīr al-Umarā'	أمير الأمراء
71	艾敏	Al-Amīn	محمد الأمين
72	艾塔伯克・赞吉	'Imād al-Dīn Zankī	عماد الدين زنكي
73	艾因扎鲁特战役	Battle of Ain Jalut, Battle of Ayn Jalut, Battle of 'Ayn Jālūt	معركة عين جالوت
74	安达卢斯艾米尔希沙姆一世	Hishām I of Córdoba	أبو الوليد هشام بن عبد الرحمن الداخل الأموي، هشام الرضا
75	安卡拉战役	Battle of Ankara, Battle of Angora	معركة أنقرة
76	安萨里	Al-Ghazālī	أبو حامد الغزالي
77	安塔拉・本・舍达德	'Antarah ibn Shaddad al-Absi	عنترة بن شداد العبسي
78	安条克公国	Principality of Antioch	إمارة أنطاكية

续表

序号	中文	英文	阿拉伯文
79	奥斯曼·本·阿凡	ʿUthmān ibn ʿAffān	عثمان بن عفان
80	奥斯曼帝国	Ottoman Empire	الدولة العثمانية
81	巴尔赫，巴里黑	Balkh	بلخ
82	巴尔马克家族	Barmakids, Barmecides	البرامكة
83	巴耶奇德一世	Bayezid I	بايزيد الأول
84	白萨西里	Al-Basāsīrī,	البساسيري
85	白苏斯战争	Basūs War	حرب البسوس
86	百年翻译运动	Graeco-Arabic translation movement	حركة الترجمة اليونانية العربية
87	拜博尔斯	Baibars	الظاهر بيبرس
88	拜火教徒，袄教徒	Majūs, Magūs	مجوس
89	贝尔古格	Barquq	الظاهر سيف الدين برقوق
90	贝尔吉斯女王	Queen of Sheba	بلقيس
91	本杰明·图德拉	Benjamin of Tudela	بنيامين التطيلي
92	比鲁尼	Abu al-Rayḥān Muhammad ibn Aḥmad al-Bīrūnī, Al-Bīrūnī	أَبُو الرَّيْحَانِ مُحَمَّدٌ بْنُ أَحْمَدَ البِيرُونِيّ
93	比斯塔米	Bāyazīd Bisṭāmī, Abū Yazīd al-Bisṭāmī	أبو يزيد البسطامي، بايزيد
94	俾路支斯坦	Balochistan	بلوشستان

续表

序号	中文	英文	阿拉伯文
95	伯克尔人	Banu Bakr	بنو بكر بن وائل
96	卜尔德	al-Burda	البردة
97	布阿斯战争	Battle of Buʿāth	يوم بعاث
98	布哈拉	Bukhara	بخارى
99	布赛娜	Buthaina	بثينة
100	布韦卜	Buwaib	البويب
101	布韦希人	Buyids	البويهيون، بنو بويه
102	查伊什·本·胡玛赖韦	Abu al-Asākir Jaysh ibn Khumārawayh	أبو عساكر جيش بن خمارويه
103	传诗人哈马德	Ḥammād al-Rāwiya, Ḥammād al-Rāwiyah	حماد الراوية
104	达伍德	Dāwud, Dawood	داود
105	达西斯战争	Battle of Daḥis	يوم داحس
106	达希娅	Dīhyā	ديهيا
107	怛罗斯之战	Battle of Talas, Battle of Artlakh	معركة نهر طلاس
108	丹丹纳干战役	Battle of Dandanaqan	معركة دانداناقان، معركة داندقان
109	迪米人	Dhimmī	أهل الذمة
110	蒂姆亚特城	Damietta	دمياط
111	碉堡系马穆鲁克，布尔吉系马穆鲁克	Burji dynasty, Circassian Mamluks	المماليك البرجية، مماليك الشركس

续表

序号	中文	英文	阿拉伯文
112	厄齐	Al-Ghāzī	الغازي
113	耳玛德·道莱，国家支柱	'Imād al-Dawla	عماد الدولة الديلمي
114	法德勒·本·叶海亚	Al-Fadl ibn Yahyā	الفضل البرمكي
115	法蒂玛	Fatimah	فاطمة الزهراء
116	法蒂玛王朝	Fatimid Caliphate	الدولة الفاطمية
117	法尔加尼，法干尼，法甘哈尼	Al-Farghānī	أحمد بن كثير الفرغاني
118	法拉比	Al-Fārābī	الفارابي
119	法拉吉	Al-Nasir Faraj	الناصر زين الدين فرج
120	法拉兹达格	Al-Farazdaq	الفرزدق
121	菲尔多西	Ferdowsi, Firdawsi	أبو قاسم الفردوسي
122	辅士派	al-Anṣār	الأنصار
123	嘎迪尔	Al-Qādir, Al-Qādir bi-llāh	أحمد القادر بالله
124	嘎底希叶战役	Battle of al-Qādisīyah	معركة القادسية
125	嘎希尔	Al-Qāhir, Al-Qāhir bi-llāh	محمد القاهر بالله
126	嘎义木	Al-Qā'im bi-Amri 'llāh	عبد الله القائم بأمر الله
127	盖哈丹，约坍	Joktan	يقطان
128	盖拉温	Qalāwūn, Qalāwūn al-Ṣāliḥī, Al-Manṣūr Qalāwūn	المنصور سيف الدين قلاوون الألفي الصالحي

续表

序号	中文	英文	阿拉伯文
129	盖斯人	Qays	القيسية
130	格西特	Qaṣīda, Qaṣīdah	قصيدة
131	古尔人	Ghurids, Ghorids	الغوريون، الشنسباني
132	古莱氏， 古莱氏家族	Quraysh	قريش
133	古太白	Qutayba ibn Muslim al-Bāhilī	قتيبة بن مسلم الباهلي
134	古突兹	Qutuz, Kutuz, Kotuz	سيف الدين قطز
135	哈查只	Al-Ḥajjāj ibn Yūsuf al-Thaqafī	الحجاج بن يوسف الثقفي
136	哈迪	Al-Hādī	أبو محمد موسى الهادي
137	哈丁战役	Battle of Hattin	معركة حطين
138	哈基姆	Al-Ḥākim bi-Amr Allāh	الحاكم بأمر الله
139	哈吉尔	Hagar, Hājir	هاجر
140	哈里发	Caliphate	خليفة
141	哈里斯・本・ 希利宰	Al-Ḥārith ibn Ḥilliza al-Yashkurī	الحارث بن حلزة اليشكري
142	哈立德・本・ 巴尔马克	Khālid ibn Barmak	خالد بن برمك
143	哈立德・本・ 瓦利德	Khālid ibn al-Walīd	خالد بن الوليد
144	哈伦・本・ 胡玛赖韦	Hārūn ibn Khumārawayh	أبو موسى هارون بن خمارويه

续表

序号	中文	英文	阿拉伯文
145	哈伦·拉希德	Hārūn al-Rashīd	هارون الرشيد
146	哈木丹·本·哈木墩	Hamdān ibn Hamdūn al-Taghlibī	حمدان بن حمدون التغلبي
147	哈木丹尼王朝	Hamdanid dynasty	الدولة الحمدانية، الإِمَارَةُ الحَمَدَانِيَّةُ، دَوْلَةُ بَنِي حَمدَان، الحَمَدَانِيُّون
148	哈尼法部落	Banu Ḥanīfa	بنو حنيفة
149	哈撒尼·本·努尔曼	Ḥassān ibn al-Nuʻmān	حسان بن النعمان
150	哈桑·本·阿里	Ḥasan ibn ʻAlī	الحسن بن علي
151	哈瓦利吉派	Kharijites	الخوارج
152	哈西姆	Hāshim	هاشم
153	韩莎	al-Khansāʾ	الخنساء
154	汗哈利利市场	Sūq Khān al-Khalīlī	سوق خان الخليلي
155	河洲系马穆鲁克，伯海里系马穆鲁克	Bahri dynasty, Bahriyya Mamluks	المماليك البحرية، مماليك الترك
156	红宫，阿尔罕布拉宫	Alhambra	قصر الحمراء
157	侯奈因·本·伊斯哈格	Ḥunayn ibn Isḥāq	حنين بن إسحاق
158	侯赛因·本·阿里	Ḥusayn ibn ʻAlī	الحسين بن علي
159	后伍麦叶哈里发穆斯台克菲	Muhammad III of Córdoba	أبو عبد الرحمن محمد المستكفي بالله

续表

序号	中文	英文	阿拉伯文
160	后伍麦叶王朝	Caliphate of Córdoba, Córdoban Caliphate	الدولة الأموية في الأندلس
161	胡马赖韦	Khumārawayh ibn Aḥmad ibn Ṭūlūn	خمارويه، أبو الجيوش خُمَارُويه بن أحمد بن طولون
162	花拉子密	Muḥammad ibn Mūsā al-Khwārizmī, Al-Khwārizmī	أبو عَبد الله مُحَمَّد بن مُوسَى الخَوارِزمي
163	花拉子模	Khwarazm	خوارزم
164	及亚泽图拉·本·伊布拉欣·本·艾格莱布	Ziyādat Allah I ibn Ibrāhīm ibn al-Aghlab, Ziyādat Allah I of Ifrīqiya	زيادة الله بن إبراهيم بن الأغلب
165	加萨尼	Ghassanid Kingdom	الغسانية
166	加兹尼	Ghazni	غزنة
167	加兹尼王朝	Ghaznavid dynasty, Ghaznavids	السلالة الغزنوية
168	加兹尼王朝的马哈茂德	Maḥmūd of Ghazni	محمود الغزنوي، يمين الدولة أبو القاسم محمود بن سُبُكْتِكِيْن الغزنوي
169	贾法尔·本·叶海亚	Ja'far ibn Yahyā	جعفر البرمكي
170	贾希利亚	Al-Jāhilīyah	الجاهلية

续表

序号	中文	英文	阿拉伯文
171	贾希利亚七长诗	Al-Sabʿ al-Ṭawāl al-Jāhiliyyāt	السبع الطوال الجاهليات
172	贾希兹	Al-Jāḥiẓ	الجاحظ
173	金字	Al-Mudhahhabāt	المذهبات
174	卡拉克	Al-Karak	الكرك
175	卡米勒	Al-Kāmil	الكامل ناصر الدين محمد
176	卡齐麦因	Al-Kāẓimiyyah	الكاظمية
177	凯乐布人，凯乐部部落，凯勒布部落	Banu Kalb	بنو كلب
178	克尔白天房	Al-Kaʿbah	الكعبة
179	肯德部落	Tribe Kinda	قبيلة كندة
180	肯迪	Al-Kindī, Abu Yūsuf Yaʿqūb ibn 'Isḥāq aṣ-Ṣabbāḥ al-Kindī	الكندي، أبو يوسُف يَعْقُوب بن إسْحَاق الصباح الْكِنِدي
181	拉迪	Al-Rāḍī, Al-Rāḍī bi-llāh	محمد الراضي بالله
182	拉菲亚战役	Battle of Raphia	موقعة رفح
183	赖比德・本・拉比尔	Labīd ibn Rabī'ah	لبيد بن ربيعة
184	赖世德	Al-Rāshid, Al-Rāshid bi-llāh	منصور الراشد بالله
185	赖伊	Ray	الري
186	领导长老	Leading Master, al-Shaykh al-Ra'īs	الشيخ الرئيس

续表

序号	中文	英文	阿拉伯文
187	鲁克努·道莱，国家栋梁	Rukn al-Dawla	ركن الدولة البويهي
188	骆驼之役	Battle of the Camel	موقعة الجمل
189	马尔旺，马尔旺一世，马尔旺·本·哈克木	Marwān ibn al-Ḥakam, Marwan I	مروان بن الحكم
190	马尔旺二世	Marwān II, Marwān ibn Muḥammad ibn Marwān ibn al-Ḥakam	مروان بن محمد
191	马格里布	Maghreb	المغرب العربي
192	马赫迪	Al-Mahdī	أبو عبد الله محمد المهدي
193	马拉吉勒	Marājil	مراجل أم المأمون
194	马里卜大坝	Marib Dam	سد مأرب
195	马利克沙一世	Malik-Shah I	جلال الدولة ملك شاه
196	马蒙	Al-Ma'mūn	عبد الله المأمون
197	马穆鲁克王朝	Mamluk Sultanate, Mamluk Egypt, Mamluk Empire	الدولة المملوكية، السَّلْطَنَةُ المَمْلُوكِيَّةُ، دَولَةُ المَمَالِيك، سِلطَنَةُ المَمَالِيك
198	马斯欧迪，艾布·哈桑·阿里·本·侯赛因·本·阿里·马斯欧迪	Al-Mas'ūdī, Abū al-Ḥasan ʿAlī ibn al-Ḥusayn ibn ʿAlī al-Masʿūdī	المسعودي، أبو الحسن علي بن الحسين بن علي المسعودي
199	马瓦里	Mawālī	موالي

续表

序号	中文	英文	阿拉伯文
200	马兹达教派	Mazdakism	المَزْدَكيّة
201	麦达因	Al-Madā'in	المدائن
202	麦尔沃	Marwa, Al-Marwah	المروة
203	麦加	Mecca	مكة المكرمة
204	曼苏尔，艾布·贾法尔	Abu Ja'far al-Mansūr	أبو جعفر المنصور
205	曼苏尔·本·伊斯哈格	Mansūr ibn Isḥāq	منصور بن إسحاق
206	曼苏尔·穆斯坦绥尔	Al-Mustanṣir I	منصور المستنصر بالله
207	毛里塔尼亚	Mauritania	موريتانيا
208	毛里托尼亚	Mauretania	موريطانيا
209	孟台绥尔	Al-Muntaṣir, Abu Ja'far Muḥammad Al-Muntaṣir bi-llāh	محمد المنتصر بالله، أبو جعفر محمد المنتصر بالله بن المتوكل بن المعتصم بن الرشيد
210	木鹿	Merv	مرو
211	穆阿威叶，穆阿威叶一世，穆阿威叶·本·艾布·苏富扬	Mu'āwiya ibn Abī Sufyān	معاوية بن أبي سفيان
212	穆阿威叶二世	Mu'awiya II	معاوية بن يزيد، معاوية الثاني
213	穆达尔人	Mudar	قبيلة مضر
214	穆尔台迪德	Al-Mu'taḍid, Al-Mu'taḍid bi-llāh	أحمد المعتضد بالله، أبو العباس أحمد المعتضد بالله

续表

序号	中文	英文	阿拉伯文
215	穆尔台米德	Al-Muʿtamid, Al-Muʿtamid ʿalā llāh	أبو العباس أحمد المعتمد على الله
216	穆尔台绥姆	Al-Muʿtaṣim	المعتصم بالله
217	穆尔台兹	Al-Mu'tazz, Al-Muʿtazz bi-llāh,	محمد المعتز بالله، أبو عبد الله المعتز بن المتوكل بن المعتصم بن الرشيد
218	穆尔太齐赖派	Muʿtazila	المعتزلة
219	穆耳兹・道莱，国家支持者	Mu'izz al-Dawla	معز الدولة البويهي
220	穆格台迪	Al-Muqtadī	عبد الله المقتدي بأمر الله
221	穆格台迪尔	Al-Muqtadir, Al-Muqtadir bi-llāh	جعفر المقتدر بالله
222	穆格台菲	Al-Muqtafī, Al-Muqtafī li-Amr Allāh	محمد المقتفي لأمر الله
223	穆海台迪	Al-Muhtadī, Al-Muhtadī bi-llāh	أبو إسحاق محمد المهتدي بالله
224	穆罕默德・本・哈比比	Muḥammad ibn Ḥabīb al-Baghdādī	محمد بن حبيب البغدادي
225	穆罕默德・本・卡西姆	Muḥammad ibn al-Qāsim al-Thaqafī	محمد بن القاسم الثقفي
226	穆罕默德・本・赛义德・本・哈马德・蒲绥里	Al-Būṣīrī	البوصيري، محمد بن سعيد بن حماد الصنهاجي البوصيري
227	穆罕默德・本・突格只	Muḥammad ibn Ṭughj al-Ikhshīd	محمد بن طغج الإخشيد

续表

序号	中文	英文	阿拉伯文
228	穆罕默德·本·图马特	Ibn Tūmart	ابن تومرت
229	穆罕默德·伊南	Muḥammad ʻAbdullāh ʻEnān	محمد عبد الله عنان
230	穆罕默德二世	Mehmed II, Mehmed the Conqueror	محمد الفاتح
231	穆继来·本·舒尔白	Al-Mughīra ibn Shuʿba	المغيرة بن شعبة
232	穆克台菲	Al-Muktafī, Al-Muktafī bi-llāh	علي المكتفي بالله، أبو محمد علي المكتفي بالله
233	穆拉比特人	Al-Murābiṭūn	المرابطون
234	穆拉比特王朝	Almoravid dynasty	الدولة المرابطية
235	穆莱	Moulay	مولاي
236	穆萨·本·努赛尔	Mūsā ibn Nuṣayr	موسى بن نصير
237	穆萨·卡齐姆	Mūsā al-Kāẓim	موسى الكاظم
238	穆斯塔尔绥姆	Al-Musta'ṣim	عبد الله المستعصم بالله
239	穆斯台兑耳	Al-Mustaḍī'	حسن المستضيء بأمر الله
240	穆斯台尔什德	Al-Mustarshid, Al-Mustarshid bi-llāh	الفضل المسترشد بالله
241	穆斯台克菲	Al-Mustakfī, Al-Mustakfī bi-llāh	عبد الله المستكفي بالله
242	穆斯台绥木	ʻAbdallāh al-Mustaʿṣim billāh	عبد الله المستعصم بالله
243	穆斯台因	Al-Musta'īn, Al-Mustaʿīn bi-llāh	أحمد المستعين بالله، أبو العباس أحمد بن المعتصم بن الرشيد

续表

序号	中文	英文	阿拉伯文
244	穆斯台兹希尔	Al-Mustaẓhir, Al-Mustaẓhir bi-llāh	أحمد المستظهر بالله
245	穆斯覃吉德	Al-Mustanjid, Al-Mustanjid bi-llāh	يوسف المستنجد بالله
246	穆台基	Al-Muttaqī	إبراهيم المتقي لله
247	穆台瓦基勒	Al-Mutawakkil	أبو الفضل جعفر المتوكل على الله
248	穆台瓦基勒三世	Al-Mutawakkil III	المتوكل على الله الثالث
249	穆泰纳比	Abū al-Ṭayyib al-Mutanabbī	أبو الطيب المتنبي
250	穆帖仪	Al-Muṭīʿ, Al-Muṭīʿ li-llāh	الفضل المطيع لله
251	穆瓦希德王朝，阿尔摩哈德王朝	Almohad Caliphate	الدولة الموحدية
252	拿赫鲁宛之战	Battle of Nahrawān	معركة النهروان
253	那季德，纳季德	Najd	نجد
254	那季兰	Najrān	نجران
255	那加西	Negus	نجاشي
256	纳比埃·朱布亚尼	Al-Nābighah al-Dhubiyānī, Al-Nābighah al-Dhubyānī	النابغة الذبياني
257	纳杰夫	Najaf	النجف
258	纳赛尔	Al-Nāṣir, Al-Nāṣir li-Dīn Allāh	أحمد الناصر لدين الله

续表

序号	中文	英文	阿拉伯文
259	纳赛尔・本・艾哈迈德	Naṣr I ibn Aḥmad	نصر الأول بن أحمد
260	纳赛尔・丁・阿萨德	Nāṣir al-Dīn al-Asad	ناصر الدين الأسد
261	娜依莱	Nayla bint al-Farāfsa	نائلة بنت الفرافصة
262	奈斯尔人	Banū Naṣr, Banū al-Aḥmar, Nasrids	بنو نصر، النصريون، بنو الأحمر
263	奈斯尔王朝	Emirate of Granada, Nasrid Kingdom of Granada	مملكة غرناطة، إِمَارَةُ غِرنَاطَة، الدَّولَةُ النَصرِيَّة، دَولَةُ بَنِي نَصر
264	奈绥滨，努赛宾，尼西比斯	Nusaybin	نصيبين
265	内夫德沙漠	Al-Nefud, An Nafud, The Nefud	صحراء النفود الكبير
266	内沙布尔	Nishapur, Neyshabur	نيسابور
267	尼扎米亚	Neẓāmiyeh, Niẓāmiyyah	المدارس النظامية
268	尼扎姆・穆勒克	Niẓām al-Mulk	نظام الملك
269	努尔丁・赞吉	Nūr al-Dīn Zankī	نور الدين زنكي
270	努哈	Noah	نوح
271	努哈・本・曼苏尔	Nūḥ II	نوح بن منصور الساماني
272	欧柏德拉・马赫迪	ʿUbayd Allāh al-Mahdī	عبيد الله المهدي

续表

序号	中文	英文	阿拉伯文
273	欧格白·本·纳菲	ʻUqba ibn Nāfiʻ	عقبة بن نافع
274	欧卡兹集市	Sūq ʻUkāẓ	سوق عكاظ
275	欧麦尔·本·西塔布	ʻUmar ibn al-Khaṭṭāb	عمر بن الخطاب
276	欧麦尔二世	ʻUmar II, ʻUmar ibn ʻAbd al-ʻAzīz	عمر بن عبد العزيز، عمر الثاني
277	七长诗	Al-qaṣāid al-Sabʻ	القصائد السبع
278	齐亚德·本·艾比	Ziyād ibn Abīhi	زياد بن أبيه
279	齐亚德·本·萨里	Ziyād ibn Ṣāliḥ al-Ḥārithī	زياد بن صالح الحارثي
280	迁士派	al-Muhājirūn	المهاجرون
281	切尔克斯人，切尔克西亚人，赛加西亚人	Circassians	الشركس
282	钦察人	Kipchaks, Kipchak Turks, Polovtsians	القفجاق، القبجاق
283	人头税	Jizya	جزية
284	撒立哈	Ṣāliḥ	صالح
285	撒马尔罕	Samarkand	سمرقند
286	萨阿德·本·艾比·瓦卡斯	Sʻad ibn Abī Waqqās	سعد بن أبي وقاص
287	萨巴王国	Sheba Kingdom, Sheba	مملكة سبأ
288	萨尔·拉班·塔巴里	Sahl Rabban al-Ṭabarī	سهل ربن الطبري

续表

序号	中文	英文	阿拉伯文
289	萨法，萨法山	Safa, Al-Ṣafā, Aṣ-Ṣafā	الصفا
290	萨法尔，铜匠	Al-Ṣaffār	الصفار
291	萨法尔王朝	Saffarid dynasty	الدولة الصفارية
292	萨法维王朝	Safavid dynasty	السلالة الصفوية
293	萨拉	Sarah, Sārrah	سارة
294	萨拉丁	Saladin, Salāḥ al-Dīn	صلاح الدين الأيوبي
295	萨列哈	Al-Ṣāliḥ Ayyūb	الصالح أيوب
296	萨马腊	Samarra	سامراء
297	萨曼	Sāmān Khūdā	سامان خودا
298	萨曼王朝	Samanid Empire, Samanian Empire, Samanid dynasty, Samanid amirate, Samanids	الدولة السامانية، إمبراطورية سامانيان، السلالة السامانية، الإمارة السامانية، السامانيون
299	萨珊王朝	Sasanian Empire	الإمبراطورية الساسانية
300	塞尔柱	Seljuk Beg	سَلْجُوق بك بن دُقَاق
301	塞尔柱人	Seljuks	السلاجقة
302	塞尔柱王朝	Seljuk Empire, Great Seljuk Empire	الدولة السلجوقية
303	塞弗・道莱	Sayf al-Dawla al-Ḥamdānī	سيف الدولة الحمداني
304	塞利姆一世	Selim I	سليم الأول

续表

序号	中文	英文	阿拉伯文
305	赛贾德，阿里·赛贾德，阿里·本·侯赛因，阿里·宰因·阿比丁	ʻAli ibn Ḥusayn Zayn al-ʻAbidīn	علي زين العابدين، علي السجَّاد
306	赛莫德人	Thamūd	قوم ثمود
307	僧祇奴的伙伴	Ṣāḥib Al-Zanj	صاحب الزنج
308	僧祇奴起义	Zanj Rebellion	ثورة الزنج
309	沙哈鲁	Shāh Rukh	شاه رخ بن تيمورلنك
310	沙赫里萨布兹	Shahrisabz	شهرسبز
311	沙拉夫·道莱，国家光荣	Sharaf al-Dawla	شرف الدولة
312	沙普尔一世	Shapur I	سابور الأول
313	沙齐·朵夫	Shawqī Daif	شوقي ضيف
314	山老	Shaykh al-Jabal, Rashīd al-Dīn Sinān	سنان شيخ الجبل، شيخ الجبل سنان بن سلمان بن محمد، رشيد الدين
315	舍伊班·本·艾哈迈德·本·图伦	Shayban ibn Aḥmad ibn Ṭūlūn	أبو المناقب شيبان بن أحمد بن طولون
316	舍哲尔·杜尔	Shajar al-Durr	شجر الدرّ، شجرة الدّر
317	圣门弟子团	Companions of the Prophet	الصحابة
318	十长诗	Al-qaṣāid al-ʻAshr	القصائد العشر
319	舒拉	Shūrā	شورى
320	四大哈里发，正统哈里发	Rashidun Caliphate	الخلفاء الراشدون
321	苏布克特勤	Sabuktigin	سبكتكين

续表

序号	中文	英文	阿拉伯文
322	苏菲派	Sufism, Tasawwuf	الصوفية، التصوف
323	苏莱曼	Sulaymān, Sulaiman	سليمان
324	素丹	Sulṭān	سلطان
325	粟特人	Sogdians	السوقديانيون
326	绥芬平原	Ṣiffīn	صفين
327	所罗门	Solomon	سليمان
328	塔巴里	Al-Ṭabarī	محمد بن جرير الطبري
329	塔巴里斯坦	Tabaristan, Tabarestan	طبرستان
330	塔哈・侯赛因	Taha Hussein	طه حسين
331	塔拉法・本・阿布德	Tarafah ibn Al-'Abd	طرفة بن العبد
332	塔里克・本・齐亚德	Tāriq ibn Ziyād	طارق بن زياد
333	塔希尔・本・侯赛因	Ṭāhir ibn al-Ḥusayn	طاهر بن الحسين
334	塔希尔王朝	Tahirid dynasty	الطاهريون
335	塔伊耳	Al-Ṭā'i', Al-Ṭā'i' li-llāh	عبد الكريم الطائع لله
336	台格里布人	Banu Taghlib	بنو تغلب بن وائل
337	太极艾丁・艾哈迈德・本・太一米叶	Ibn Taymiyyah	ابن تيمية
338	泰勒哈	Ṭalḥa ibn 'Ubayd Allāh	طلحة بن عبيد الله

续表

序号	中文	英文	阿拉伯文
339	泰利夫	Tarīf ibn Mālik	طريف بن مالك
340	泰米姆部落	Banu Tamīm	بنو تميم
341	泰西封	Ctesiphon	طيسفون
342	坦非兹	Al-Tanfidh	وزارة التنفيذ
343	特付威德	Al-Tafwīd	وزارة التفويض
344	提加尼	ʻAbdallah al-Tijānī	عبد الله التجاني
345	突格里勒	Tughril, Toghril	طغرل بك
346	突曼贝二世	Tuman bay II	الأشرف طومان باي
347	图尔战役，普瓦捷战役，干道殉道者之战	Battle of Tours, Battle of Poitiers, Battle of the Highway of the Martyrs	معركة تور، معركة بلاط الشهداء، معركة بواتييه
348	图伦王朝	Tulunids	السلالة الطولونية، الطولونيون، الدولة الطولونية، الإمَارَةُ الطُّولُونِيَّة، دَوْلَةُ بَنِي طُولُون
349	屠夫	Al-Saffāḥ	السفاح
350	土地税	Kharāj	خراج
351	瓦迪	Wadi, Wādī	وادٍ
352	瓦迪古拉	Wadi al-Qurā	وادي القرى
353	瓦迪拉姆	Wadi Rum	وادي رم
354	瓦哈比教派	Wahhabism	الدعوة الوهابية، الوهابية، الدعوة النجدية
355	瓦利德，瓦利德一世	Al-Walīd I, Al-Walīd ibn ʻAbd al-Malik	الوليد بن عبد الملك

续表

序号	中文	英文	阿拉伯文
356	瓦利德·本·欧格白	Al-Walīd ibn ʻUqba	الوليد بن عقبة
357	瓦西格	Hārūn al-Wāthiq billāh	هارون الواثق بالله
358	韦兰妲	Wallādah bint al-Mustakfī	ولادة بنت المستكفي
359	伪先知穆塞里麦	Musaylima	مسيلمة الكذاب
360	伪信者，穆纳菲格	Munāfiq	منافق
361	文武大臣	Dhū al-wizāratayni	ذو الوزارتين
362	沃弗德	Wafd	وفد
363	乌古斯人	Oghuz Turks, Oguz, Ghuzz Turks	أتراك الأوغوز
364	乌玛	Ummah	أمة
365	乌姆鲁勒·盖斯	Imru' al-Qais, Imru' al-Qays	امرؤ القيس
366	乌斯塔德·西斯	Ustadh Sis, Ustad Sis, Ostad Sis	أستاذ سيس
367	邬宰纳一世，奥登纳图斯	Septimius Odaenathus	أذينة الأول، سبتيموس أذينة
368	伍麦叶	Umayya ibn ʻAbd Shams	أمية بن عبد شمس
369	伍麦叶哈里发苏莱曼	Sulaymān ibn ʻAbd al-Malik	سليمان بن عبد الملك
370	伍麦叶时期，伍麦叶王朝	Umayyad Caliphate	العصر الأموي، الدولة الأموية

续表

序号	中文	英文	阿拉伯文
371	西基兹	Al-Sijzī	السجزي، أبو سعيد أحمد بن محمد بن عبد الجليل السِّجْزي
372	希贾兹	Al-Ḥijāz	الحجاز
373	希拉	Lakhmid Kingdom	المناذرة، اللخميون
374	希木叶尔	Himyarite Kingdom	مملكة حِمْيَر
375	希沙姆	Hishām ibn ʻAbd al-Malik	هشام بن عبد الملك
376	锡吉斯坦，锡斯坦	Sistan	سجستان، سيستان
377	谢尔库赫	Shirkūh, Asad al-Dīn Shīrkūh	أسد الدين شيركوه
378	信德	Sindh	السند
379	信士们的长官	Amīr al-Mu'minīn	أمير المؤمنين
380	悬诗	Mu'allaqat	المعلقات
381	亚伯拉罕	Abraham	إبراهيم
382	亚尔木克河谷决战	Battle of the Yarmūk	معركة اليرموك
383	亚菲斯，雅弗	Japheth	يافث
384	亚古特・哈马维	Yāqūt al-Ḥamawī	ياقوت الحموي
385	亚伦	Aaron	هارون
386	叶尔孤白・本・莱伊斯・萨法尔	Ya'qūb ibn al-Layth al-Ṣaffār	يعقوب بن الليث الصفار
387	叶海亚・本・哈立德	Yahyā ibn Khālid	يحيى بن خالد البرمكي، يحيى البرمكي

续表

序号	中文	英文	阿拉伯文
388	叶齐德	Yazīd ibn Muʿāwiya	يزيد بن معاوية
389	叶齐德·本·哈提姆	Yazīd ibn Ḥātim al-Muhallabī	يزيد بن حاتم المهلبي
390	叶齐德二世	Yazīd II, Yazīd ibn ʿAbd al-Malik	يزيد بن عبد الملك
391	叶齐德三世	Yazid III, Yazīd ibn al-Walīd ibn ʿAbd al-Malik	يزيد بن الوليد، يزيد الثالث
392	叶斯里布	Yathrib	يثرب
393	叶兹德吉尔德三世	Yazdegerd III	يزدجرد الثالث
394	伊本·阿卜杜·拉比	Ibn ʿAbd Rabbih	ابن عبد ربه
395	伊本·阿拉伯沙	Aḥmad ibn Arabshāh	شهاب الدين ابن عربشاه
396	伊本·阿萨基尔	Ibn ʿAsākir	ابن عساكر
397	伊本·艾哈迈尔	Muhammad I of Granada, Ibn al-Aḥmar	أبو عبد الله محمد الأول، ابن الأحمر
398	伊本·白图泰	Ibn Baṭṭūṭah	ابن بطوطة
399	伊本·海塞姆	Ibn al-Haytham	ابن الهيثم
400	伊本·赫乐本	Ibn ghalbūn	ابن غلبون
401	伊本·赫乐敦	Ibn Khaldūn	ابن خلدون
402	伊本·拉希格·凯鲁万尼	Ibn Rašīq al-Qairwānī, Ibn Rashīq al-Qairwānī	ابن رشيق القيرواني

续表

序号	中文	英文	阿拉伯文
403	伊本・鲁世德，阿威罗伊	Ibn Rushd, Averroes	ابن رشد
404	伊本・马塞维	Ibn Māsawaih, Yuhanna ibn Māsawaih, Māsawaiyh	يوحنا بن ماسويه
405	伊本・穆格法	Ibn al-Muqaffa’	عبد الله بن المقفع
406	伊本・图斐利	Ibn Ṭufail	ابن طفيل
407	伊本・瓦哈什叶	Ibn Waḥshiyya	ابن وحشية النبطي
408	伊本・西那，阿维森纳	Ibn Sīna, Avicenna	ابن سينا
409	伊本・希沙姆	Ibn Hishām	ابن هشام
410	伊本・宰敦	Ibn Zaydūn	ابن زيدون
411	伊布拉欣	Ibrāhīm, Ibrahim	إبراهيم
412	伊布拉欣・本・马斯欧德	Ibrahim of Ghazna	ظهير الدولة ابراهيم بن مسعود
413	伊布拉欣・本・瓦利德	Ibrāhīm ibn al-Walīd	إبراهيم بن الوليد
414	伊德里斯	Idrīs I of Morocco	إدريس بن عبد الله، إدريس الأول
415	伊德里斯王朝	Idrisid dynasty, Idrisids	الدولة الإدريسية، الأدَارِسَة
416	伊赫什德	Al-Ikhshīd	الإخشيد
417	伊赫什德王朝	Ikhshidid dynasty	الدولة الإخشيدية، الإمَارَةُ الإخشِيدِيَّةُ، دَوْلَةُ بَنُو الإخشِيد، الإخشِيدِيُّون

续表

序号	中文	英文	阿拉伯文
418	伊斯哈格	Isaac, Isḥāq	إسحاق
419	伊斯哈格・本・侯奈因	Isḥāq ibn Ḥunayn	إسحاق بن حنين
420	伊斯梅尔	Ismā'īl, Ismael, Ismail	إسماعيل
421	伊斯梅尔・萨法维	Ismail I	إسماعيل الصفوي
422	伊斯梅尔・萨曼尼	Ismā'īl Sāmāni	إسماعيل الساماني
423	以实玛利	Ishmael	إسماعيل
424	易弗里基叶	Ifrīqya, al-Maghrib al-Adna	إفريقية، المغرب الأدنى
425	优素福	Yūsūf, Youssef	يوسف
426	优素福・本・塔什芬	Yusuf ibn Tashfin	يوسف بن تاشفين
427	约瑟夫	Joseph	يوسف
428	载德・本・哈列塞	Zayd ibn Ḥāritha	زيد بن حارثة
429	宰赫拉维	Al-Zahrāwī, Abulcasis, Abū al-Qāsim Khalaf ibn 'Abbās al-Zahrāwī	الزهراوي، أبو القَاسِم خَلَف بن عَبَّاس الزَّهْرَاوِيّ
430	宰纳布	Zaynab bint 'Alī	زينب بنت علي
431	赞吉王朝	Zengid dynasty	الدولة الزنكية، الإمَارَةُ الزَّنكِيَّةُ، الدَّولَةُ الأَتَابِكِيَّةُ، دَولَةُ الأَتَابِكَة، الزَّنكِيُّون، الأَتَابِكَة
432	泽诺比亚	Zenobia	زنوبيا
433	扎兰季	Zaranj, Zarang	زرنج

续表

序号	中文	英文	阿拉伯文
434	扎希尔	Al-Zāhir Ghāzī	الظاهر غازي
435	扎希尔・比安穆尔拉	Al-Zāhir bi-Amr Allāh	محمد الظاهر بأمر الله
436	长七	Al-sab' al-Ṭawāl	السبع الطوال
437	哲米勒	Jamīl ibn 'Abd Allāh ibn Ma'mar al-'Udhrī	جميل بن عبد الله بن معمر العذري
438	智慧殿堂	Dār al- Ḥikmah	دار الحكمة
439	智慧宫	House of Wisdom, Grand Library of Baghdad, Bayt al-Ḥikmah	بيت الحكمة
440	竹尔胡目	Jurhum, Banu Jurhum, The second Jurhum	جرهم
441	著名七长诗	Al-Qaṣāid al-sab' al-Aashhūrāt	القصائد السبع المشهورات
442	庄严的苏莱曼	Suleiman the Magnificent	سليمان القانوني
443	祖拜尔	Zubayr ibn al-Awwām	الزبير بن العوام
444	祖蓓妲	Zubaidah bint Ja'far	زبيدة بنت جعفر
445	祖布央部落	Banu Dhubyān	بنو ذبيان
446	祖海尔・本・艾比・苏勒玛	Zuhayr bin Abī Sulmā	زهير بن أبي سلمى
447	左・努瓦斯	Dhū Nuwās	ذو نواس